Wirksame Gebete für **Körper, Seele und Geist**

Heilung des ganzen Menschen

Handbuch

Joan Hunter

Die in diesem Buch benutzten Bibelstellen stammen aus der Lutherbibel von 1912, www.bibel-online.net (falls nicht anders gekennzeichnet).

HEILUNG DES GANZEN MENSCHEN

Effektive Gebete für Körper, Seele und Geist

JOAN HUNTER

Original: **HEALING THE WHOLE MAN HANDBOOK**

Effective Prayers for Body, Soul and Spirit

PO Box 777, Pinehurst, TX 77362-0777, U.S.A.

www.joanhunter.org

German translation published by permission

Söldenhofstr. 10, 83308 Trostberg, Germany

www.azarnet.de

1. Auflage 2012
2. Auflage März 2013
3. Auflage Juli 2014

ISBN 978-3-9811311-4-7

Übersetzung: Stefan Kaminski

Layout: Karl Hüsing / Azar GbR

Umschlaggestaltung: Azar GbR

Druck: CPI books GmbH, 25917 Leck

Meinungen zu Joan Hunter und diesem Handbuch

Wir leben in einer Epoche, in der Gott das Reich des Heiligen Geistes freisetzt und das Himmelsreich Gottes immer stärkerer Bestandteil im Leben der Christen wird. In diesem Prozess wird Joan Hunter mächtig durch den Herrn gebraucht. Mit den in diesem Buch beschriebenen, einfach anzuwendenden Anleitungen, hilft sie, auch den nicht-medizinisch vorgebildeten Gläubigen vertrauensvoll die göttliche Heilungskraft freizusetzen. Wir dienen einem großen Gott, der über jede medizinische Wissenslücke und jedes nicht ganz exakt gesprochene Gebet hinwegsieht, wenn wir gläubig auf ihn vertrauen. Ich nutze dieses Buch in meiner täglichen Arbeit und habe großartige Dinge erlebt!

Frank Marinkovich, Arzt

Dieses Buch ist das großartigste Handbuch, das ich je gelesen habe und eine große Hilfe für alle Gläubigen die ihren Mitmenschen dienen wollen. Genauso wie damals Jesus die Apostel lehrte, gibt dieses Buch praktische Anweisungen für den täglichen Heilungsdienst. Danke Joan, für dieses wahre Handbuch für den alltäglichen Gebrauch. Was für ein Segen!

Sherron Lane, Art Director of Sales Tennessee, Sun Com Wireless

Als Mediziner, der selber auf der Suche nach den Krankheitsursachen ist, kann ich Joan Hunter für dieses Buch nur loben. Es hebt die Bedeutung des Gebets als Grundlage der Gesundung von Körper, Seele und Geist hervor. Wichtiger als die medizinischen Ratschläge in diesem Buch, ist die Betonung darauf, dass Gott der Ursprung jeder Heilung ist. Ich empfehle jedem, der an Heilung interessiert ist, dieses Buch in seine Sammlung aufzunehmen.

David McDonald, Arzt für Osteopathie

Wir fühlen uns geehrt, dieses Buch, das dem Leib Jesus Christi dient, unterstützen zu dürfen. Als wir in den lateinisch-sprachigen Ländern unterwegs waren, haben wir die Wirksamkeit der in diesem Buch enthaltenen Lehre sehen und hören können. Dieses Handbuch wird deine Art zu beten und deinen Dienst im Herrn verändern.

Joe und Rosa Ortega,
Leiter der Spanischen Internationalen Gemeinschaft der Full Gospel Business Men´s – Christen im Beruf

Meine Frau wurde von Lupus erythematodes, ihren Rückenproblemen und einer Nasennebenhöhlenentzündung geheilt. Ich selber wurde von starken Rückenschmerzen geheilt, die durch einen von Geburt an vorhandenen zusätzlichen Wirbelkörper, einen gebrochenen Wirbelkörper aufgrund eines Unfalls, durch Skoliose und Arthritis im Nacken- und Schulterbereich seit längerem bestanden. Als Joan mir die Hände auflegte, richteten sich meine Schultern, mein Nacken und mein Rücken aus und heute habe ich eine neue, perfekte Wirbelsäule.

John und Bonnie-Leah Hofer, Rochester Hills, Detroit

Für diejenigen, die sich im Bereich des Heilungsdienstes weiterentwickeln möchten, ist „Heilung des ganzen Menschen" eines der besten, wenn nicht sogar das beste Buch das es momentan gibt. Daher kann ich es sehr empfehlen. Viele Menschen, die an meinen Heilungsschulungen teilnahmen, haben mit Joan´s Buch gearbeitet und Menschen gesund und frei werden sehen. Dieses Buch ist für all diejenigen, die mehr Menschen geheilt werden sehen wollen.

Reverend Mike Harris, Elim-Evangelist,
Halesowen – England

Dieses Buch ist ein längst überfälliges, praktisches Handbuch zur Heilung des ganzen Menschen – Körper, Seele und Geist. Joan hat beide Seiten erlebt – als Dienerin des Herrn, dem sie erlaubte, durch sie zu wirken und als Empfängerin Seiner Heilungskraft für sie selbst. Als sie mit DEM HEILER kooperierte um sie zu heilen, lernte sie, wie sie diese Art von Heilung auch anderen Menschen weitergeben kann. Es ist ein Buch von A bis Z zum Thema Heilung und der ursächlichen Wurzel vieler Krankheiten. Wenn sie das Buch lesen, seien sie ermutigt, ihr Herz DEM HEILER zu öffnen, damit ER sie ein für allemal freisetzen kann.

Dr. Debbie Rich, Präsidentin von Rich Revival Ministries

Die Kirche erlebt heutzutage die Wiederauferstehung der göttlichen Heilungskraft. Joan Hunter gibt dem Leib Christi mit diesem Buch eine kraftvolle Anleitung zur Freisetzung von Gottes übernatürlicher Heilungskraft. Ihre praktischen Anweisungen und die Gebete helfen normalen Gläubigen, an der außerordentlichen Kraft Gottes teilzuhaben. Ich empfehle jedem Gläubigen dieses Buch. Mach dich bereit für eine neue Stufe in deiner Beziehung zu Gott und erlebe die wunderbare Freisetzung von Gottes Heilungskraft in deinem Leben!

Barbara Wentroble,
Gründerin und Präsidentin der International Breakthrough Ministries,
www.internationalbreakthroughministries.org
Autorin von *„Prophetic Intercession"*, *„Praying with Authority"*, *„You Are Anointed"*, *"Rise to Your Destiny"*, *"Woman of God"*

Dieses Buch ist allen Gläubigen gewidmet,

die jahrelang Jesus treu gedient haben.

Es ist ebenso den Gläubigen gewidmet,

welche die Offenbarungen in diesem Buch

verstehen und damit arbeiten

Danksagung

Ich danke Naida Johnson für ihre Hingabe und die vielen Stunden, die sie für die Bearbeitung dieses Buches aufgebracht hat.

Ein besonderer Dank gilt Spice Lussier für ihre Hinweise und Ihre Unterstützung beim Schreiben dieses Buches.

Ich möchte auch all jenen danken, die auf verschiedenste Weise zu diesem Buch beigetragen haben, den Hunderten von Gläubigen, welche die Prinzipien dieser Lehre verstanden und angewandt haben und denen, die mir von ihren Heilungserfahrungen berichtet haben.

Erklärung

Hiermit erkläre ich, dass ich in keiner Weise einem medizinischen oder therapeutischen Beruf angehöre. Ich behaupte nicht, eine Krankheit behandeln oder diagnostizieren zu können. Dieses Buch ist kein Ersatz für medizinischen Rat oder Behandlung. Es dient dem Allgemeinwissen. Ich übernehme keine Verantwortung für irgendeine Erkrankung des Einzelnen, noch bin ich verantwortlich für deren Heilung.

Ich gebe keine Garantie, dass irgendjemand geheilt oder eine Krankheit verhindert werden kann.

Ich glaube allerdings, dass wir Menschen geistige Wesen sind, die eine Seele haben und in einem Körper wohnen (nach 1. Thessalonicher 5:23). Ich glaube auch, dass die meisten Probleme, die sich an Seele und Körper zeigen, eine geistige Ursache haben und das Jesus den Preis für unsere Heilung bereits bezahlt hat (Jesaja 53:5, 1. Petrus 2:24).

Ich glaube, dass Gott heute heilt, weil ER der Gleiche ist – gestern, heute und morgen.

Joan Hunter

Inhaltsverzeichnis

Einleitung 11

1 Warum bin ich krank? 13

2 Die Berufung für unser Leben 17

3 Deine Gaben und Seine Unterstützung 27

4 Offenbarung und wahre Motivation des Herzens 31

5 Über Beziehungen 37

6 Die einzelnen Schritte im Heilungsdienst 51

7 Die praktische Anwendung der Gebete 61

8 Gott gebührt die Ehre 69

9 Heilungsdienst an Kindern 73

10 Befreiungsdienst 77

11 Bußgebete – Gebete zur Umkehr 83

12 Das Immunsystem und elektrische und magnetische Frequenzen, Prionen und ph-Gleichgewicht 89

13 Erkrankungen von A–Z 95

Index 297

Joan Hunter 303

Einleitung

In Epheser 1:17–19 steht:

„Der Gott unseres Herrn Jesus Christi, der Vater der Herrlichkeit, gebe euch den Geist der Weisheit und der Offenbarung zu seiner selbst Erkenntnis und erleuchtete Augen eures Verständnisses, dass ihr erkennen möget, welche da sei die Hoffnung eurer Berufung, und welcher sei der Reichtum seines herrlichen Erbes bei seinen Heiligen, und welche da sei die überschwängliche Größe seiner Kraft an uns, die wir glauben nach der Wirkung seiner mächtigen Stärke."

Es ist Gottes Plan, dass unsere Augen offen sind für die Aufgabe, die Er für uns vorgesehen hat und unser Verständnis dafür beständig wächst. Es ist wichtig, dass wir verstehen, wozu Gott uns berufen hat und jeden Tag danach zu handeln.

In Markus steht NICHT, dass die Gläubigen ihre Hände auf die Kranken legen werden und diese „manchmal" wieder genesen werden. Nein, da steht: *„…und die Kranken denen sie die Hände auflegen, werden gesund werden (andere Fassung: … und es wird besser mit ihnen werden)".* (Markus 16:18c).

Die meisten Christen glauben, dass Gott sie heilen kann, egal welcher Konfession sie angehören oder welche Kirche sie besuchen. Aber warum werden nicht einmal die Menschen geheilt, die in die Kirche gehen? Warum legen Christen den Kranken nicht die Hände auf, um zu sehen wie sie geheilt werden?

In der Schrift steht „Die Zeichen aber, die da folgen werden denen, die da glauben." (Markus 16:17). Es könnte so interpretiert werden, dass damit die Menschen gemeint sind, die glauben, dass Gott durch sie in diesem Moment wirkt, jene, die glauben, dass Gottes Wort an sie persönlich gerichtet ist und diejenigen, die glauben, dass Gott durch sie wirken wird, wenn sie Seinem Wort gehorchen.

Diejenigen, die dem Wort glauben, verstehen die Hoffnung in der Berufung für ihr Leben und wissen, dass Gott durch sie wirken wird, um seine Wunder zu bewirken.

Ich erinnere mich an den Tag, an dem mir bewusst wurde, dass Gott mich gebrauchen könnte. Nicht, weil ich die Tochter von Charles und Frances Hunters war, nicht, weil ich zur ORU ging (Oral Roberts University) oder irgendwelche besonderen Fähigkeiten hätte. Ich wusste, dass Er mich gebrauchen könnte, weil ich glaubte, dass Sein Wort wahr ist. Ab diesem Moment wurden die Möglichkeiten für mein Leben grenzenlos durch meinen Glauben an Gott.

Wenn Gott mich gebrauchen kann, dann kann Er auch dich gebrauchen. Wenn mich Gott von der Spitze meines Kopfes bis zu den Sohlen meiner Füße heilen kann, dann kann Er auch dich heilen. Wenn Er mein gebrochenes Herz und meine verletzte Seele erneuern kann, kann Er es ebenso bei dir. Gott kann durch dich genauso wirken (und noch mehr!), wie Er es durch mich getan hat. Setze dir selbst durch äußere Umstände keine Begrenzungen für das, was Gott für dich oder durch dich tun kann. Glaube stattdessen, dass es einen grenzenlosen Gott gibt, dass Sein Wort wahr ist und dass es Sein Plan ist, durch dich zu arbeiten, um das Leben deiner Mitmenschen zu verändern.

> „*Sie* (die Jünger) *aber gingen überall hin und predigten die gute Botschaft. Der Herr wirkte durch sie und bestätigte alles, was sie sagten, durch viele wunderbare Zeichen*" (Markus 16,20; Neues Leben).

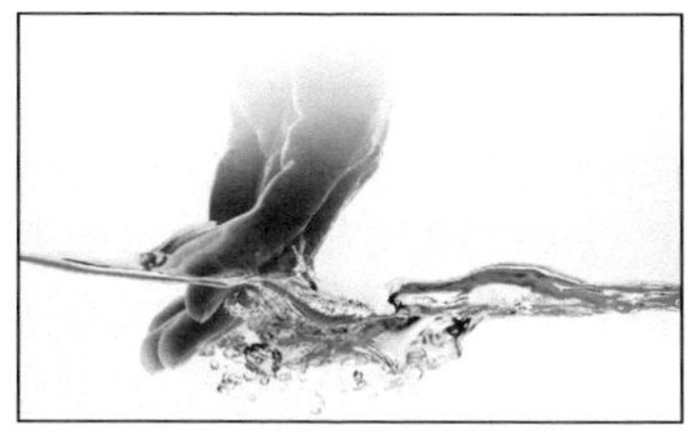

KAPITEL 1

Warum bin ich krank?

Warum bin ich krank? Diese Frage stellen sich sehr viele Menschen, einschließlich Wissenschaftlern, Hausfrauen und sogar Pastoren. Es gibt nur eine Antwort: Sünde! Denk darüber nach. Gab es Krankheiten im Garten Eden? Sünden verursachen Krankheiten. Allerdings muss es nicht die eigene Sünde sein. In Hebräer 11:4 steht, dass Abel ein rechtschaffener Mann war, aber wir wissen, dass er wegen den Sünden seines Bruders starb. Entsprechend dem Wort Gottes werden die Sünden der Väter an die dritten und vierten Generationen weitergegeben (2. Mose 34:7).

Als Jesus zu dem gelähmten Mann sprach, der geheilt wurde, bestätigte Er, dass Sünde die Ursache für Krankheiten ist: *„Danach findet Jesus ihn im Tempel, und er sprach zu ihm: Siehe, du bist gesund geworden; sündige nicht mehr, damit dir nichts Ärgeres widerfahre.“* (Johannes 5:14). Paulus bestätigte dies ebenso, als er zu den Christen darüber sprach wie sie das Abendmahl zu sich nahmen: *„Deshalb sind viele unter euch schwach und krank, und ein gut Teil sind entschlafen“.* (1. Korinther 11:30).

Es gibt Menschen, die nicht glauben, dass Sünde die Ursache für Krankheit ist und sie zitieren Johannes: „*Und als er vorüberging, sah er einen Menschen, blind von Geburt. Und seine Jünger fragten ihn und sagten: Rabbi, wer hat gesündigt, dieser oder seine Eltern, dass er blind geboren wurde? Jesus antwortete: Weder dieser hat gesündigt, noch seine Eltern, sondern damit die Werke Gottes an ihm offenbart würden.*“ (Johannes 9:1–3).

Den Jüngern war gelehrt worden, dass Sünde Krankheit verursacht und darum fragten sie. Jesus bestritt niemals, dass Sünde die Ursache für Krankheit ist. Er stellte in diesem besonderen Fall heraus, dass weder der geplagte Mann noch seine Eltern gesündigt hatten. Trotzdem bestand diese Blindheit, um so das Wirken Gottes zu verdeutlichen.

Einigen Menschen ist beigebracht worden, dass ihre Krankheiten von Gott sind und so seinem Ruhm dienen. Wenn man auf diese (verkehrte) Weise denkt – würde es Ihm dann nicht noch mehr Ehre machen, wenn du noch kränker wärest? Diese Denkweise steht im Widerspruch zu dem, was Jesus gelehrt hat und würde der Berufung und Bevollmächtigung Seiner Jünger (zu heilen), widersprechen.

„*Und als er seine zwölf Jünger herangerufen hatte, gab er ihnen Vollmacht über unreine Geister, sie auszutreiben und jede Krankheit und jedes Gebrechen zu heilen.*“ (Matthäus 10:1). Das Wort „alle“ meint alle Krankheiten, ohne jede Ausnahme.

Einigen Christen ist beigebracht worden, dass der Heilungsdienst durch die Kirche endete, als der Letzte der ehemals zwölf Jünger starb. Ich zähle mich zu Seinen Jüngern und ich stimme mit der frühen Kirche überein. Ich glaube, dass Jesus noch heute heilt. Ich habe gesehen, dass zahllose Krankheiten im Namen von Jesus geheilt wurden und weiß, dass die Heilungskraft Gottes heute genauso wirkt wie zur Zeit der Apostel. Ich glaube, dass die Apostel des Heiligen Geist noch heute auftreten, wo auch immer das Königreich Gottes gepredigt wird und wo Menschen glauben.

> *„Als er aber die Zwölf zusammengerufen hatte, gab er ihnen Kraft und Vollmacht über alle Dämonen und zur Heilung von Krankheiten. Und er sandte sie, das Reich Gottes zu predigen und die Kranken gesund zu machen"* (Lukas 9:1–2).

Schließlich gibt es einige Menschen, die glauben, dass Gott noch heute heilt, aber sie glauben nicht, dass Gott sie heilen will oder dass Er sie gebrauchen will, um andere zu heilen. Sie glauben das aus verschiedenen Gründen, die aber alle nicht wahr sind. Die Wahrheit ist: Gott ist bereit, jeden zu heilen, der glaubt, wie Jesus in Matthäus zeigte: *„Und er streckte die Hand aus, rührte ihn an und sprach: Ich will. Sei gereinigt! Und sogleich wurde der Kranke von seinem Aussatz gereinigt."* (Matthäus 8:3).

Sünde verursacht Krankheit. Aber Jesus kam, um zu heilen und Er heilt noch heute. Jesus wird dich nicht nur heilen. Er wird auch durch dich arbeiten, um andere durch deinen Glauben zu heilen.

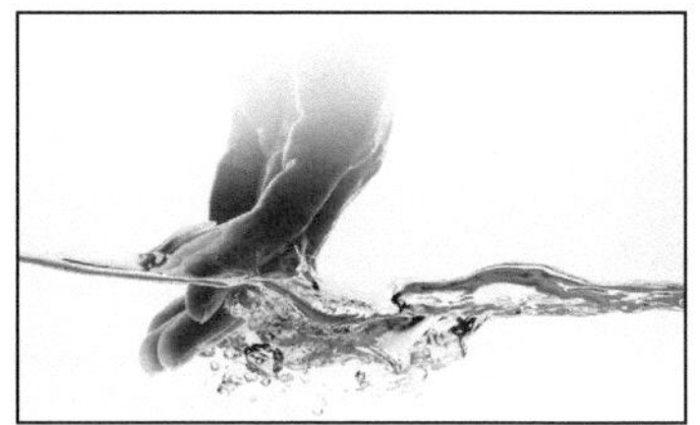

KAPITEL 2

Die Berufung für unser Leben

In den nächsten Kapiteln dieses Buches werden öfter Begriffe verwendet wie „Berufung“, „Offenbarung“ oder „Gaben“. Die Berufung für unser Leben bezieht sich auf das Schicksal und die Bestimmung, die Gott zum Zeitpunkt unserer Geburt für uns vorgesehen hat. Diese Berufung existiert sowohl in der Vergangenheit als auch in der Gegenwart. Sie ist lebendig und Teil unserer Persönlichkeit, egal, ob wir sie bereits erfüllen oder ob sie noch innerhalb unseres Herzens verborgen ist.

Die „Offenbarung“, wie sie ihn in diesem Buch gemeint ist, beschreibt die gegenwärtige und zukünftige Vollendung der Berufung für unser Leben. Es sind die Möglichkeiten, die eintreten werden, wenn sich unsere Berufung erfüllt. Sie ist ebenso von Gott und dadurch mit Seinem Leben erfüllt.

Und schließlich bezeichnen die „Gaben“ unsere von Gott gegebenen Fähigkeiten natürlicher und übernatürlicher Art, durch und mithilfe von Jesus. Diese Gaben existieren in der Vergangenheit, Gegenwart und Zukunft und werden in ihrer Stärke und Zahl zunehmen, um sicherzustellen, dass die Offenbarung Gottes für unser Leben wahr wird.

Bevor man den Heilungsdienst für andere mithilfe der Gebete in diesem Buch beginnt, ist es wichtig, sich daran zu erinnern, dass Gott will, *„dass ihr erkennen möget, welche da sei die Hoffnung eurer Berufung“* (Epheser 1:18). Gott hat eine Bestimmung für das Leben jedes Gläubigen. Die Leidenschaft, die du fühlst, während du dienst, wurde von Gott in dich hineingelegt.

Ich glaube, dass du dieses Buch jetzt liest, damit es dir hilft, die Berufung Gottes für dein Leben wahr werden zu lassen. Gott hat jedem Menschen eine Aufgabe gegeben. Damit ist nicht gemeint, dass jeder unbedingt einen Vollzeitdienst in einer christlichen Organisation leisten muss, um Gottes Berufung zu erfüllen (2. Korinther 5:18).

Meine Frage ist: „Kennst du die Berufung, die Gott dir gegeben hat“? Du solltest die Frage „Was ist Gottes Bestimmung für dein Leben?“ ohne Zweifel oder Zögern beantworten können. Denk über die Bestimmung in deinem Leben nach, denk nach, wozu Gott dich berufen hat, denk nach über Seinen Plan für dein Leben. Wie kannst du sicher sein, dass du Gottes Willen erfüllst, außer wenn diese Bestimmung in deinem Herz lebendig und der grundlegende Beweggrund für dein tägliches Tun ist? Wenn du deine Berufung und Bestimmung nicht kennst, kann es sein, dass du die Berufung von jemand anderem annimmst. Frage dich: hast du jemals einen anderen um seine Berufung beneidet? Willst du das, was jemand anderes schon hat?

Ich treffe überall Menschen, welche nach der Berufung von anderen streben aber ihre eigene nicht kennen oder verloren haben. Ich habe Menschen getroffen, die wie Frances Hunter sein wollen (Anmerkung: Mutter von Joan Hunter). Sie versuchen, alles so zu machen, wie sie es tat, weil sie ihre Berufung haben wollen.

Ich kenne Menschen, die das Verhalten von christlichen Leitern nachahmen, bis hin zu ihren Handbewegungen. Einige sind soweit gegangen, dass sie Billy Grahams Akzent kopiert haben, die Art, wie er seine Bibel hält und viele seiner Redensarten. Aber Gottes Plan ist es, uns zu einzigartigen Teilen des gleichen Leibes in Christus zu machen (1. Korinther 12:12–14; Epheser 4:16). Er hat uns nicht gesagt, dass wir uns untereinander anpassen sollen, sondern wir alle sollen gleich dem Ebenbild Seines Sohnes sein (Römer 8:29). Wir sollen nicht nach dem Geist von Frances Hunter oder Billy Graham streben, sondern nach dem Geist von Jesus Christus (1. Korinther 2:16).

Sei der, von dem Gott wollte dass du es bist und tu das, was Gott dir aufgetragen hat (1. Korinther 12:4–12; Römer 12:3–8). Werde keine lebendige Kopie von der Berufung eines anderen. Wäre es nicht traurig, in den Himmel zu gelangen und festzustellen, dass du dein Leben mit etwas anderem verbracht hast, als Gott dir aufgetragen hat? So etwas kommt vor.

Ich kenne einen Mann aus den USA, der so etwas erlebt hat. Seine Geschichte ist bemerkenswert. Während dieser Mann in der Bibelschule war, berief der Herr ihn und seine neue Frau zum Missionarsdient in Afrika. Sie sagten „Ja Herr, wir werden gehen!“ und begannen, die notwendigen Gelder dafür zu sparen. Gerade, als sie alles erledigt hatten und zu ihrer Mission aufbrechen wollten, stellten sie fest, dass die Frau schwanger war. Sie wussten, dass das Gebiet, zu dem sie berufen wurden, ein entfernter Dschungel war. Freunde und Familie rieten ihnen dazu, das Baby in den USA zu bekommen und anschließend nach Afrika zu ziehen.

Also verschoben sie ihre Abfahrt. Ihr Sohn, ein Segen Gottes, brauchte sechs Monate medizinische Betreuung nach seiner Geburt. Da die Kosten dafür ihre Ersparnisse aufbrauchten, übernahm der Mann eine Stelle in einer Anwaltskanzlei, um alle Rechnungen bezahlen zu können. Er wurde ein sehr erfolgreicher christlicher Geschäftsmann und wo immer er war, führte er viele Menschen in die Verbindung zum Herrn. Als er die Taufe des Heiligen Geistes empfing, war er Feuer und Flamme für Gott! Als einer der Führer der „Florida Full Gospel Businessmen“ (Christen im Beruf), führte er Tausende von Menschen zum Herrn, ging auf viele Missionsreisen, gründete und finanzierte viele Kirchen und erzog all seine Söhne für den Dienst.

Weil es ihm immer auf dem Herzen lag, schickte er außerdem jedes Jahr Zehntausende Dollar an afrikanische Missionen. Nachdem er im Ruhestand war, saß er eines Tages im Schaukelstuhl auf der Veranda seines Hauses, schaute auf den Fluss und dankte dem Herrn für Seine Segnungen und für die großen Dinge, die Gott durch ihn getan hatte. Plötzlich unterbrach Gott seinen Gedankengang. Deutlich sagte die Stimme des Herrn: *„Ich habe dich niemals berufen, diese Dinge zu tun. Ich rief dich, um als Missionar nach Afrika zu gehen. Keiner hätte dich gekannt, aber du hättest getan, was ich dir gesagt habe. Wenn du mir gehorcht hättest, wäre es nicht das gleiche gewesen. Dein Sohn wäre nicht krank geworden und du wärest nicht durch diese Prozesse gegangen.“* Dieser Mann hatte immer gewusst, dass etwas in seinem Leben fehlte und in diesem Moment wurde ihm klar, was es war. Es berührte ihn so stark, dass er seitdem, jedem sagt, wo immer er ist und wer es hören will: „Folge der Berufung, die Gott für dein Leben vorgesehen hat.“

Ja, Gott hat einen bestimmten Zweck und Plan für dein Leben. Er will, dass du tust, wofür Er dich berufen hat. Wenn du das hörst: "*Recht so, du guter und treuer Knecht!*" (Matthäus 25:21), dann hast du getan, was Gott wirklich von dir wollte und nicht weil du etwas getan hast, von dem du dachtest oder hofftest, dass Er wollte dass du es tust.

Gottes Bestimmung für dein Leben gilt für dich allein und niemand sonst auf der Erde kann sie in der Weise erfüllen wie du. Gott hat jeden von uns für einen bestimmten Zweck geschaffen.

> „*Denn wir sind sein Gebilde, in Christus Jesus geschaffen zu guten Werken, die Gott zuvor bereitet hat, damit wir in ihnen wandeln sollen.*" (Epheser 2:10).

Wenn Gott dich zu etwas berufen hat, von dem du das Gefühl hast, dass du nicht in der Lage bist, diese Aufgabe zu bewerkstelligen – lass dich trotzdem nicht davon abhalten, Seinem Ruf zu folgen. Ein Beispiel: wenn du zwischen Petrus und Paulus wählen müsstest, welchen von beiden du zu den Juden und wen zu den Nichtjuden schicken solltest, wie hättest du entschieden? Hätte es nicht mehr Sinn gemacht, Paulus zu den Juden zu schicken? Er war ein hebräischer Jude und ein gebildeter Pharisäer, der intelligent mit ihnen hätte reden können. Hätte es ebenso nicht mehr Sinn gemacht, Petrus, den ungebildeten Fischer, zu den Nichtjuden zu schicken?

Aber Gott ist nicht beschränkt auf menschliches Denken (Jakobus 3:14–18; 1. Korinther 2:4). Er sendete Paulus zu den Nichtjuden und Petrus zu den Juden. Gott hat sie entsprechend Seiner Bestimmung und Seinem Plan berufen, so dass sie die Aufgaben nur mithilfe Seiner Kraft und Seiner Gnade bewerkstelligen konnten.

Du kannst versuchen, die wahre Berufung für dein Leben herauszufinden, indem du dir die Ziele verdeutlichst, die du im Herzen trägst. Wenn du nach Beförderung strebst, nach Geld, einer Führungsposition, einem größeren Bekanntheitsgrad, persönlichem Gewinn oder höherem Ansehen vor anderen Menschen – dann sind diese Ziele nicht von Gott (Apostelgeschichte 8:9–24). Ziele, die aus einer egoistischen, egozentrischen Denkweise resultieren, können nicht mit der wahren, ewigwährenden Bestimmung Gottes übereinstimmen.

Deine Ziele sollten zum Nutzen anderer dienen. Gottes Absichten sind auf das ewige Schicksal der Seelen und die vollständige Erfüllung von Gottes Bestimmung im Leben anderer gerichtet.

Wenn du Gott dienst, geht es sich nicht um deine Bedürfnisse und deine Wünsche. Jesus wurde die ganze Welt angeboten und er hat abgelehnt. Ihm wurde eine hohe Position angeboten, aber er hat sie nicht angenommen (Matthäus 4:1–11). Er ist für die Menschen gekommen, und Er kam speziell für jene, die verloren, verletzt und in Not waren. Unser Herr Jesus *„entäußerte sich selbst und nahm Knechtsgestalt an"* (Philipper 2:7).

Wenn Gott das Anliegen in dein Herz gelegt hat, andere Menschen zu erreichen und ihr Leben zu verändern, dann wirst du dem Beispiel Jesus im Opferdienst nachfolgen (Johannes 13:14; Matthäus 19:16–22). Wenn deine Berufung dem Anschein nach wahrlich bescheiden ist und nicht deiner eigenen Verherrlichung dient, dann kann sie sehr gut von Gott sein (Matthäus 7:13–14).

Ich habe die Ehre gehabt, am Tisch vieler erfolgreicher christlicher Leiter sitzen zu dürfen, die mir empfohlen haben, beständig den selbstlosesten Weg zu wählen. Wenn du den Weg wählst, der am wahrscheinlichsten erscheint, deine eigenen

Interessen zu fördern, wirst du herausfinden, dass er in eine andere Richtung führt als Gott für dich vorgesehen hat. Du wirst einmal öfter um den Berg gehen müssen, um den Willen Gottes für dein Leben zu erkennen. Es gibt einen Weg, diesen Umweg zu vermeiden – stirb!

Der Preis, der zu zahlen ist, um diese Irrwege zu vermeiden, ist der Tod des „eigenen Ich". Um die Fülle der Salbung zu empfangen, zu der dich deine Berufung berechtigt, muss dein „fleischliches", menschliches Wesen ans Kreuz gehen und sterben. Die Auferstehungskraft Gottes kann nicht beständig durch ungekreuzigtes Fleisch wirken (Philipper 3:9–11).

Ich treffe oft Menschen, die für jede Art des Dienstes bereit sind – außer dem Tod des eigenen Ich. Sie glauben, dass sie schon gestorben sind. Sie haben nicht ganz verstanden, was es bedeutet, mehr für Gott als für sich selbst zu leben (Galater 2:19–20). Es bedeutet ganz einfach, dass das eigene „Ich" nicht länger existiert. „*Denn wo Neid und Eigennutz ist, da ist Zerrüttung und jede schlechte Tat*" (Jakobus 3:16).

Wenn du nur aus egoistischen, selbstsüchtigen Interessen und fleischlichem Verlangen handelst, wird Durcheinander, Verwirrung und Sünde dich überall begleiten. Du könntest sagen: „Aber ich bin gesalbt, ich bin mächtig, ich lege den Kranken die Hände auf und sie werden gesund, ich prophezeie, ich treibe Dämonen aus.

> „*Viele werden an jenem Tage zu mir sagen: Herr, Herr! Haben wir nicht durch deinen Namen geweissagt und durch deinen Namen Dämonen ausgetrieben und durch deinen Namen viele Wunderwerke getan? Und dann werde ich ihnen bekennen: Ich habe euch niemals gekannt. Weicht von mir, ihr Übeltäter!*" (Matthäus 7:22–23).

Gilt deine Motivation dir selbst oder Seinen Lämmern? Als Jesus Petrus nach Seiner Kreuzigung erschien, befahl Er ihm, Seine Lämmer zu versorgen und sie zu behüten (Johannes 21:15–17). Er wollte, dass Petrus versteht, dass was auch immer er für Seine Lämmer tut, so war, als ob er es für Ihn getan hätte. Das gilt auch für uns. Wenn wir Seinen Lämmern helfen, helfen wir Ihm (Matthäus 25:40).

Frage Gott, wenn du nicht sicher bist, was die Berufung für dein Leben ist. Gott hat dich nicht erschaffen, um dich dann ohne Bestimmung und Richtung zu verlassen. Als Er dich erschuf und in den Leib deiner Mutter legte, hat Er deine Berufung in dein Herz gelegt (Psalm 139:13–16). Er hatte von Anfang an einen Zweck für dein Leben. Gott hat einen wunderbaren Plan für dich und deine Zukunft, sogar die Haare auf deinem Kopf sind gezählt (Lukas 12:7; Jeremia 29:11). Alles was du tun musst, ist Gott zu bitten, dir zu offenbaren, was Er schon in dein Herz gelegt hat. Wenn du nicht sicher bist, bitte Ihn jetzt darum!

Unsere eigenen Vorstellungen und Wünsche, die oft unsere ganze Aufmerksamkeit und unsere Gefühle in Anspruch nehmen, stehen häufig im Widerspruch zu Seinem Plan und Seiner Absicht für unser Leben. Vielleicht muss dein Herz von „fleischlichen“ Vorstellungen befreit werden, bevor du wirklich Gottes Plan für dein Leben erkennen kannst. Dein „eigenes Selbst“ (Ego) ist das Einzige, das dich davon abhält zu tun, wofür Er dich berufen hat. Wenn das Ego stirbt und du dein Leben anderen widmest, wird sich Sein Plan für dich rasch entfalten. Du wirst in deinem Geist wissen, dass du auf dem richtigen Weg bist und dein Leben wird eine andere Motivation und einen neuen Wert bekommen. Viele deiner Herzenswünsche anderen zu dienen, werden mit Gottes Vorstellungen übereinstimmen und Zufriedenheit wird beginnen, deine Seele zu erfüllen.

Eine christliche Anwältin aus South Carolina wurde ins staatliche Repräsentantenhaus gewählt. Sie war ein Kandidat der Konservativen in einer Region, in der bisher noch nie ein Konservativer oder eine Frau gewählt worden waren. Ihr Wunsch war es, Staatsrichterin zu werden. Nach einem fairen Wahlkampf wurde sie zur Richterin ernannt. Sie hatte ihr Ziel erreicht.

Wegen ihrer umsichtigen Handlungsweise wurden ihr viele Fälle von großem öffentlichen Interesse übertragen. Ebenso musste sie Fälle beurteilen, bei denen es um die Todesstrafe ging. Sie stellte plötzlich fest, dass sie Entscheidungen über Leben und Tod treffen musste. Unbewusst kämpfte sie mit der Schwere der Verantwortung ihrer Position. Eines Nachts erwachte ihr Bruder mit dem dringenden Bedürfnis sie anzurufen. Der Herr hatte ihm etwas in sein Herz gelegt, dass er ihr mitteilen musste. Er sagte: Er sagte: *"Es war der Plan des Herrn, dass du Richterin geworden bist. Er war derjenige, der die Türen öffnete, damit du in diese Position kommen konntest. Er war derjenige, der den Wunsch in dein Herz legte, Richterin zu werden, weil Er eine rechtschaffene Richterin wollte, die Ihn fragen würde, was sie tun soll, bevor sie die Entscheidung fällt."*

Sie fing an zu weinen, als sie sagte: „Das tue ich. Ich hatte befürchtet, dass es nur mein eigener Wille war, dass ich Richterin wurde, denn jetzt liegen die Leben von Menschen in meiner Hand." Diese Nachricht war eine Bestätigung, dass Gott sie tatsächlich berufen hatte, Richterin zu werden.

Gott erfüllt das tiefe Verlangen deines Herzens, weil Er dir diesen Wunsch zuerst ins Herz gelegt hat.

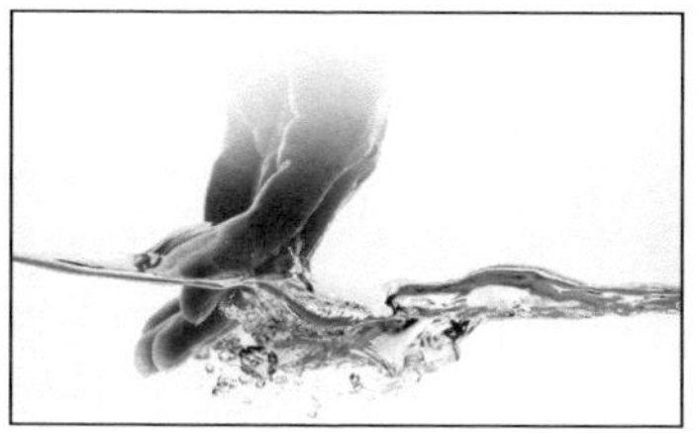

KAPITEL 3

Deine Gaben und Seine Unterstützung

Die meisten Gläubigen sind mit der Aussage der Schrift vertraut, dass *„Gottes Gnadengaben und Berufung unwiderruflich sind“* (Römer 11:29). Weißt du, was das bedeutet? Wenn du glaubst, dass sich das auf deine geistigen Gaben und Gottes Berufung für dein Leben bezieht, dann wurdest du falsch informiert (evtl. durch andere Menschen, die diese Stelle nicht im Zusammenhang zitieren). Diese Schriftstelle hat nichts damit zu tun. Die Briefe des Paulus von der Lehre Jesus zu trennen ist eines der gefährlichsten Dinge, die man tun kann. Diese Trennung kann den Sinn des Wort Gottes verändern. Anzunehmen, dass diese Passage sich auf deine Gaben und deine Berufung bezieht, steht im Gegensatz zu Jesus Gleichnis von den Talenten.

Es ist die Erzählung des Mannes, der den drei Angestellten seine Güter übergab. Zwei von ihnen nahmen, was ihnen gegeben worden war und verdoppelten es. Aber der Dritte vergrub das, was ihm anvertraut wurde und machte nichts damit. In diesem Gleichnis wurde den Arbeitern, die mehr produzierten, mehr gegeben. Demjenigen, der nichts aus dem, was ihm anvertraut war, gemacht hatte, wurde alles wieder weggenommen (Matthäus 25:14–30).

Diese Lehre von Jesus stimmt mit meinen langjährigen Erfahrungen überein. Wenn Menschen die ihnen gegebenen Fähigkeiten und Berufungen nicht nutzen, dann können sie diese auch wieder verlieren. Nimm dir die Zeit und lies das ganze Kapitel Römer 11. Dort geht es um Erlösung und die begrenzte Zeit, die den Ungläubigen bleibt, Buße zu tun. In Römer 11:29 steht geschrieben, dass „Gottes Geschenk der Erlösung und seine Aufforderung, dass die Juden Buße zu tun, von ihm nicht widerrufen werden".

Täusch dich nicht in der Annahme, dass du Gottes Berufung und Seine geistigen Gaben für dein Leben unendlich lange ignorieren kannst. Die Wahrheit ist: wenn du sie nicht nutzt, kannst du sie auch wieder verlieren. *„Von jedem, dem viel gegeben worden ist, wird viel verlangt werden; und von demjenigen, dem vieles anvertraut worden ist, wird umso mehr zurückgefordert werden"* (Lukas 12:48b). Wenn du eine Gabe von Gott erhalten hast, dann warte nicht, sie einzusetzen (außer ER sagt dir, dass du warten sollst). Möglicherweise sind die Gaben, die Gott dir gegeben hat um Seine Pläne zu erfüllen, noch in dir verborgen.

Sieh dir mit diesem Verständnis folgende Bibelstelle an: *„Mein Gott aber fülle aus alle eure Notdurft nach seinem Reichtum in der Herrlichkeit in Christo Jesu"* (Philipper 4:19). Wenn Er all deine Bedürfnisse versorgt entsprechend Seinen Reichtümern in Christus Jesus, was bedeutet das für dich?

Während des 1. Golfkriegs schickte Präsident Bush General Schwarzkopf nach Übersee, um Kuwait von den eingedrungenen Irakern zu befreien. Präsident Bush sagte ihm: „Lassen Sie mich wissen, was Sie für diesen Einsatz brauchen, Sie werden es bekommen." Schwarzkopf hätte den Präsidenten zurückrufen können und ihm sagen: „Wissen Sie, ich hätte gern eine Eigentumswohnung am Strand, und ich wollte schon immer eine rote Corvette besitzen. Zwei Eintrittskarten für Disney World wären auch schön, und wenn das alles vorbei ist, würde ich gern zusammen mit meiner Familie eine gute Zeit verbringen."

Präsident Bush hätte geantwortet: „Wovon in der Welt sprechen Sie? Haben Sie nicht verstanden, dass sich das auf den Auftrag bezogen hat, zu dem ich Sie gesandt habe? Alles, was Sie tun müssen, ist mich zu fragen und ich werde dafür sorgen, dass Sie es bekommen".

Es ist nicht möglich in den Himmel zu gelangen und zu sagen: „Oh Gott! Wenn Du mir 10 Millionen Dollar gegeben hättest, hätte ich soviel mehr für Dich machen können". Oder: „Wenn Du mir dies oder das gegeben hättest, hätte ich soviel mehr für Dich leisten können."

Du hast schon alles, was du benötigst um die Aufgabe zu erfüllen, für die Er dich berufen hat. Er wird dich darin unterstützen, wenn du Ihn darum bittest. Wenn du noch nicht alles hast, was du benötigst, um die Aufgabe zu vollenden, für die Er dich berufen hat, dann hast du Ihn nicht um Seine Hilfe gebeten oder es ist nicht nach Seinem Zeitplan.

Es ist allerdings nicht ungewöhnlich, dass jemand eine Zeit lang abgetrennt von seinen eigenen Fähigkeiten oder seinem Wohlbefinden leben muss, bevor Gottes Unterstützung zu wirken beginnt. Egal wie die Umstände sind, beschränke Gott nicht durch deine eigenen (begrenzten) Fähigkeiten oder durch dein Denken. Im Epheserbrief steht: *„Dem aber, der überschwänglich tun kann über alles hinaus, was wir bitten oder verstehen, nach der Kraft, die in uns wirkt"* (Epheser 3:20).

Wenn Gott eine Vision entwickelt, wird Seine Unterstützung immer vorhanden sein, um diesen Plan zu erfüllen. Er kann und wird dich in allem unterstützen, was du benötigst, um Seine Berufung für dein Leben zu erfüllen.

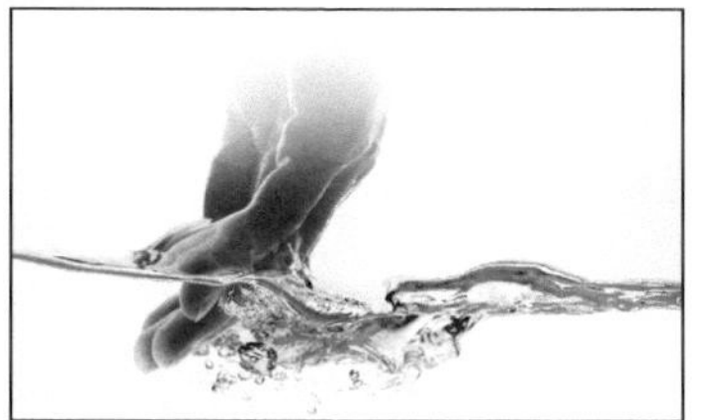

KAPITEL 4

Offenbarung und wahre Motivation des Herzens

Wenn ein Marathonläufer ein Rennen läuft, dann hat er sich vorgenommen, die Ziellinie zu überqueren. Er weiß, dass es eine Ziellinie gibt, wenn er das Rennen startet. Er weiß auch, dass sie da ist, während er das Rennen läuft, aber er kann sie nicht sehen, weil sie viele Kilometer entfernt ist. Die Ziellinie ist ständig in seinem Visier, auch wenn sie lange Zeit nicht sichtbar ist.

Dies kann am Besten Gottes Vorsehung oder Offenbarung für dein Leben beschreiben. Sie umfasst die gegenwärtig schon vorhandene und in Zukunft noch zu erwartende Erfüllung der göttlichen Berufung in deinem Leben. Wahre Vorsehung ist beseelt von Gott und Seinem Leben. Sie erfüllt sich durch unsere Worte und Taten. Sie sind unentbehrlich für unser wahres Dasein.

„Wo keine Offenbarung ist, wird das Volk wild und wüst" (Sprichwörter 29:18). Ich habe die Erfahrung gemacht, dass es wichtig ist, die von Gott gegebene Offenbarung anderen mitzu-

teilen, damit sie sich erfüllen kann. Es ist Sein Auftrag an dich, dass du mit anderen darüber sprichst (Habakuk 2:2). Wenn du verheiratet bist, will Er, dass du sie mit deinem Ehepartner teilst.

Es gab einen Pastor in Afrika, der berufen wurde, als Missionar in die Vereinigten Staaten zu gehen. Er sagte seiner Ehefrau immer wieder, dass ihn Gott zum Missionarsdienst in den USA berufen hatte. Monatelang sagte seine Ehefrau immer wieder: „Nein, nein, nein! Ich spüre nicht, dass wir berufen wurden dorthin zu gehen.“ Aber er teilte ihr weiter diese Eingebung mit, bis auch sie eines Tag sagte: „Ich denke, dass wir wohl nach Amerika gehen“! Und sie begann, die Offenbarung zu wiederholen, weil sie jetzt auch in ihrem Herz lebendig war.

Teile die Offenbarungen, die du von Gott erhalten hast, mit anderen. Wenn sie von Gott sind, werden sie bestehen bleiben. Wenn sie nicht von Gott sind, werden sie keinen Bestand haben. Aber teile sie anderen mit.

Du solltest dir der Berufung Gottes für dein Leben bewusst sein oder Ihn danach fragen, wenn du es bisher nicht getan hast. An dieser Stelle bitte ich dich, dein Herz zu prüfen und dir diese Fragen zu stellen: was ist der wahre Beweggrund für dein Tun? Was ist der tiefste Kern in deinem Herzen? Verstehst du die Bedeutung dieser Frage? Ein Beispiel: Gott hat dir ein Herz für die Seelen gegeben und du wartest darauf, dass genug Geld vorhanden ist, um nach Übersee zu gehen. Dabei hast du nicht genug Mitgefühl, um auf die andere Straßenseite zu gehen um dort den verloren Gegangenen zu dienen. Ist dann das, was dich leitet, wirklich dein Mitgefühl für die Seelen oder ist es die Fahrt nach Übersee?

Es gibt verschiedene Wege, das Gleiche auszudrücken. Wenn du nicht in der Lage bist, zum Laden um die Ecke zu gehen und die Gaben, die Gott dir gegeben hat, dort anzuwenden, was berechtigt dich dann, sie in der Kirche zu benutzen? Wenn es nicht ein tiefes Bedürfnis in deinem Herzen ist, den Menschen in deiner Umgebung die Hände aufzulegen und zu sehen, wie sie geheilt werden, warum sollte Gott dir die Tür für größere Gelegenheiten öffnen?

Bevor du anderen dienst, ist es notwendig, dass deine Motivation dafür in Übereinstimmung mit Gott ist. In der Bibel steht an vielen Stellen dass Jesus, als er die Menge sah, Mitgefühl mit ihnen hatte *„weil sie wie Schafe ohne einen Schafhirten waren"* (Matthäus 9:36, 14:14, 20:34; Markus 1:41, Lukas 7:13). Mitgefühl ist ein starker Antrieb, anderen helfen zu wollen, aber es wird oft missverstanden als eine „weiche, klebrige" Form von Mitleid.

Wie auch immer, wahres Mitgefühl ist eine intensive Mischung aus Liebe und Hass. Jesus hatte diese Art von Mitgefühl. Er liebte die Menschen mit einer unvergleichlichen Liebe und gleichzeitig hasste Er die Umstände, in denen sie gefangen waren. Das Wort Mitgefühl meint eigentlich, innerlich so stark aufgewühlt zu sein, dass sich „die Eingeweide bewegen". Gleichzeitig große Liebe und starken Hass zu spüren, erzeugt eine extreme Gefühlsmischung. Das Eine ermächtigt den Geist, das Andere motiviert die Seele zu handeln.

Es ist wichtig, die Bestandteile des Mitgefühls zu verstehen und warum es wichtig ist, dass unsere Motivation die Gleiche sein sollte, wie die des Herrn. Ich denke nicht, dass es notwendig ist, die Natur des Hassens zu erklären oder wie sich Hass anfühlt, weil jeder ihn schon erlebt hat. Allerdings habe ich gemerkt, dass viele Missverständnisse über die Liebe existieren.

Einige Menschen haben die (falsche) Vorstellung, dass die Liebe in ihrem Herz von ihnen selber kommt und sie die Fähigkeit haben, mehr davon zu „produzieren". Aber das stimmt nicht. Die Wahrheit ist, dass die Liebe, die wir fühlen, nicht aus uns kommt, sondern von Gott. Es war am Anfang und es wird am Ende sein. „*Gott ist die Liebe; und wer in der Liebe bleibt, der bleibt in Gott und Gott in ihm.*“ (1. Johannes 4:16 b).

In Paulus` Gebet zu den Ephesern hieß es: „*und ich bete, dass Christus durch den Glauben in euren Herzen wohne und ihr in der Liebe eingewurzelt und gegründet seid. So könnt ihr mit allen Heiligen begreifen, welches die Breite und die Länge und die Höhe und die Tiefe ist, auch die Liebe Christi erkennen, die alle Erkenntnis übertrifft, damit ihr erfüllt werdet mit der ganzen Gottesfülle.*“ (Epheser 3:17–19).

Es würde wohl eine Ewigkeit dauern, das ganze Ausmaß dieser Liebe völlig zu verstehen. Jeden Tag in meinem Leben bekomme ich ein größeres Verständnis von dem, wer Gott ist und während ich das tue, erfahre ich Seine Liebe in immer stärkerer Intensität und Reinheit.

Diese Stelle der Schrift sagt alles über die Liebe:

> „*Wenn ich mit Menschen und mit Engelszungen redete und hätte die Liebe nicht, so wäre ich ein tönendes Erz oder eine klingende Schelle. Und wenn ich prophetisch reden könnte und wüsste alle Geheimnisse und alle Erkenntnis und hätte allen Glauben, so dass ich Berge versetzen könnte, und hätte die Liebe nicht, so wäre ich nichts. Und wenn ich alle meine Habe den Armen gäbe und ließe meinen Leib verbrennen, und hätte die Liebe nicht, so wäre mir's nichts nütze. Die Liebe ist langmütig und freundlich, die Liebe eifert nicht, die Liebe treibt nicht Mutwillen, sie bläht sich nicht auf, sie verhält sich nicht ungehörig, sie sucht nicht das Ihre, sie lässt sich nicht erbittern, sie rechnet das Böse nicht zu, sie freut sich nicht über die Ungerechtigkeit, sie freut sich aber an der Wahrheit; sie erträgt alles, sie glaubt alles, sie hofft alles, sie duldet alles. Die Liebe hört niemals auf.*“ (1. Korinther 13:1–8a).

Wenn du diese Passage nicht auswendig kannst, empfehle ich dir diese Stelle jetzt zu merken. Lies sie, bis du sie überall und zu jeder Zeit zitieren kannst. Du kannst sie lesen und alle Wörter kennen, aber wenn diese Wörter sich innerhalb deines Herzens offenbaren, werden sie dein Leben verändern.

Leider ist es möglich, all die erstaunlichen Dinge aus 1. Korinther 13:1–3 ohne Liebe zu tun. Das ist offenbar einigen Kirchenmitgliedern passiert. Einige Teile der modernen Kirche sind möglicherweise abgekommen von dem durch Liebe geprägten Lebensstil der früheren Kirchen. Die erste Handlung der „New Testament Church" bestand darin, alles überzählige Eigentum zu verkaufen und die Erlöse den Armen zu geben.

Als Hurrikan „Ivan" durch Florida zog, zerstörte er einige Kirchen und zerriss viele Hausdächer westlich von Tallahassee. Als einige der sich in der Nähe befindenden Kirchen hörten, dass deren Versicherungspolicen die Kosten der Reparaturen nicht abdecken würden, gaben sie ihr Gespartes den Gemeinden, deren Kirchen beschädigt wurden. Diese Kirchen machten sich keine Sorgen wegen der unterschiedlichen Konfessionen und den verschiedenen Glaubenslehren. Sie wollten die in Not geratenen Kirchengemeinden unterstützen, damit Herzen geheilt werden können. Sie gaben auf, was sie über viele Jahre angespart hatten, damit auch andere Christen ein Versammlungshaus haben, in dem sie Gott anbeten können.

In der Bibel steht, dass die Welt durch unsere Liebe erkennen wird, dass wir Christen sind (Johannes 13:35). Die meisten Menschen in den USA wissen viel über Gottes Wort von der Errettung. Allerdings kennen sie auch einige fragwürdige Christen und wollen nicht sein wie sie. Es gibt viele Dinge, die ich über dieses Thema sagen könnte, aber wenn du dir sonst nichts weiter aus diesem Kapitel merkst, so bitte ich dich Eines immer in Erinnerung zu behalten: „*Die Liebe hört niemals auf. Die Liebe hört niemals auf. Die Liebe hört niemals auf.*" (1. Korinther 13:8a).

Wenn du jemandem hilfst und du nichts gemacht hast, außer ihn zu lieben, dann ... hört die Liebe niemals auf. Es kann sein, dass du für jemanden betest, aber er nicht sofort geheilt wird. Erinnere dich daran, dass die Liebe niemals endet. Gottes Berufung in deinem Leben wird immer von einem Geist des Mitgefühls angetrieben sein. Liebe deine Mitmenschen und vertraue darauf, dass Liebe niemals scheitert. Gott ist Liebe. Gott scheitert niemals. Liebe scheitert niemals.

> „*Nun aber bleiben Glaube, Hoffnung, Liebe, diese drei; aber die Liebe ist die größte unter ihnen*" (1. Korinther 13:13).

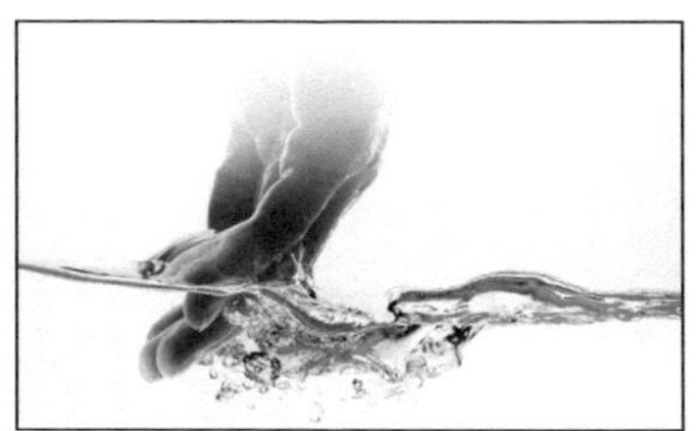

KAPITEL 5

Über Beziehungen

Jesus ist gekommen, *„damit wir das Leben und volle Genüge haben sollen“* (Johannes 10:10).

In unserem Leben geht es nicht um Orte oder Gegenstände, sondern um unsere Beziehung zu Gott und Seinem Volk. Was ist damit gemeint? Nimm an, dass du weißt, dass du in dieser Nacht stirbst und beim Herrn bist. Was würdest du anders machen? Sehr wahrscheinlich würden Orte und Gegenstände ihren Wert verlieren und du würdest die verbleibende Zeit mit den Menschen verbringen, die dir am meisten bedeuten.

Wenn wir uns in unseren Beziehungen entfremden, spiegelt sich das in unserem Leben wider und unsere Herzen können sich verhärten. Diese Entfremdung kann langsam vonstatten gehen, aber dann betrifft sie meist jeden Punkt in unserem Leben: Familie, Freunde, Kirche und Gott. Es ist sehr offensichtlich, dass die wichtigste Beziehung, die wir haben, die Beziehung zu unserem Vater ist.

Auf meinen Reisen war ich ziemlich überrascht, sehr viele Gläubige zu sehen, welche die Vertrautheit zwischen sich und Gott verloren haben. Ich war noch mehr überrascht, viele Gläubige in der Kirche zu sehen, die überhaupt niemals diese Vertrautheit erfahren haben. Sie wird von einer *„Liebe definiert, die alle Erkenntnis übertrifft“* (Epheser 3:19).

Christen, die niemals diese Vertrautheit mit Gott erfahren haben, lesen häufig christliche Bücher und gehen zu christlichen Versammlungen, weil sie in ihrem Leben etwas vermissen. Es ist nichts Falsches an christlichen Büchern oder Versammlungen, aber wenn du fühlst, dass in deiner Beziehung zu Gott etwas fehlt, ist vielleicht eine Ausrichtung zu Seinem Herz und zu Seiner unvergleichlichen Liebe nötig. Dann werden die christlichen Bücher und Zusammenkünfte deiner Beziehung zu Gott hinzugefügt werden, anstatt sie zu ersetzen.

Es gibt viele Gründe, warum wir uns von Gott trennen. Sünde, Unglaube und Ungehorsam sind die häufigsten Ursachen. Sie alle sind leicht durch Buße und Umkehr zu korrigieren, sodass ich an dieser Stelle nicht zu sehr ins Detail gehen werde. Es gibt einen weiteren Grund, über den weniger gesprochen wird, der aber ziemlich häufig vorzukommen scheint. Es ist eine Abkehr von Gott im Laufe der Zeit, die durch eine langsam zunehmende Verhärtung des Herzens gegenüber Gott entsteht, weil Er nicht die Dinge getan hat, die du gemacht hättest wenn du Gott wärst. Du bist verletzt oder sogar wütend auf Gott und verübelst Ihm das, während du darauf wartest, dass Er es endlich verändert.

Das kann am Besten anhand der Ehe erklärt werden. Es kommt häufig vor, dass ich Männern und Frauen helfe, die nicht mehr die frühere Liebe zu ihrem Ehepartner haben. Im Laufe der Jahre hat der Ehepartner (in den Augen des Anderen) verschiedene Dinge falsch gemacht, Unrecht gehabt oder den Erwartungen des Partners nicht entsprochen. Kleinere

Verletzungen haben sich langsam summiert. Schließlich ist das Herz gegenüber dem Ehepartner verhärtet und sie fühlen nicht mehr die Liebe, die einmal Basis ihrer Ehe war. Die Vertrautheit ist verschwunden.

Meine Frage ist jedes Mal: Was könnte dein Ehepartner tun, um deine Liebe zurückzugewinnen? Ich bekomme viele verschiedene Dinge gesagt, angefangen von: „Ich weiß es nicht" bis zu einer Liste von Dingen, die ein Buch füllen würden. Meine Antwort darauf ist immer die gleiche: „Vergib deinem Ehepartner!"

Lass einfach los, was du ihm verübelst, auch wenn er es (in deinen Augen) nicht verdient hat, dass ihm vergeben wird und er auch nicht genug getan hat, um dich zurückzugewinnen. Leg die Erwartungen in deinem Herz ihm gegenüber auf den Altar Gottes und liebe einfach deinen Partner. Gib dann die Erklärung ab, deinem Ehegatten 100 % deines Herzens zurückzugeben. Mach es einfach so:

Gebet zur Freisetzung des Ehepartners

„Ich bin bereit, alle meine Erwartungen gegenüber meinem Ehepartner auf den Altar Gottes zu legen. Ich (setze deinen vollständigen christlichen Namen ein), habe mich entschieden, von diesem Tag an 100% meines Herzens (setze hier den Namen deines Ehepartners ein) zu geben."

Ich habe viele Menschen erlebt, die diese Sätze gesagt haben und die Liebe, die sie einmal füreinander empfunden haben, erfüllte erneut ihre Herzen. Es ist spannend, die Zeugnisse der erstaunlichen Änderungen zu hören, die danach in ihren Beziehungen eintraten.

Gott hat uns angehalten einander bedingungslos zu lieben. Wenn du irgendetwas anderes als bedingungslose Liebe in dir trägst, dann bist du nicht in Übereinstimmung mit dem, was Er ist und zu dem Er dich erschaffen hat.

Viele Christen reagieren gegenüber Gott genauso, wie sie es in ihren Beziehungen tun, auch wenn sie in ihrem Herz wissen, dass sie nicht das Recht haben, Gott irgendetwas vorzuwerfen. Und doch tun wir es oftmals. Wir haben gebetet und Er hat unsere Gebete nicht in der Weise beantwortet, wie wir es erwartet haben. Oder jemand, den wir liebten, ist gestorben und wir haben nicht verstanden, warum.

Es gibt viele Gründe, warum wir uns von Gott trennen. Er wird Sich allerdings niemals von uns trennen. *„Ich will dich nicht verlassen und nicht von dir weichen.“* (Hebräer 13:5). Jesus ist gekommen um uns mit Gott zu versöhnen. *„Aber das alles von Gott, der uns mit sich selber versöhnt hat durch Christus und uns das Amt gegeben, das die Versöhnung predigt. Denn Gott war in Christus und versöhnte die Welt mit sich selber und rechnete ihnen ihre Sünden nicht zu und hat unter uns aufgerichtet das Wort von der Versöhnung“* (2. Korinther 5:18–19).

Vielleicht musst du, wenn du anderen dienst, sie in diesem einfachen Gebet der Erneuerung führen. Vielleicht musst du selbst dieses Gebet sprechen. Ich habe erlebt, dass zahllose Menschen dieses Gebet sprachen und eine Liebe zu Gott erfüllte wieder ihre Herzen.

Gebet zur Wiederherstellung der Beziehung mit Gott

„Vater, ich lege bereitwillig alle meine Erwartungen Dir gegenüber auf Deinen Altar. Ich (dein vollständiger Name), habe mich entschieden, Dir von diesem Tag an 100% meines Herzens zu geben. Ich werde Dein Diener sein und Du mein Gott, in Jesus Namen."

Die anderen Ursachen von Sünde, Ungehorsam und Ungläubigkeit sind leicht korrigierbar. Damit du geheilt wirst, muss Sünde eingestanden und darf nicht in deinem Herz verheimlicht werden. Gott gab uns ein Beispiel, wie oft Er bereit ist, uns die Sünden zu verzeihen. *„Wenn wir aber unsre Sünden bekennen, so ist er treu und gerecht, dass er uns die Sünden vergibt und reinigt uns von aller Ungerechtigkeit."* (1. Johannes 1:9).

„Da trat Petrus zu ihm und fragte: Herr, wie oft muss ich denn meinem Bruder, der an mir sündigt, vergeben? Genügt es siebenmal? Jesus sprach zu ihm: Ich sage dir: nicht siebenmal, sondern siebzigmal siebenmal." (Matthäus 18:21–22). Im Griechischen kann diese Schriftstelle folgendermaßen interpretiert werden: „nicht siebenmal, sondern siebenundsiebzig Mal für die gleiche Sünde am gleichen Tag." Es ist Gottes Wesen uns ohne ein Maß alles zu vergeben.

Allerdings gibt es in Bezug auf Vergebung eine Bedingung: Gott wird uns nur in dem Maß verzeihen, wie wir anderen verzeihen. *„Denn wenn ihr den Menschen ihre Verfehlungen vergebt, so wird euch euer himmlischer Vater auch vergeben. Wenn ihr aber den Menschen nicht vergebt, so wird euch euer Vater eure Verfehlungen auch nicht vergeben."* (Matthäus 6:14–15). Wenn du Unvergebenheit gegen irgendjemanden hast, dann kann dir nicht verziehen werden. Jesus erklärte es so:

„Darum gleicht das Himmelreich einem König, der mit seinen Knechten abrechnen wollte. Und als er anfing abzurechnen, wurde einer vor ihn gebracht, der war ihm zehntausend Zentner Silber schuldig. Da er's nun nicht bezahlen konnte, befahl der Herr, ihn und seine Frau und seine Kinder und alles, was er hatte, zu verkaufen und damit zu bezahlen. Da fiel ihm der Knecht zu Füßen und flehte ihn an und sprach: Hab Geduld mit mir; ich will dir's alles bezahlen. Da hatte der Herr Erbarmen mit diesem Knecht und ließ ihn frei, und die Schuld erließ er ihm auch. Da ging dieser Knecht hinaus und traf einen seiner Mitknechte, der war ihm hundert Silbergroschen schuldig; und er packte und würgte ihn und sprach: Bezahle, was du mir schuldig bist! Da fiel sein Mitknecht nieder und bat ihn und sprach: Hab Geduld mit mir; ich will dir's bezahlen. Er wollte aber nicht, sondern ging hin und warf ihn ins Gefängnis, bis er bezahlt hätte, was er schuldig war. Als aber seine Mitknechte das sahen, wurden sie sehr betrübt und kamen und brachten bei ihrem Herrn alles vor, was sich begeben hatte. Da forderte ihn sein Herr vor sich und sprach zu ihm: Du böser Knecht! Deine ganze Schuld habe ich dir erlassen, weil du mich gebeten hast; hättest du dich da nicht auch erbarmen sollen über deinen Mitknecht, wie ich mich über dich erbarmt habe? Und sein Herr wurde zornig und überantwortete ihn den Peinigern, bis er alles bezahlt hätte, was er ihm schuldig war. So wird auch mein himmlischer Vater an euch tun, wenn ihr einander nicht von Herzen vergebt, ein jeder seinem Bruder.“ (Matthäus 18:23–35).

Dir ist alles verziehen worden. Wenn du aber anderen nicht vergeben kannst, die dir gegenüber gesündigt haben, dann handelst du entgegen dem göttlichen Willen und wirst dich von Gott entfernen. Dies ist das Gebet, um Sünden zu bekennen:

Gebet, um meine Sünden zu bekennen

„Vater, ich habe gesündigt. Ich bekenne meine Sünden (setz die Sünden ein, die du begangen hast). Ich empfinde Reue und kehre um. Verzeih mir diese Sünden. Ich habe mich entschieden, allen Menschen zu verzeihen, die gegen mich gesündigt haben. Vater, ich habe mich entschieden (setz die Namen der Personen ein, die dir gegenüber gesündigt haben) zu verzeihen. Was sie getan haben, war Sünde. Nimm diese Sünde von ihnen und gib sie ans Kreuz von Jesus. Am Tag des jüngsten Gerichts werde ich ihnen diese Sünde nicht vorhalten. Ab jetzt sind sie frei. Vater, segne sie."

Unglaube ist eine andere Form von Sünde, die uns von Gott trennt. Das Gegenteil von Unglauben ist Glaube. Jedem Menschen auf dieser Erde wurde gemäß der Heiligen Schrift ein Maß an Glauben von Gott gegeben (Römer 12:3). Du hast bereits Glauben und du gebrauchst ihn jeden Tag. Wenn du dich hinsetzt, um das hier zu lesen, dann hast du deinen Glauben schon angewandt. Du hast darauf vertraut, dass dich der Stuhl halten würde, als du dich hingesetzt hast.

Vertrauen erfreut Gott. Vertrauen ist Glauben. Die Dinge Gottes sind so einfach. *„Aber ohne Glauben ist es unmöglich, Gott zu gefallen, denn wer zu Gott kommen will, der muss glauben, dass er ist und dass er denen, die ihn suchen, ihren Lohn gibt"* (Hebräer 11:6).

Gebet, um Unglauben zu bekennen

„Vater, ich habe nicht in dem Glauben gehandelt, den Du mir gegeben hast. Ich habe erlaubt, dass Zweifel und Unglauben in mein Leben treten. Ich bekenne dies als Sünde und entscheide mich, zu Dir zurückzukehren. Verzeih mir diese Sünde in Jesus Namen."

Ungehorsam ist eine andere Form von Sünde, die uns ebenso von Gott trennt. Als Gott Moses rief, um Seine Kinder von Israel nach Ägypten zu führen, erlaubte Er Moses über seine Zweifel und sein Unvermögen zu sprechen und Er antwortete auf alles, was Moses ihn fragte. Als Moses allerdings sagte: „Sende jemand anderen", *da ward der HERR sehr zornig über Mose"* (2. Mose 4:14).

Gott fand sich mit Moses' Zweifeln und Unvermögen ab, aber Er würde Ungehorsam nicht erlauben. Auch heute erlaubt Er es nicht. Er wird dich korrigieren, weil Er dich liebt. Denn *„wen der Herr liebhat, den züchtigt er"* (Hebräer 12:6). Wenn dich Gott berufen hat, etwas für ihn zu tun, dann darfst du das nicht verweigern. Wenn du davor wegläufst, wird dich das von Gott trennen und dein Leben wird die Leere widerspiegeln, die man bei den Ungehorsamen findet. Es gab einen Mann in einer Gemeinde in Indiana (USA), der seit einem Autounfall vor 12 Jahren ständige Rückenschmerzen hatte. Für ihn wurde deswegen schon oft gebetet, aber die Schmerzen hatten sich nur wenig gebessert. Nach einigen Fragen merkten wir, dass er der Berufung Gottes nicht gefolgt war. In der Tat hatte er den Unfall zu einem Zeitpunkt gehabt, kurz nachdem er dem Herrn „Nein." gesagt hatte. Nach dem Sprechen des Bußgebets um Ungehorsam zu bekennen, wurde er sofort geheilt.

Gebet, um Ungehorsam zu bekennen

„Vater, ich habe Dein Wort und Deinen Plan für mein Leben missachtet. Ich bereue das und kehre um, Dir allein zu dienen. Verzeih mir diese Sünde und gib sie an das Kreuz von Jesus Christus. Ich bin Dein Diener von diesem Tag an."

Die meisten Gläubigen wissen vom ersten und größten Gebot aber kennst du das Zweite? *"Du sollst den Herrn, deinen Gott, lieben von ganzem Herzen, von ganzer Seele und von ganzem Gemüt. Dies ist das höchste und größte Gebot. Das andere aber ist dem gleich: Du sollst deinen Nächsten lieben wie dich selbst"* (Matthäus 22:37–39).

Jesus sagte nicht, dass das zweite Gebot dasselbe wie das erste Gebot ist. Es ist ein ähnlicher Sachverhalt aus verschiedenen Perspektiven betrachtet. Wenn du deinen Nächsten nicht wie dich selbst liebst, dann ist es nicht die Wahrheit, wenn du sagst, dass du Gott liebst. Als Petrus Jesus fragte: *„Und wer ist mein Nächster"?* antwortete ihm Jesus mit der Erzählung des guten Samariters (Lukas 10:29–37).

Johannes bestätigte dies, als er sagte: *„denn wer seinen Bruder nicht liebt, den er sieht, wie kann er Gott lieben, den er nicht sieht? Und dies Gebot haben wir von ihm, dass, wer Gott liebt, dass der auch seinen Bruder liebe."* (1. Johannes 4:20–21).

Wir werden damit aufgerufen, jeden bedingungslos zu lieben. Jesus sagte: *„denn wenn ihr liebt, die euch lieben, was werdet ihr für Lohn haben? Tun nicht dasselbe auch die Zöllner?"* (Matthäus 5:46).

Die Steuerbeamten sitzen an den Toren der Mauer, die Jerusalem umgibt. Wenn man seine Steuern nicht bezahlt hat, erlauben sie einem nicht, die Stadt zu betreten um im Tempel Gott anzubeten oder Opfergaben niederzulegen.

Wenn uns jemand etwas schuldet, sind wir manchmal nicht bereit, die Mauern um unser Herz aufzugeben, bis alle Schuld bezahlt ist. Jesus sagte diesen Menschen, dass sie sich nicht von den Steuerbeamten unterscheiden.

> *„Und wenn ihr die liebt, die euch lieben, welchen Dank habt ihr davon? Denn auch die Sünder lieben ihre Freunde. Und wenn ihr euren Wohltätern wohltut, welchen Dank habt ihr davon? Denn die Sünder tun dasselbe auch. Und wenn ihr denen leiht, von denen ihr etwas zu bekommen hofft, welchen Dank habt ihr davon? Auch die Sünder leihen den Sündern, damit sie das Gleiche bekommen. Vielmehr liebt eure Feinde; tut Gutes und leiht, wo ihr nichts dafür zu bekommen hofft. So wird euer Lohn groß sein, und ihr werdet Kinder des Allerhöchsten sein; denn er ist gütig gegen die Undankbaren und Bösen. Seid barmherzig, wie auch euer Vater barmherzig ist. Und richtet nicht, so werdet ihr auch nicht gerichtet. Verdammt nicht, so werdet ihr nicht verdammt. Vergebt, so wird euch vergeben. Gebt, so wird euch gegeben. Ein volles, gedrücktes, gerütteltes und überfließendes Maß wird man in euren Schoß geben; denn eben mit dem Maß, mit dem ihr messt, wird man euch wieder messen.“* (Lukas 6:32–38).

Gott befreit uns von Urteil und Verurteilung und Er verzeiht uns in gleichem Maß, wie wir anderen verzeihen. Wenn es jemanden in deinem Leben gibt, dem du etwas verübelst, dann erlöse ihn und sei erlöst. Das geschieht auch, wenn du für andere betest. Führe sie im Bußgebet, sodass sie ebenso frei sein können.

In Matthäus 22:39 steht, *„liebe deinen Nächsten wie dich selbst“*. Ich bin über die Vielzahl von Christen überrascht, die sich selbst nicht lieben. Nicht nur das, ich habe auch Christen getroffen, die sich selbst hassen. Das ist zweifellos ein Widerspruch zwischen dem, was du bist und dem was deine Berufung ist. Selbsthass wird sich auf alle deine Beziehungen auswirken, einschließlich der Beziehung zum himmlischen Vater. Egal ob er hereinkam durch Sünde, Ungehorsam oder dem (falschen) Glauben an Lügen, die über dich gesagt wurden – das Ergebnis von Hass ist immer das Gleiche: Chaos und Zerstörung!

Wenn du nicht in Übereinstimmung handelst mit dem, was Gott für dich vorgesehen hat, werden dir die Ergebnisse deiner Taten nicht gefallen. Letztendlich wirst du dir selber nicht mehr gefallen. Wenn dieses unchristliche Verhalten über längere Zeit ohne Buße anhält, dann wirst du nicht nur dein Verhalten, sondern letztendlich auch dich selbst dafür hassen.

Dieser Selbsthass entsteht meist durch eigene Sünden. In einigen Fällen kann er aber auch durch Sünden anderer verursacht sein. Wenn man z.B. in einer unchristlichen Familie aufgewachsen ist, wo häufig geschrieen, geschlagen, verurteilt oder kritisiert wurde, kann es sein, dass man als Erwachsener einige dieser Verhaltensmuster übernimmt. Wenn man jedoch mit dem gleichen Verhalten weitermacht, wird es schwierig sein, sich selbst zu lieben.

Manche Menschen wurden als Kind misshandelt. Vielleicht können sie denjenigen verzeihen, die ihnen das angetan haben, aber sie leben oft in der falschen Überzeugung, dass sie die Ursache für diesen Missbrauch waren. Sie glauben, dass es an ihnen etwas Falsches oder Abartiges gab, so dass sie sich für das Geschehene verantwortlich fühlen. Wir haben Menschen gedient, die weit über 70 Jahre alt waren und sich noch immer schuldig fühlten für den Missbrauch, den sie vor mehr als 60 Jahren erfahren haben. Diese falschen Überzeugungen sind weit verbreitet unter den Opfern von Misshandlungen und machen es diesen Menschen schwer, sich selbst und andere zu lieben.

Die Antwort auf diese Probleme ist immer die gleiche: es ist das Kreuz von Jesus Christus. Jede Heilung findet am Kreuz statt. Ob es wegen Sünde, Ungehorsam, unchristlichem Verhalten oder dem Glauben einer Lüge ist – die Antwort ist immer die Selbe. Der Weg, um den Selbsthass in Liebe zu sich selbst umzuwandeln, ist Buße zu tun. Buße bedeutet in dem Zusammenhang, eine andere Denkweise zu wählen. Es bedeutet, alles bisher Geschehene ans Kreuz zu geben und aufzuhören, im Widerspruch zu dem zu handeln, was man in seinem tiefsten Herzen ist.

Bußgebet

„Vater, ich habe gegen Deinen Willen gehandelt und bin bestürzt über meine Taten. Sie sind Sünde. Ich bereue mein Verhalten und werde aufhören, in dieser Weise zu handeln. Vater, nimm diese Sünde von mir, gib sie ans Kreuz von Jesus Christus und trenne sie von mir ab. Verzeih mir diese Sünde und verzeih die gleiche Sünde auch meinen Vorfahren, im Namen von Jesus."

Es gibt einige geistige Führer, die lehren, dass man sich nur selbst verzeihen muss. So etwas wird man nicht in der Bibel finden. Es ist ein „Ich"-zentriertes Denken, das im Widerspruch zur Bibel steht. Dabei kehrt man sich nach innen, um sich selbst zu verzeihen, anstatt sich ans Kreuz zu wenden, um dort Gottes Vergebung für die eigenen Sünden durch Jesus Christus zu erfahren. Sobald du bereust, wirst du frei von diesen Sünden und brauchst dir selber nicht verzeihen, denn das kannst du gar nicht.

Die Bibel sagt: *„alle eure Sorge werft auf Ihn; denn Er sorgt für euch.“* (1. Petrus 5:7). Es gibt sehr viele Menschen, welche die Sorgen und die Umstände ihres Lebens auf ihren Schultern tragen. Dies ist ein einfaches, aber wirksames Gebet um von der Bürde dieser Dinge befreit zu werden:

Gebet, um Sorgen auf den Altar zu legen

„Vater, ich trage die Last meiner Beziehungen und Lebensumstände. Ich entscheide mich, all meine Sorgen, all meine Nöte und Ängste, alle Dinge, die ich nicht ändern kann auf Deinen Altar zu legen. Vater, ich lege meinen Ehepartner auf Deinen Altar. Vater, ich lege meine Kinder auf Deinen Altar. Vater, ich lege meine Arbeit und meine Finanzen auf Deinen Altar. Vater, ich lege (benenne die Umstände die du nicht ändern kannst) auf Deinen Altar. Du bist meine Versorgung und nur Du allein kannst meine Lebensumstände ändern. Ich gebe sie Dir und vertraue sie Dir an in Jesu Namen.“

Ich habe zahllose Zeugnisse von Menschen, deren schwere Herzen leichter wurden, oder die das Gewicht der Welt, das auf ihren Schultern lastete, leichter werden ließ, nachdem sie dieses Gebet wiederholt haben. Ich setze dieses Gebet ziemlich oft bei Menschen ein, die an Rücken oder Schulterschmerzen leiden.

Abschließend noch Folgendes: immer, wenn du jemandem dienst, bist du auch jedes Mal zum Versöhnungsdienst berufen, denn meistens haben die geschilderten Probleme mit anderen Menschen zu tun.

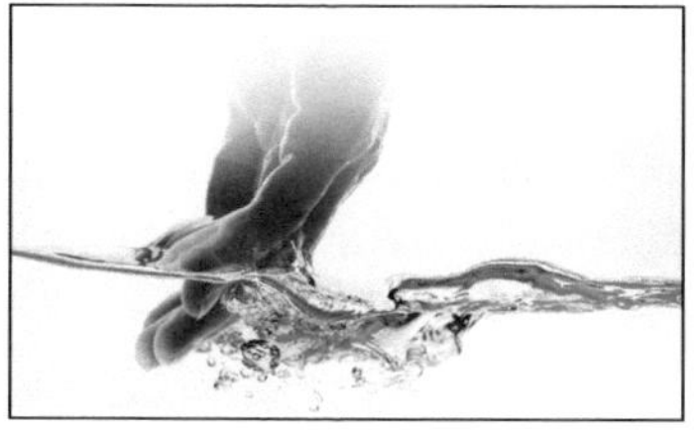

KAPITEL 6

Die einzelnen Schritte im Heilungsdienst

Wenn du jemandem dienst, was tust du als Erstes? Mache es wie Jesus.

Schritt 1: Frag nach ihrem/seinem Problem

In der Bibel steht: *„gib dem, der dich bittet"* (Matthäus 5:42). Fange nicht an für jemanden zu beten, bevor du mit ihm geredet hast. Frag ihn, was er will. Die Frage ist nicht: „Was willst du, das ich für dich tue"? Die Frage ist: „Was willst du, dass Jesus für dich tut?" oder: "Was erwartest du von Gott?"

Jesus diente jeden Tag vielen Menschen. Eines Tages rief ein Blinder nach ihm. Was sagte Jesus? *„Was willst du, dass ich dir tun soll?"* (Markus 10:51). Warum fragte ihn Jesus, was er wollte? War es nicht offensichtlich, dass ein blinder Mann sein Sehvermögen wiederhergestellt haben wollte?

A.B. war ein Mann aus Florida, der genau einen Tag lang im Heilungsdienst tätig war. Er hatte für Leute gebetet und sie wurden geheilt, als ein Mann in einem Rollstuhl ankam. Seine Beine waren geschrumpft. Sie waren sehr dünn und sehr schwach. Er war offensichtlich lange Zeit nicht mehr gelaufen, wenn überhaupt jemals. A.B. zog sich zurück und wusste nicht, wie er für diesen Mann beten sollte. Er wollte ihm helfen, aber er dachte: "Herr, ich werde für diesen Mann beten, aber wenn er nicht aus seinem Rollstuhl aufsteht, wird einer von uns ziemlich blamiert dastehen und ich bin ziemlich sicher, dass ich derjenige sein werde."

Bevor er irgendetwas tun konnte, fragte ihn der Mann im Rollstuhl: „Kannst du mich zur Taufe mit dem Heiligen Geist führen"?

A.B. sagte: „Ja, das kann ich tun." Hätte der Mann im Rollstuhl nichts gesagt, hätte A.B. nicht gewusst was er von ihm wollte und angefangen für seine Beine zu beten.

Schritt 2: Frage, wie lange das Problem besteht

Eine Frau kam zu mir, die seit vier Jahren Probleme mit dem Rücken hatte. Sie hatte Gebet von vielen Menschen bekommen, ohne geheilt worden zu sein. Als ich sie fragte, was vor vier Jahren passiert ist, sagte sie, dass ihr Ehemann sie für seine Sekretärin verlassen hatte. Sie war dadurch noch sehr verletzt und verbittert. Sie sprach das Vergebungsgebet, gab ihre verletzten Gefühle an das Kreuz von Jesus und wurde sofort geheilt. In Markus steht geschrieben: *„und er fragte seinen Vater: Wie lange ist es her, dass ihm dies geschehen ist? Er aber sagte: Von Kindheit an"* (Markus 9:21).

Schritt 3: Sehen

Du hast gefragt, was sie wollten, aber jetzt musst du Ihnen in die Augen sehen. Es ist wirklich einfach. *„Die Lampe des Leibes ist das Auge; wenn nun dein Auge klar ist, so wird dein ganzer Leib licht sein; wenn aber dein Auge böse ist, so wird dein ganzer Leib finster sein.*

Wenn nun das Licht, das in dir ist, Finsternis ist, wie groß wird dann die Finsternis sein!“ (Matthäus 6:22–23).

Sieh demjenigen immer in die Augen und stell sicher, dass er zurücksieht. Petrus und Johannes taten dies. *„Petrus aber mit Johannes blickte fest auf ihn hin und sprach: Sieh uns an! Er aber gab acht auf sie, in der Erwartung, etwas von ihnen zu empfangen.“* (Apostelgeschichte 3:4–5). Wenn derjenige, dem du hilfst, seine Augen schließt, bitte ihn die Augen zu öffnen. Wenn er seinen Kopf wegdreht oder dir nicht in die Augen sieht, könnte er Angst haben.

Wenn du Angst bemerkst, tritt zurück, bis sie sich entspannen. Manchen Menschen ist es unangenehm, wenn man näher als einen halben Meter an sie herantritt, als wenn dieser Abstand eine Art „Sicherheitszone“ ist, die man überschreitet.

Stelle sicher, dass du nicht zwischen der Person und einem möglichen Ausweg, einem Gang oder einer Tür stehst. Wenn du Angst bemerkst, versuche auf ein oder beide Knie zu gehen, während du ihnen dienst, egal ob bei Mann oder Frau. In dieser Position solltest du keine Bedrohung mehr sein.

Wenn du keine Angst entdeckst, aber derjenige dir trotzdem nicht in die Augen sieht, kann es sein, dass uneingestandene Sünden vorhanden sind. Sie können im Unfrieden mit dem Herrn oder Seinen Vertretern sein (Pfarrern, Helfern, etc.) und sie evtl. in ihrem Herz verurteilen oder ihnen etwas verübeln. *„Bekennt nun einander die Vergehungen und betet füreinander, damit ihr geheilt werdet; viel vermag eines Gerechten Gebet in seiner Wirkung.“* (Jakobus 5:16).

Was wird geschehen während du Ihnen dienst, sie aber die Sünden nicht bereuen oder ihre Vorurteile gegenüber anderen nicht aufgeben? Wahrscheinlich überhaupt nichts – bis sie bereuen. Hilf ihnen dabei. Und noch etwas ist sehr wichtig: brich niemals das Vertrauen von jemandem, der seine Sünde bekennt. Damit könntest du ihn sehr verletzen und dazu bringen, dich zu verurteilen.

Achte auch auf äußere Anzeichen des inneren Zustands. Wir kommunizieren mit der Körpersprache ebenso wie mit Worten. Halten sie die Arme vorn überkreuzt? Sind sie übermäßig nervös oder lethargisch? Gibt es andere äußerliche Anzeichen? Bete für alles, was sie verlangen, aber sei dir als verantwortlicher Vertreter von Jesus Christus auch weiterer möglicher Probleme bewusst (Matthäus 24:42–43).

Schritt 4: Zuhören

Wenn du fragst, was sie wollen, höre genau auf das, was sie sagen. Oft weisen die ersten Worte auf das Hauptproblem. Aber achte auch auf Beschwerden, Nörgeleien oder andere Aussagen, die ihre Einstellung gegenüber ihren Mitmenschen verdeutlichen. Achte auf Zeichen von Unvergebenheit, Verurteilung und Bitterkeit.

> „*Und achtet darauf, dass nicht jemand an der Gnade Gottes Mangel leide, dass nicht irgendeine Wurzel der Bitterkeit aufsprosse und (euch) beunruhige und die vielen durch diese verunreinigt werden*“ (Hebräer 12:15).

Lass sie allerdings nicht ins Detail über ihre Situation gehen. Es könnte dich aus der Bahn bringen oder das Gespräch in eine Richtung lenken, die nicht zur Heilung beiträgt.

Du wirst wahrscheinlich erkennen, dass viele Probleme, von denen sie behaupten, sie würden von anderen Menschen verursacht sein, ihre eigenen Probleme sind. Das trifft insbesondere dann zu, wenn sie über andere urteilen. Um jemanden oder etwas beurteilen zu können, sollte man das Ganze aus einer gewissen Distanz betrachten. Wir neigen dazu, anderen gegenüber ärgerlich und weniger geduldig zu reagieren, wenn wir selber nicht frei von Sünde sind. Andersherum hättest du evtl. Mitleid mit ihnen oder würdest durch sie verletzt werden. Als jüdische Männer eine Frau, die Ehebruch begangen hatte, steinigen wollten, sprach Jesus zu ihnen: *„Wer von euch ohne Sünde ist, werfe zuerst den Stein auf sie"* (Johannes 8:7).

Es bedeutet nicht, dass deine Einschätzung über sie falsch ist, aber wenn sie auf anderen Gefühlen als Mitgefühl begründet war, dann trägst du möglicherweise noch Gefühle in dir, die deine Neutralität beeinflussen und am Kreuz erlöst werden müssen (Zorn, Bitterkeit, Unvergebenheit, Selbstsucht oder andere Sünden).

Höre auf das, wonach sie wirklich suchen. Gibt es etwas, was sie nicht sagen? Viele Menschen wissen gar nicht, was sie gerade fühlen und noch viel weniger sind sie in der Lage, über ihre Gefühle zu reden.

Es gab einen Mann dessen Ehefrau fremdgegangen war. Er suchte Hilfe, aber ihm war nicht klar, was er eigentlich wollte. Er war voller Wut und verstand nicht den Schmerz und das Gefühlschaos, welches er gerade durchlebte. Er wollte sie nur noch loswerden. Er hatte sich schon einen Anwalt gesucht, um die Scheidung einzureichen. Aber es war nicht das, was er wirklich wollte, denn er liebte seine Frau. Er wollte nur, dass der Schmerz aufhört. Er brauchte jemanden, der ihm hilft, diesen Schmerz zu überwinden, damit er seinen inneren Frieden wiederfindet.

Drei Stunden nach dem für ihn gebetet wurde, hielt er seine Ehefrau im Arm und sagte zu ihr: „Ich liebe dich und wir werden dies gemeinsam durchstehen. Niemand wird dich entehren, solange ich dein Ehemann bin. Wir schaffen das."

Schritt 5: Entspann dich

Du und die Person, der du dienst, sollten entspannt sein. Egal, ob es das erste oder das tausendste Mal ist, dass du für jemanden betest – bleib locker. Atme tief und gleichmäßig. Es geschieht nichts aus deiner Kraft heraus. Ohne eigenen inneren Frieden ist es schwer, anderen zu helfen.

Es gibt einige Dinge, die man tun kann, um anderen Menschen zu helfen, sich zu entspannen, bevor man ihnen dient. Sag ihnen: „Atme tief aus und ein und entspann dich dabei" oder „Mach es dir so bequem wie auf einem Sessel bei dir zu Hause." Wenn sie dir sagen, dass sie eine schwerwiegende Erkrankung wie z.B. Brustkrebs haben, dann sag ihnen: „Das ist einfach." Du wirst erstaunt sein, wie schnell sie sich entspannen, nachdem sie diese drei einfachen Wörter gehört haben.

Einige Christen werden anfangen, in Zungen zu reden, ihre Hände zu erheben, zu singen oder Gott zu preisen, während du versuchst, ihnen zu dienen. Unterbrich sie und bitte sie, ihre Hände zu senken. Dies ist nicht der Moment, in dem sie beten oder Gott preisen sollten. Sie werden Ihm später danken. Einige Menschen glauben, dass sie durch diese Dinge Gott irgendwie dazu bewegen können sich nach ihren Vorstellungen zu richten, während anderen beigebracht worden ist, dass es eine zum Gebet zugehörige, geistliche Handlung ist.

Damit ist nicht gemeint, dass du deine Hände nicht in der Kirche oder beim Lobpreis zur Anbetung Gottes erheben sollst. Ich habe allerdings die Erfahrung gemacht, dass die Ergebnisse viel besser waren, wenn diejenigen Gott nicht im Weg standen und Ihm erlaubten, in ihnen zu wirken. Nachdem sie den

Dienst empfangen haben, solltest du sie ermuntern, Jesus zu danken und Gott für ihre Heilung zu preisen. Gott will jeden heilen. Die Menschen sollten entspannt sein um die Berührung des Herrn empfangen zu können.

Schritt 6: Warte auf den Herrn

Wenn du auf den Heiligen Geist wartest, können drei Minuten sehr lang erscheinen und fünf Minuten können sich anfühlen wie eine Ewigkeit. Das ist der Moment, in dem die meisten Christen im Heilungsdienst Gott vermissen. Sie fangen an, alles Mögliche selber zu tun, anstatt auf die Führung durch den Heiligen Geist zu warten.

Es gibt Gründe warum wir nach unserem Empfinden manchmal etwas länger auf den Heiligen Geist warten müssen. Er erscheint möglicherweise nicht jedes Mal sofort, aber Er erscheint immer. Manchmal weiß ich nicht, auf was ich genau warte, aber ich weiß, dass der Herr die Dinge nach Seinem Willen vollbringen wird, wenn ich Ihm die Zeit dafür gebe.

Wenn du für andere während eines Gottesdienst betest, kannst du wahrscheinlich nicht fünfzehn oder zwanzig Minuten warten, aber du kannst dich später mit ihnen treffen, wenn mehr Zeit ist. Du solltest dir soviel Zeit nehmen, wie nötig ist. Versuche nicht, Gott oder denjenigen, dem du dienst zu drängen.

Ich handhabe es so, dass derjenige, für den ich gerade bete in diesem Moment der wichtigste Mensch in meinem Leben ist. Egal, ob da noch einer oder einhundert weitere auf Gebet warten. Ich widme jedes Mal dem Menschen, der vor mir steht, all meine Zeit und Aufmerksamkeit, so wie mich der Heilige Geist führt.

Letzter Schritt: Nicht aufgeben

Wenn du für Menschen gebetet hast und sie sind nicht sofort geheilt: gib nicht auf! Jesus betete mehr als einmal für Menschen. Er betete zweimal für einen Blinden, bevor er völlig geheilt wurde (Markus 8:22–25). Also mach weiter, wenn jemand nicht beim ersten Mal geheilt wird. Bete weiter und frag Gott, was als Nächstes zu tun ist. Und vergiss nicht, Gottes Zeitpunkt ist perfekt. Du solltest mit der Erzählung der Apostelgeschichte vertraut sein:

> *„Petrus aber und Johannes gingen um die Stunde des Gebets, die neunte, zusammen hinauf in den Tempel. Und ein Mann, der von seiner Mutter Leibe an lahm war, wurde herbeigetragen; man setzte ihn täglich an die Pforte des Tempels, die man die Schöne nennt, damit er Almosen erbat von denen, die in den Tempel gingen. Als dieser Petrus und Johannes sah, wie sie in den Tempel eintreten wollten, bat er, dass er ein Almosen empfinge. Petrus aber mit Johannes blickte fest auf ihn hin und sprach: Sieh uns an! Er aber gab acht auf sie, in der Erwartung, etwas von ihnen zu empfangen. Petrus aber sprach: Silber und Gold besitze ich nicht; was ich aber habe, das gebe ich dir: Im Namen Jesu Christi, des Nazaräers: Geh umher! Und er ergriff ihn bei der rechten Hand und richtete ihn auf. Sofort aber wurden seine Füße und seine Knöchel stark, er sprang auf, konnte stehen und ging umher. Und er trat mit ihnen in den Tempel, ging umher und sprang und lobte Gott. Und das ganze Volk sah ihn umhergehen und Gott loben"* (Apostelgeschichte 3:1–10).

Petrus und Johannes trafen diesen Mann, als sie in den Tempel gingen. Ging Jesus jemals in den Tempel? In den vier Evangelien steht geschrieben, dass Er häufig dort war. Dort steht: *„und es war ein Mann, lahm von Mutterleibe, der ließ sich tragen; und sie setzten ihn täglich vor des Tempels Tür, die da heißt „die*

Schöne", dass er bettelte das Almosen von denen, die in den Tempel gingen". (Apostelgeschichte 3:2). Wenn er jeden Tag bettelnd am Tempeltor saß und Jesus häufig an diesem Mann vorbeiging, warum heilte Jesus ihn dann nicht?

Für Gott gibt es für alles eine Bestimmung und den richtigen Zeitpunkt.

„Ein jegliches hat seine Zeit, und alles Vornehmen unter dem Himmel hat seine Stunde" (Prediger 3:1). Und *„eine Zeit zu heilen"* (Vers 3).

Jener besondere Tag war Gottes auserwählter Tag für ein Wunder. Petrus und Johannes waren dort und sie folgten Gottes Plan. Der lahme Mann wurde geheilt und viele kamen zum Herrn durch sein Heilungszeugnis. Es gibt einen perfekten Zeitpunkt für jede Heilung und dieser Zeitpunkt wird immer Gott zum Ruhm dienen.

Das ist alles sehr einfach. Es ist leicht. Dies sind die grundlegenden Schritte, die man im Heilungsdienst anwenden sollte. Hab keine Angst, deinen Verstand und das Urteilsvermögen zu benutzen, das dir der Herr gab. Aber lass dich immer vom Heiligen Geist führen und erinnere dich stets daran, dass „Liebe niemals endet".

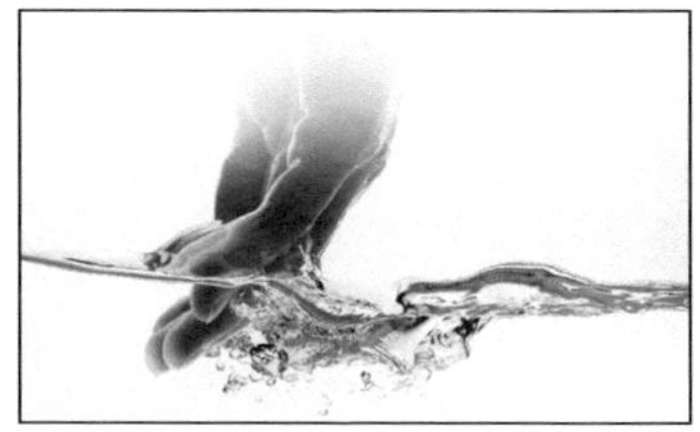

KAPITEL 7

Die praktische Anwendung der Gebete

In Kapitel 13 (Erkrankungen von A–Z) sind häufig Verweise auf praktische Dinge und Gebete, die man tun sollte, wenn man für andere betet. In diesem Kapitel werden sie erläutert.

Beinlängenausgleich

Ein Chiropraktiker kann oft erkennen, ob jemand Probleme mit dem Rücken hat, indem er die Beinlängen vergleicht. Wie macht er das? Er bittet denjenigen auf einem Stuhl Platz zu nehmen und sich fest mit dem Rücken anzulehnen. Der Chiropraktiker steht davor und hält die Beine des zu Untersuchenden an den Knöcheln hoch. Seine Daumen liegen an den Innenknöcheln und seine Hände über den Fußspitzen. Wenn es einen Unterschied in den Beinlängen gibt, sieht man das anhand der Verschiebung seiner Daumen. Sie werden nicht aneinander liegen, sodass ein Bein länger als das andere zu sein scheint.

Das bedeutet nicht, dass ein Bein wirklich kürzer als das andere ist. Das ist nur der Fall, wenn ein Stück Knochen fehlt, z.B. durch eine Verletzung oder einen Geburtsfehler. Diejenigen tragen dann meist eine Einlage im Schuh, um das kürzere Bein auszugleichen. Aber es bedeutet, dass der Rücken nicht mehr gerade ist und dass die Wirbelsäule, das Becken, die Muskeln, Sehnen und Bänder sich verschoben haben, um diesen Schiefstand auszugleichen. Dadurch kommt es, dass ein Bein kürzer als das andere erscheint.

Ich prüfe die Beinlängen auf die gleiche Art wie die Chiropraktiker. Folge der oben beschriebenen Anleitung, umgreife das Sprunggelenk, und lege deine Daumen auf die Innenknöchel desjenigen dem du dienst und befiehl der Wirbelsäule und den Beinen sich auszurichten.

Gebet zur Korrektur der Beinlängen

„Im Namen Jesus Christus befehle ich dem Gehirn und der Wirbelsäule perfekt ausgerichtet zu sein. Ich befehle allen Muskeln, Sehnen und Bändern ihre ursprüngliche Länge und Stärke. Ich befehle in Jesus Namen neue Bandscheiben und Wirbelkörper (wenn erforderlich). Ich befehle in Jesus Namen jedem Schmerz zu verschwinden und den Beinen in ihre normale Stellung zurückzukehren.“

Zieh unter keinen Umständen an den Beinen. Bete und warte, bis die Knöchel durch die Kraft des Heiligen Geistes sich genau gegenüberstehen. Meist geht das ziemlich schnell, aber ab und zu kann es einige Minuten dauern.

Kann man Rückenprobleme auch auf anderen Wegen heilen, außer wie eben beschrieben? Auf jeden Fall. Aber wenn du es auf diese Weise tust, werden du und derjenige für den du betest, das Wirken durch die Kraft Gottes erkennen. Sag demjenigen, für den du betest und allen, die in der Nähe stehen, dass sie genau hinsehen sollen wie Gott wirkt. Sie sollen ihr Wunder nicht versäumen. Ich arbeite seit über dreißig Jahren auf diese Weise und habe durch die Korrektur der Beinlängen unzählige Rückenprobleme erfolgreich geheilt gesehen.

Beckenkorrektur

Das Becken ist das zentrale Element des Knochengerüstes. Wenn der Rücken ungerade ist, muss sich das Becken verschieben, um den Körper weiter aufrecht zu halten. Diese Verschiebung kann Probleme verursachen, von einer unnatürlichen Haltung der Füße über Schmerzen bis hin zum prämenstruellen Syndrom (PMS). Um jemanden zu heilen, lege deine Hände locker ans obere Ende der Hüftknochen. Wenn du jemandem vom anderen Geschlecht dienst, bitte denjenigen, seine Hände auf die Hüftknochen zu legen und dann lege deine Hände locker darüber. Wiederhole das Gebet und warte, bis der Heilige Geist das Becken ausgerichtet hat. Es kann sein, dass es ein paar Minuten dauert.

Gebet zur Ausrichtung des Beckens

„Im Namen Jesus Christus befehle ich dem Becken sich in seine normale Stellung zu drehen. Ich befehle in Jesus Namen allen Organen in ihre ursprüngliche Position zurückzukehren und ich befehle den Muskeln, Sehnen und Bändern ihre normale Länge und Stärke zurückzuerhalten."

Beweg das Becken nicht selber. Warte auf den Heiligen Geist. Was dann oft geschieht, ist ziemlich erstaunlich. Das Becken rotiert mehrere Male vor und zurück und die Behandelten spüren häufig, dass sich ihre Bänder, Organe oder das Becken bewegen. Wenn du für eine Frau mit prämenstruellem Syndrom betest (PMS), dann befiehl den Bändern, sich zu verlängern und dem Becken sich zu weiten, um den Druck zu mildern. Für eine schnelle und leichte Geburt befiehl dem Becken sich zu weiten, ebenso bei stark nach innen gedrehten Füßen. Bei stark nach außen gedrehten Füßen befiehl dem Becken, sich zu verengen.

Ausrichtung der Brustwirbelsäule

Viele Beschwerden die durch eine Rückgratverkrümmung verursacht sind und Schmerzen im Bereich des oberen Brustkorbs oder Rückens können geheilt werden, indem man den Rippen befiehlt, dass sie in ihre normale Position zurückkehren. Ich wende dieses Gebet im Heilungsdienst für Menschen mit Skoliose an und habe viele von ihnen geheilt werden sehen. Leg deine Hand auf den Rücken desjenigen, ungefähr in der Mitte der Wirbelsäule und sprich dieses Gebet:

Gebet zur Ausrichtung der Brustwirbelsäule

„Im Namen Jesus Christus befehle ich den Rippen in ihre richtige Position zurückzukehren. Ich befehle allen Wirbelkörpern und Bandscheiben sich auszurichten. Ich befehle in Jesu Namen den Muskeln, Sehnen und Bändern ihre normale Länge und Stärke."

Armlängenausgleich

Chiropraktiker können oft feststellen, ob jemand ein Problem mit dem oberen Teil der Wirbelsäule hat (Hals- und obere Brustwirbelsäule), indem sie die Länge beider Arme vergleichen. Dazu bitten sie den Patienten, sich hinzustellen, die Füße parallel nebeneinander, die Arme nach vorne zu halten und so weit wie möglich auszustrecken. Die Hände sollten ein paar Millimeter auseinander sein. Wenn die Arme völlig ausgestreckt sind, soll der Patient die Hände zusammenführen, die Ellenbogen beugen und auf seine Hände zu schauen. Wenn die Hals- oder Brustwirbelsäule verschoben ist, wird sich das an der Position der Hände zeigen.

Es kommt häufig vor, dass bei einem Problem im oberen Teil der Wirbelsäule die Arme unterschiedlich lang zu sein scheinen. Dabei sind sie in den meisten Fällen nicht wirklich verschieden lang (außer wenn durch einen Geburtsfehler oder eine Verletzung ein Stück des Arms fehlt, was aber selten der Fall ist). Die Knochen werden von Muskeln, Sehnen und Bändern in ihrer Position gehalten. Verschiebungen in diesen Strukturen wirken sich auf Lage und Funktion von Wirbelsäule und übrigem Skelett einschließlich Armen, Beinen, Becken und Hals aus. Dann können die Arme beim Test unterschiedlich lang scheinen.

Bitte denjenigen sich hinzustellen und teste die Armlängen so wie oben beschrieben. Sieh dir den Unterschied der Armlängen an. Dann lass sie die Arme wieder ausstrecken, ein paar Millimeter Freiraum dazwischen. Leg deine Hand zwischen die Schulterblätter desjenigen und sprich das folgende Gebet. Derjenige, für den du betest soll die Augen offen halten, um zu sehen, wie Gott wirkt.

Gebet zur Korrektur der Armlängen

„Im Namen Jesus Christus befehle ich dem oberen Teil der Wirbelsäule in ihre ursprüngliche Position zurückzukehren. Ich befehle dem Gehirnstamm und der Wirbelsäule perfekt ausgerichtet zu sein. Ich befehle den Muskeln, Sehnen und Bändern ihre normale Länge und Stärke und (falls erforderlich) neue Wirbelkörper und Bandscheiben. In Jesu Namen befehle ich den Armen sich auszurichten und jedem Schmerz zu gehen."

Auf gar keinen Fall solltest du dabei auf den Rücken drücken oder an den Armen ziehen. Bete und warte bis sich die Armlängen durch die Kraft des Heiligen Geistes ausgleichen. Meist geht das ziemlich schnell, aber ab und zu kann es einige Minuten dauern.

Kann man Rückenprobleme auch anders als eben beschrieben heilen? Auf jeden Fall. Aber wenn du es auf diese Weise tust, werden du und derjenige für den du betest das Wirken durch die Kraft Gottes erkennen. Solange du betest, soll derjenige die Augen offen lassen, damit er sieht, wie Gott wirkt. Die in der Nähe Stehenden können ebenso die Veränderungen sehen. Während der 30 Jahre, die ich im Heilungsdienst tätig bin, habe ich durch das Ausrichten der Arme zahllose Beschwerden im Bereich der oberen Wirbelsäule erfolgreich geheilt werden sehen.

Nackenkorrektur

Wenn der Kopf oder der Hals nicht gerade sind, spannen sich die Halsmuskeln an, um die Balance aufrechtzuerhalten. Dadurch kann es zu Kopfschmerzen, Verkrampfungen der Rückenmuskulatur und Taubheitsgefühlen in Armen und Beinen kommen. Verletzungen, die durch Stürze oder durch ein Schleudertrauma verursacht sind, können schwere Schäden an den Wirbelkörpern, Bandscheiben, Muskeln, Sehnen und Bändern im Halsbereich und oberen Teil der Wirbelsäule hervorrufen. Um jemanden zu behandeln, stell dich vor denjenigen und lege die Fingerspitzen auf den Nacken. Sprich folgendes:

Gebet zur Ausrichtung von Hals und Wirbelsäule

„Im Namen Jesus befehle ich dem Gehirnstamm und der Wirbelsäule sich auszurichten. Ich befehle den Muskeln, Sehnen und Bändern ihre normale Länge und Stärke. Ich befehle neue Wirbelkörper und Bandscheiben in Existenz (falls erforderlich). In Jesus Namen befehle ich dem Schmerz zu gehen und dem Hals sich auszurichten."

Auf keinen Fall solltest du am Hals ziehen oder drehen. Nachdem du für sie gebetet hast, lass sie ihren Kopf drehen und Bewegungen machen die vorher nicht möglich waren. Das sollte jetzt besser gehen.

Zusammenfassung der praktischen Anwendungen

1. Jeder Heilungsdienst geschieht im Namen von Jesus Christus. Benutze bei jedem Befehl Seinen Namen: „Ich befehle (jeweilige Art der Heilung) im Namen von Jesus Christus."

2. Nachdem du für jemanden gebetet hast, lass ihn sagen: „Danke Jesus." Danke immer zuerst dem Herrn.

3. Lass sie als Nächstes ihren Glauben beweisen. Lass sie etwas tun, was sie vorher nicht tun konnten, besonders wenn sie Einschränkungen der Beweglichkeit hatten.

4. Bete nochmals, wenn die Symptome noch vorhanden sind. Mach weiter. Lehre sie, nicht den Schmerz sondern Heilung zu erwarten (das Fehlen von Symptomen etc.), während sie Gott für die Heilungsfortschritte und die endgültige Vollendung der Heilung danken.

5. Sag zu keinem, den du behandelt hast, dass er aufhören soll seine Medikamente einzunehmen, auch nicht, wenn alle Symptome verschwunden sind. Sag ihnen, dass sie mit ihren Ärzten eine evtl. Änderung der Medikamente prüfen sollen.

6. Eine Beziehung zu Jesus Christus ist das, was jeder am meisten benötigt. Wenn sie noch nicht wiedergeboren sind, führe sie im Gebet zur Lebensübergabe.

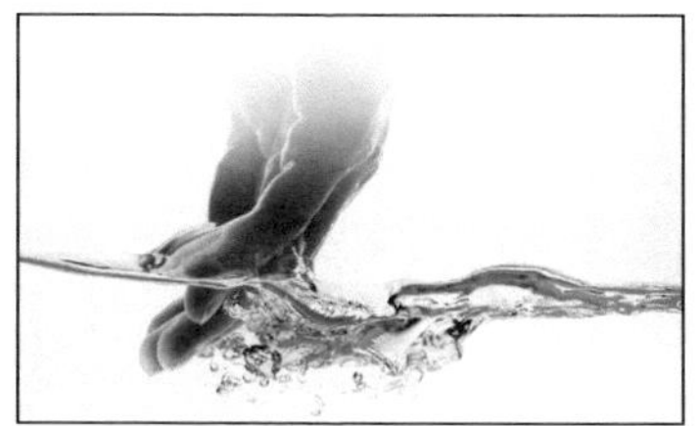

KAPITEL 8

Gott gebührt die Ehre

Inzwischen solltest du gut vorbereitet sein, um für Menschen beten zu können, damit sie geheilt und von Gott gesegnet werden. Es kommt häufig vor, dass am Ende eines Dienstes, die Geheilten sagen: „Oh, vielen Dank! Ich danke dir!"

Darauf werden die meisten Gläubigen, die im Dienst für den Herrn tätig sind, antworten: „Danke Jesus, nicht mir", um die Aufmerksamkeit von ihnen abzuwenden und Gott die Ehre zu geben, weil sie nur Ihm zusteht.

Hier die gleiche Situation aus einer anderen Sichtweise dargestellt: wenn dir Menschen, die geheilt wurden sagen: „Oh, ich danke dir! Ich danke dir!" dann antworte: „Ich habe nur zugesehen, wie Gott deine Gebete beantwortet hat. Nur das ist hier geschehen." Diese Antwort nimmt dich vollkommen aus dieser Situation. Sie gibt Gott die ganze Ehre und macht dich zu einem Beobachter von Gottes Tun, denn es ist Seine Kraft, die hier wirkt und nicht deine Es wird dir helfen, diese schwierige Situation aufzulösen, wenn du die Anerkennung von dir auf

Gott lenkst. Indem du ihnen sagst, dass du nur zugesehen hast, wie Gott ihre Gebete beantwortet hat, gibst du ihnen zu verstehen, dass es Gott war, der das vollbracht hat und dass Er es auch ohne dich hätte tun können. Es nimmt die ganze Ehre von dir und gibt sie dem, dem sie gehört: Gott.

Warte auf den Heiligen Geist. Er wird durch dich wirken. Es ist kein Verdienst aufgrund deiner Fähigkeiten, sondern weil du dich zur Verfügung gestellt hast. Je reifer du im Herrn wirst, umso mehr wirst du erkennen, dass es niemals durch dich oder deine Fähigkeit geschehen ist, dass jemand geheilt wurde. Sei achtsam mit dem was du sagst, nachdem du für jemanden gebetet hast. Freust du dich, dass jemand durch den Herrn berührt und befreit wurde oder erzählst du davon, wie du für jemanden gebetet hast und er geheilt wurde? Sprichst du über dich? Oder darüber, was Gott getan hat?

An dem, was jemand sagt, erkennt man den wirklichen Beweggrund für sein Tun. *„Denn aus der Fülle des Herzens redet der Mund“* (Matthäus 12:34). Deine Wörter werden bezeugen, ob du den Heilungsdienst tust, um zu erleben, dass andere Menschen befreit werden oder ob du es tust, um dich über andere zu erheben, indem du sie wissen lässt, dass Heilung geschieht, wenn DU für sie betest.

Es ist nicht ungewöhnlich, aufgeregt zu sein, wenn jemand geheilt wird. Ich finde, dass du sehr aufgeregt sein solltest. Ich bin es jedes Mal, wenn jemand geheilt wird. Allerdings, wem gebührt die Ehre? Kannst du anderen über eine Heilung erzählen, ohne deinen Anteil daran in den Vordergrund zu stellen? Geht es beim Heilungsdienst um dich und deine Gaben oder geht es um Gott? Wenn du findest, dass du beim Dienst an anderen zu egozentrisch gewesen bist, dann ist jetzt der richtige Zeitpunkt um Buße zu tun. *„Wenn ihr aber bitteren Neid und Eigennutz in euren*

Herzen habt, so rühmt euch nicht und lügt nicht gegen die Wahrheit. Dies ist nicht die Weisheit, die von oben herabkommt, sondern eine irdische, sinnliche, teuflische. Denn wo Neid und Eigennutz ist, da ist Zerrüttung und jede schlechte Tat". (Jakobus 3:14–16).

Wenn du egoistisch und aus deinen eigenen Interessen gehandelt hast, dann tu Buße. Höre nicht auf zu dienen, aber tu es aus dem gleichen Grund wie Gott und nicht aus deinen eigenen Interessen. Es ist nicht ungewöhnlich reich gesegneten Menschen zu begegnen, die glauben, dass sie Gott mit ihren Gaben dienen, aber es in Wirklichkeit nur für sich selber tun.

> *„Viele werden an jenem Tage zu mir sagen: Herr, Herr! Haben wir nicht durch deinen Namen geweissagt und durch deinen Namen Dämonen ausgetrieben und durch deinen Namen viele Wunderwerke getan? Und dann werde ich ihnen bekennen: Ich habe euch niemals gekannt. Weicht von mir, ihr Übeltäter!"* (Matthäus 7:22–23).

Stell sicher, dass du immer Gott die Ehre gibst.

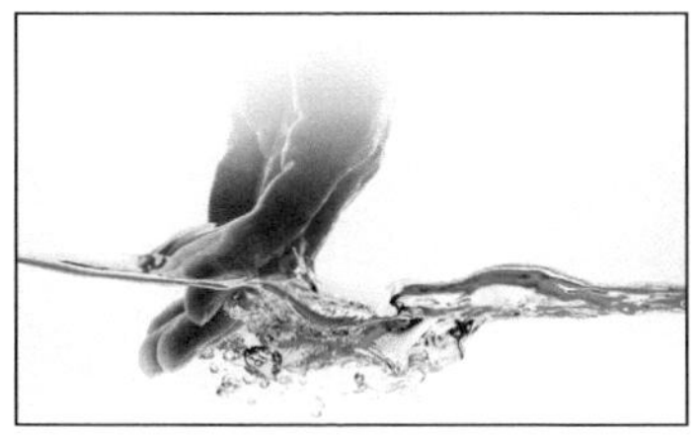

KAPITEL 9

Heilungsdienst an Kindern

Wenn du Kindern dienst, dann begib dich immer in Augenhöhe mit ihnen. Geh auf die Knie oder setze dich auf einen Stuhl. Frage immer: "Wie heißt du?" Sprich nicht über sie und stell ihnen keine persönlichen Fragen, wenn du sie das erste Mal triffst. Sprich über deine Kinder oder deine eigene Kindheit. Mach das solange, bis sie von sich aus mitmachen oder bis du merkst, dass sie entspannt genug sind, dass du ihnen helfen kannst. Die meisten Kinder kommen in der Kirche nicht nach vorne gerannt, damit für sie gebetet wird. Sie werden von ihren Eltern zum Altar gezogen. Die Eltern sagen oft Dinge wie: „Kannst du das Verhalten der Kinder ändern um ihnen damit zu helfen? Wir haben alles probiert." oder: „Er hat dieses medizinische Leiden oder jenes Problem von Geburt an." Nimm dir Zeit und rede mit dem Kind auf einer Ebene. Sprich nicht in Babysprache mit ihnen, sondern sprich mit ihnen wie mit einem Erwachsenen, weil sie vor einem Erwachsenen stehen und Hilfe suchen.

Nimm dir mehr Zeit, wenn das Kind in dem Alter ist, wo es noch nicht für sich selbst verantwortlich ist. Für Mädchen beginnt die Phase der Selbstverantwortlichkeit ungefähr mit Einsetzen der Menstruationsblutungen, bei Jungen wenn an der Oberlippe der erste Flaum sichtbar wird (jeweils zwischen dem 12.–13. Lebensjahr). Diese Ereignisse sind Anzeichen der beginnenden Pubertät und damit nach jüdischem Brauch der Beginn der Eigenverantwortlichkeit. Es ist der Zeitpunkt, an dem aus Kindern junge Erwachsene werden, die dann vor Gott für ihre Taten Rechenschaft ablegen müssen.

Fehler, die jüngere Kinder machen, sind nicht unbedingt kindisch. Allerdings tragen nach jüdischem Gesetz die Eltern die Verantwortung, nicht die Kinder. Das bedeutet, dass in manchen Fällen den Kindern ihr Tun und die Konsequenzen völlig bewusst sein können, aber solange sie nicht das Alter der Eigenverantwortlichkeit erreicht haben, sind ihre Eltern für sie verantwortlich.

Im Laufe der Zeit haben wir gemerkt, dass wir meist nicht für die Kinder beten mussten, außer wenn sie es ausdrücklich wollten. Wir haben den größten Erfolg durch das Beten für die Eltern.

> *„Denn der ungläubige Mann ist geheiligt durchs Weib, und das ungläubige Weib ist geheiligt durch den Mann. Sonst wären eure Kinder unrein; nun aber sind sie heilig“.* (1. Korinther 7:14).

Es gab einen christlichen Kinderpsychologen in Florida, der sehr erfolgreich Kindern mit Aufmerksamkeits-Defizit-Syndrom (ADS, S.105) und anderen Problemen half. Er kümmerte sich nur um die gläubigen Eltern. Er hat nie eines der Kinder gesehen. Er traf sich mit den Eltern, betete mit ihnen und brachte ihnen bei, wie sie mit ihrem Kind umgehen sollten. Er hat sie nicht nur beraten, sondern gab ihnen auch oft Hausarbeiten, die bis zum nächsten Termin erledigt sein mussten. Nachdem er sich um die Eltern gekümmert hatte, veränderten sich die Kinder innerhalb kurzer Zeit.

Die Sünden der Vorfahren werden an die dritte und vierte Generation weitergegeben. Keiner kann diesem geistigen Gesetz entgehen. Es bleibt solange gültig, bis jemand umkehrt und Buße tut. Der Fluch hört auf, wenn jemand seine Vorfahren vertritt und sagt: *„Diese Sünde endet jetzt und hier. Ich bereue meine Sünden und die Sünden meiner Vorfahren.“*

Als ich zu Gast in einer großen Kirche in Chicago war, begann eine Mutter im hinteren Teil der Kirche zu schreien. Ich lief dorthin und sah einen Jungen, der einen schweren Asthma-Anfall hatte und bereits blau im Gesicht angelaufen war. Die Eltern hatten schon jemanden zu ihrem Auto geschickt, um sein Medikament zu holen. Aber da die Kirche gut besucht und darum die meisten Parkplätze besetzt waren, stand ihr Auto ziemlich weit entfernt.

Nachdem ich den Herrn gefragt hatte, was ich tun sollte, hörte ich Ihn deutlich sagen: „Bete für die Mutter.“ Ich ging mit der hysterischen Mutter in eine ruhige Ecke und führte sie im Bußgebet über Ehebruch. Sie tat sofort Buße dafür und als sie das tat, spürte sie, dass etwas Fühlbares sie verließ. Im gleichen Moment fing der Junge an, tief ein- und auszuatmen. Es ging ihm wieder gut. Die Buße der Mutter und die Wiederherstellung des Jungen geschahen gleichzeitig. Ich habe den Jungen weder berührt noch ihm die Hände aufgelegt, dennoch wurde er geheilt.

Ich will damit nicht behaupten, dass Asthma immer durch Ehebruch verursacht wird. Es ist ein Beispiel dafür, dass verschiedene Krankheiten durch die Sünden der Vorfahren entstanden sind (Vater, Mutter, Großeltern oder noch weiter zurückliegend). In diesem Fall wurde das Asthma durch eine spezielle Sünde ausgelöst. Das Asthma begann mit dieser Sünde und die Buße dafür führte zur Heilung von beidem gleichzeitig.

In der Bibel steht vieles über die Auswirkungen der Sünden der Vorfahren (2. Mose 34:5–7; 3. Mose 26:39–42; 4. Mose 14:18).

> „*Bete sie nicht an und diene ihnen nicht. Denn ich, der HERR, dein Gott, bin ein eifriger Gott, der da heimsucht der Väter Missetat an den Kindern bis in das dritte und vierte Glied, die mich hassen.*" (2. Mose 20:5).

Jesus sprach ebenso über die Sünden der Vorfahren. Er sagte den Pharisäern, dass sie genauso handeln würden wie ihre Vorfahren.

> „*Sie antworteten und sprachen zu ihm: Abraham ist unser Vater. Spricht Jesus zu ihnen: Wenn ihr Abrahams Kinder wärt, so tätet ihr Abrahams Werke. Nun aber sucht ihr mich zu töten, einen solchen Menschen, der ich euch die Wahrheit gesagt habe, die ich von Gott gehört habe. Das hat Abraham nicht getan. Ihr tut eures Vaters Werke*" (Johannes 8:39–41).

Wenn du Menschen im Bußgebet führst, ist es wichtig, sie ebenso die Sünden ihrer Vorfahren bereuen zu lassen (Eltern, Großeltern usw.). Sag ihnen, dass sie diese Sünden an das Kreuz von Jesus Christus geben sollen (siehe auch Kapitel 11).

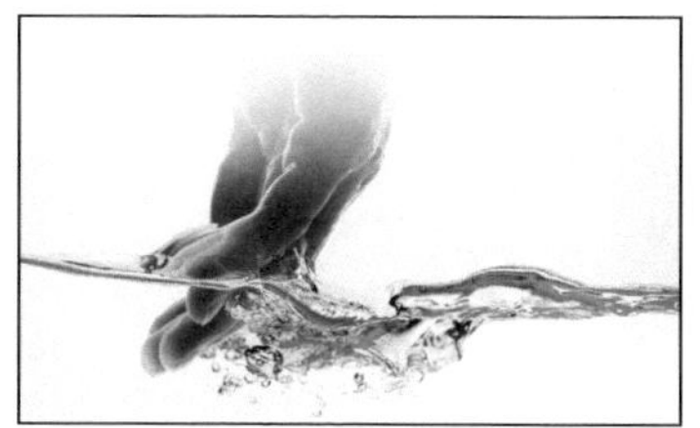

KAPITEL 10

Befreiungsdienst

Befreiungsdienst ist nicht schwierig oder kompliziert. Es ist genauso einfach wie für Kranke zu beten. Es setzt allerdings ein Verständnis vom Wort Gottes und Seiner Autorität voraus. Befreiungsdienst machte ein Drittel des Wirkens von Jesus aus. Auch im Heilungsdienst, wenn man Kranken die Hände auflegt und sich erholen sieht, wird Befreiung ein Teil der Arbeit sein.

Was ist ein Dämon? Es ist ein böser Geist, der einen Körper sucht, in den er eindringen kann. Aber er benötigt dafür eine Zugangsberechtigung. Können Dämonen in Christen existieren? Meine Antwort darauf ist immer die gleiche: haben Christen Körper? Wie du weißt, ist Sünde die Ursache für Krankheiten. Sünde ist auch die „Eintrittskarte" für viele dämonische Geister, um in das Leben eines Menschen hereinzukommen. Dämonen können nicht in deinen Geist eindringen, aber sie können Körper und Seele beeinflussen, wenn du ihnen die Berechtigung dazu gibst (Seele: die Gedanken und Gefühle, der eigene Wille). Dämonen sind nicht hinter jeder Tür oder jedem

Baum, aber sie existieren und können im Volk Gottes Schaden anrichten.

Wenn du nicht mit den Bibelstellen vertraut bist, in denen steht, dass Dämonen existieren und wie sie arbeiten, dann solltest du diese Stellen mehrmals lesen. Beginne mit dem Heilungsdienst von Jesus. Er trieb von Maria Magdalena sieben Dämonen aus. Ebenso trieb er Dämonen aus vielen anderen Menschen aus (Markus 16:9; Matthäus 8:16, 28–32; 10:8, Markus 1:32–34, 39; Lukas 8:2; 27–33; 11:14 und viele weitere Bibelstellen).

Dämonen (oder Teufel) sind nicht die Ursache für jedes Problem. Wenn sie aber die Ursache für das Problem bei demjenigen sind, der dich um Hilfe bittet, dann solltest du wissen, wie der Befreiungsdienst gemäß dem Wort Gottes auszuführen ist.

Wie gehe ich mit diesen Geistern um? Zuallererst musst du wissen, dass du Autorität über die Dämonen hast. Diese Autorität ist allen, die an Gott glauben gegeben, ohne Ausnahme.

„Die Zeichen aber, die da folgen werden denen, die da glauben, sind die: in meinem Namen werden sie Teufel austreiben, mit neuen Zungen reden“. (Markus 16:17). Er rief seine zwölf Jünger zu sich und gab ihnen die Macht, böse Geister auszutreiben und jedes Leiden und jede Krankheit zu heilen. Jesus gab Seinen Anhängern die Vollmacht, andere von Dämonen zu befreien. Wenn du ein Anhänger von Jesus bist, dann hast du die gleiche Vollmacht (Matthäus 10:1; Markus 3:14–15; 6:7–13; 16:17; Lukas 9:1; 10:17–19).

Um völlig davon überzeugt zu sein, dass du diese Autorität besitzt, ist es wichtig den Hintergrund zu verstehen. Diese Autorität gehört dir, wenn du deine Position in Christus verstehst. Es kann am besten so erklärt werden: du fährst nachts mit einem Auto auf der Landstraße und ein großer Mann auf einem großen Motorrad versucht dich abzudrängen. Sehr wahrscheinlich wird er das nicht schaffen. Wenn jedoch ein Polizist auf seinem Motorrad dich auffordert rechts heranzufahren, weißt du, das du anzuhalten hast. Er ist nicht stärker als der andere Mann, aber er verkörpert eine höhere Autorität und vertraut darauf, dass diese Macht ihn unterstützt. Er kennt und versteht seine Autorität.

Nicht du oder deine Fähigkeiten sind es, welche die Dämonen dazu bringen, dir zu gehorchen. Sie müssen sich dem unterwerfen, was du in Christus bist. „*Die Siebzig aber kehrten mit Freuden zurück und sprachen: Herr, auch die Dämonen sind uns untertan in deinem Namen.*" (Lukas 10:17).

Woher weiß man, welche Dämonen oder bösen Geister ein bestimmtes Problem verursachen? Im Allgemeinen sind sie durch das charakterisiert, was sie bewirken, d.h. welche Symptome sie verursachen. In der Bibel werden viele Geister erwähnt, u.a. ein Geist der Krankheit (Lukas 7:21; 8:2; 13:11 KJV), der Stumm- und Taubheit (Markus 7:32, 37; 9:25), der Niedergeschlagenheit (Jesaja 61:3; KJV), des Hochmuts und des Stolzes (Sprichwörter 16:18), der Sklaverei (Römer 8:15 KJV) etc. Viele dieser Symptome zusammen mit den Anleitungen, wie man davon befreit werden kann, sind im Gebetsteil von Kapitel 13 aufgeführt.

Ich habe die Erfahrung gemacht, dass jeder Dämon nur eine Eigenschaft besitzt. Es gibt viele Arten böser Geister und Dämonen und jeder hat sein eigenes, für ihn spezifisches Merkmal. Zum Beispiel kann sich der Geist des Zorns nur als Zorn zeigen. Ein Krankheitsgeist kann sich nur als Krankheit zeigen. Und ein Geist der Perversion ist immer abartig und zeigt keine anderen Eigenschaften.

Es ist sehr einfach, Menschen von Dämonen zu befreien, weil die Dämonen den Gläubigen, die mit der Autorität Gottes und im Namen von Jesus handeln, gehorchen müssen. Eines ist sehr wichtig: vergewissere dich bei jedem Befreiungsdienst, dass du vom Heiligen Geist und nicht vom egoistischen Verlangen geleitet wirst, jemanden befreit werden zu sehen. Jesus sagte, dass wir mehr Schaden anrichten wenn wir von jemandem einen Geist austreiben aber versäumen, uns mit der Ursache zu befassen (das Eintrittstor, durch das der Geist hereinkam).

> „*Wenn der unreine Geist von dem Menschen ausgefahren ist, so durchwandert er dürre Orte und sucht Ruhe; und da er sie nicht findet, spricht er: Ich will in mein Haus zurückkehren, von wo ich ausgegangen bin. Und wenn er kommt, findet er es gekehrt und geschmückt. Dann geht er hin und nimmt sieben andere Geister mit, schlimmer als er selbst, und sie gehen hinein und wohnen dort; und das Ende jenes Menschen wird ärger als der Anfang*“. (Lukas 11:24–26).

Es ist sehr wichtig, dass die Ursache mitbehandelt und dafür Buße getan wird. Es gibt 2 entscheidende Fragen, um die Ursache herauszufinden:

1. Seit wann besteht das Problem (Beginn)?
2. Was geschah kurz vor bzw. bei Beginn des Problems? Identifiziere das Einfallstor.

Angst, Unvergebenheit, Bitterkeit, Stolz, Lust, Gier, Generationenflüche, andere Flüche und Okkultismus sind einige der Ursachen.

Eine Frau aus Iowa litt seit einem Autounfall vor 4 Jahren unter Schmerzen. Obwohl viel für sie gebetet worden war, ist ihr Rücken nicht geheilt. Es hatte nach dem Unfall einen hässlichen Versicherungsprozess gegeben, bei dem sie zu

Unrecht angeklagt wurde. Sie war immer noch wütend auf den Unfallverursacher und dessen Anwalt. Als ich für sie betete, verzieh sie beiden und wurde sofort geheilt. In dem Augenblick, als sie ihnen verzieh, konnte sie fühlen, wie Zorn, Verbitterung und Schmerz ihren Körper verließen.

Es wäre evtl. ausreichend gewesen, wenn ich nur den Geist ausgetrieben hätte, der die Schmerzen verursacht hat. Aber ohne das Bußgebet für Zorn und Unvergebenheit könnte es sein, dass dieser Geist zurückkommt und sie danach mehr Probleme hätte als vorher (Lukas 11:24–26).

Menschen zu befreien ist einfach. Wenn du ihnen hilfst, suche nicht nach der dunklen Seite in ihnen. Such nach dem Licht und das Licht wird die Dunkelheit erhellen. Ich will darauf hinweisen, dass es keine Stelle in der Bibel gibt, wo Jesus jemals die Dämonen anbrüllte oder sich permanent wiederholte. Er trieb sie einfach mit einem Wort aus. *„Als es aber Abend geworden war, brachten sie viele Besessene zu ihm; und er trieb die Geister aus mit einem Wort, und er heilte alle Leidenden“* (Matthäus 8:16).

Dir sollte bewusst sein, dass die Dämonen, wenn sie ausgetrieben wurden, nicht mehr zu dir, deiner Familie oder in dein Haus zurückkehren können. In der Schrift steht geschrieben, dass sie an dürre Plätze gehen.

> *„Wenn der unreine Geist von dem Menschen ausgefahren ist, so durchwandert er dürre Stätten und sucht Ruhe; und da er sie nicht findet, spricht er: Ich will in mein Haus zurückkehren, von wo ich ausgegangen bin.“* (Lukas 11:24).

Diese dürren Plätze sind Orte ohne den Strom des lebendigen Wassers (Offenbarung 22:1).

Auch wenn böse Geister existieren, die Übles im Sinn haben und schlimme Dinge tun, denke immer daran, dass sie alle sich dem Namen unterstellen müssen, der über jedem Namen steht: dem Namen von Jesus Christus.

> „*Dass in dem Namen Jesu sich beugen aller derer Knie, die im Himmel und auf Erden und unter der Erde sind*" (Philipper 2:10).

Die Dämonen müssen sich nicht deinem Willen unterwerfen, aber sie müssen sich dem Willen Gottes durch den Namen von Jesus beugen. Darum handle immer entsprechend dem Wort und der Wahrheit Gottes, geführt vom Heiligen Geist und dem göttlichen Frieden.

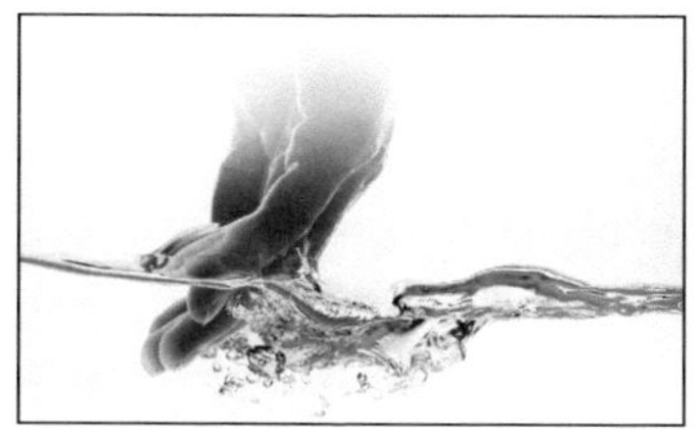

KAPITEL 11

Bußgebete – Gebete zur Umkehr

Nachfolgend eine Sammlung von Gebeten, die im Kapitel 13 „Erkrankungen von A–Z“ anzuwenden sind. Verinnerliche sie dir. Sie sind sehr wirksam im Heilungsdienst.

Gebet für Vergebung

„Vater, ich habe verstanden, dass Du Sünden nicht vergibst, aber dass Du den Menschen verzeihst, die gesündigt haben (Matthäus 6:12). Ich verstehe, dass Du die Sünden von denen nimmst, die ihre Sünden bereuen und umkehren. Im Wort Gottes steht, dass Jesus meine eingestandenen Sünden am Kreuz getragen hat und dass Er sie mir nicht länger vorhält (1. Petrus 2:24). Ich verstehe auch, dass niemand außer Jesus Vergebung verdient hat, aber dass Du mir in gleichem Maße verzeihen wirst, wie ich anderen Menschen verzeihe (Matthäus 6:14–15). Vater, ich entscheide mich (setz den jeweiligen Namen ein) zu verzeihen. Was sie mir angetan haben, war Sünde. Nimm diese Sünde von ihnen und gib sie ans Kreuz. Und am jüngsten Tag, wenn ich vor Deinem Thron stehe, werde ich sie nicht anklagen. Vater, ich bitte Dich, sie in Jesu Namen zu segnen."

Gebet zur Lebensübergabe

„Vater, ich weiß, dass Jesus Christus gekommen ist, damit wir das Leben und volle Genüge haben sollen. (Johannes 10:10). Im Wort Gottes steht, dass jeder, der Jesus nachfolgt ein Diener Gottes sein muss. Als Sein Diener würde er sein bisheriges Leben verlieren und ein neues Leben in Christus bekommen (Markus 10:43; Römer 6:4). Ich bin bereit, mein altes Leben aufzugeben und dieses neue Leben als ein Diener unseres Herrn Jesus Christus anzunehmen. Vater, ich gestehe dass ich nur für mich selbst gelebt habe. Der Weg, den ich gewählt habe, hat keinen beständigen, Leben spendenden Ertrag hervorgebracht. Ich bin bereit, Dir mein ganzes Leben zu geben. Ich bekenne, dass Jesus der Herr ist und dass ich jetzt sein Diener bin. Ich werde von diesem Tag an nicht länger für mich, sondern für Christus leben. Ich bekenne meine Sünden und bitte darum, dass sie von mir genommen und an das Kreuz von Jesus Christus gegeben werden (nimm dir die Zeit, die du benötigst, um alle Sünden zu bekennen). Ich weiß, dass dies der Anfang einer Reise ist, die durch die Ewigkeit andauern wird. Ich (setze deinen Namen ein) gebe dir 100 % meines Herzens und bestätige meinen Bund mit Jesus, der von den Toten auferstanden ist und jetzt in meinem Herz lebt."

Bußgebet bei Kritik und Verurteilung anderer

„Vater, in Deinem Wort steht, dass Du über mich genauso urteilen wirst, wie ich über meine Mitmenschen urteile (Lukas 6:37–38; 1. Korinther 5:12). Ich weiß, dass es entsprechend Deinem Wort richtig ist, Dinge als recht und unrecht zu unterscheiden. Aber nur Du kennst die wahren Motive und Absichten, denn Du kennst die Herzen der Menschen (Hebräer 4:12). Vater, ich habe andere beurteilt und über sie gerichtet. Das ist Sünde. Ich bereue diese Sünde und bitte Dich, diese Sünde im Namen von Jesus Christus von mir zu nehmen und ans Kreuz zu geben."

Gebet zum Brechen von Wortflüchen

„Vater, in der Schrift steht, dass wir Dinge sagen sollen, die ermutigen, aufbauen und bestärken (1. Thessalonicher 5:11; 2. Timotheus 4:2). Worte der Verurteilung, Unwahrheit, Beleidigung, Verleumdung, Beschuldigung, das Reden über andere sowie klagen und nörgeln sind nicht von Dir. Sie sind Sünde (Jakobus 5:9). Vater, andere Menschen haben Worte über und gegen mich gesprochen. Das war Sünde. Ich entscheide mich, ihnen diese Sünde zu verzeihen und am jüngsten Tag, wenn ich vor Deinem Thron stehe, werde ich sie nicht anklagen. Ab jetzt sind sie frei und ich segne sie im Namen von Jesus. Vater, auch ich habe Worte über (setz den Namen ein) gesagt, die nicht aufbauend und unterstützend waren oder nicht der Wahrheit entsprachen. Ich übernehme die Verantwortung für diese Worte. Sie sind Sünde. Ich bereue sie und entscheide mich von diesem Tag an nur noch Worte zu sagen, die (setz den Namen ein) segnen. Ich widerrufe diese Worte im Namen von Jesus und bitte Dich, diese Sünde von mir zu nehmen und ans Kreuz zu geben."

Gebet zum Brechen von Generationenflüchen

„Vater, Dein Wort sagt, dass Du uns heilen wirst, wenn wir unsere Sünden und die Sünden unserer Väter bekennen (Jakobus 5:16; 3. Mose 26:40–42). Vater, ich übernehme Verantwortung für meine Sünden. Ich bitte Dich, mir diese Sünden zu verzeihen, sie von mir zu nehmen und an das Kreuz von Jesus Christus zu geben. Ich bitte Dich ebenso, meinen Vorfahren die gleichen Sünden zu vergeben. Nimm sie von ihnen und gib sie ebenso an das Kreuz von Jesus, um damit den Fluch zu brechen, der auf mir und meiner Familie liegt, in Jesu Namen."

Gebet zur Lösung ungöttlicher Bindungen

„Vater, ich verstehe, dass Geschlechtsverkehr ein Symbol der Ehe ist und dass Du den Ehebund heilig nennst (Matthäus 19:6). Ich weiß, dass in Deinem Wort steht, dass Geschlechtsverkehr außerhalb der Ehe Sünde ist (Matthäus 15:19–20). Ich verstehe auch, dass ich eine Verbindung mit jedem Menschen eingegangen bin, zu dem ich sexuelle Beziehungen gehabt habe. Vater, ich sage mich los von der unchristlichen Verbindung, die ich mit (setz den Namen ein) eingegangen bin. Es war Sünde und ich sage mich davon los. Nimm diese Sünde von mir, gib sie an das Kreuz von Jesus und brich diesen Bund, den ich außerhalb meiner Ehe geschlossen habe. Ich sage mich in Jesus Namen auch von allen anderen unchristlichen Verbindungen los, die ich eingegangen bin."

KAPITEL 12

Das Immunsystem und elektrische und magnetische Frequenzen, Prionen und ph-Gleichgewicht

Das Immunsystem besteht aus hochspezialisierten Zellen, die fremde Zellen, Gewebe oder Organismen erkennen und bekämpfen. Die weißen Blutzellen (Leukozyten) greifen diese fremden Strukturen an, um sie zu zerstören, und aus dem Körper zu entfernen. Organe des Lymphsystems, die sich überall im Körper befinden, werden lymphatische Organe genannt. Sie finden sich z.B. im Knochenmark oder im Thymus. Die Tonsillen („Mandeln"), die Peyer Plaque´s (im Dünndarm), der Blinddarm und einige Drüsen gehören ebenso zum lymphatischen Gewebe. Sie alle bilden zusammen ein schützendes Netzwerk und eine Barriere für Infektionen oder Fremdorganismen. Lymphgefäße und Lymphknoten sind Teile dieses spezialisierten Systems. Obwohl das Lymph- und das Blutsystem zwei völlig getrennte Kreisläufe bilden, arbeiten sie doch zusammen, um potentiell schädigende Erreger wie Bakterien, Viren, Pilze, Parasiten oder Krebszellen abzuwehren. Gott hat noch weitere spezielle Schutzbarrieren in unsere Körper eingebaut. Dazu zählen die Haut, die Magensäure, Schleim, der in verschiedenen Organen gebildet wird, der Hustenreflex oder die Tränenflüssigkeit. Wenn ein Fremdorganismus oder Erreger diese Abwehrmechanismen erreicht, dann beginnt das Immunsystem die potentiell schädigenden Eindringlinge zu bekämpfen.

Die meisten Krankheiten beginnen, wenn das Immunsystem geschwächt oder zerstört ist. Das Immunsystem ist der „Türsteher" des Körpers und sein Zustand entscheidet darüber, ob Krankheit eintreten kann oder nicht. Sprich folgendes Gebet wo immer es angebracht ist:

Gebet zur Wiederherstellung des Immunsystems

„Im Namen von Jesus Christus befehle ich dem Immunsystem vollständig wiederhergestellt zu sein. Im Namen von Jesus Christus befehle ich ein starkes Immunsystem, das wirkungsvoll alle Krankheiten, Keime, Bakterien, Viren, Pilze und Parasiten eliminiert, die diesem Körper Leid zufügen."

Elektrische und magnetische Frequenzen

Der menschliche Körper stellt Millionen von Zellen her, die ständig chemische Reaktionen durchlaufen und so Energie zur Aufrechterhaltung unserer Lebensfunktionen produzieren. Ein Teil dieser Energie ist elektrische Energie mit einer spezifischen Frequenz. Heutzutage ist es möglich, diese elektrischen und magnetischen Frequenzen zu messen. Forscher haben herausgefunden, dass bei einigen Krankheiten (wie z.B. Krebs) die elektrischen und magnetischen Frequenzen von ihrem natürlichen Zustand abweichen. Es gibt Studien, die darauf hindeuten, dass Krebs aufhört zu wachsen, wenn diese magnetischen Frequenzen sich wieder normalisieren. Auch ich habe festgestellt, dass viele Krankheiten geheilt werden, wenn man dem Körper befiehlt, zu seinen natürlichen elektrischen und magnetischen Frequenzmustern zurückzukehren.

Gebet zur Normalisierung elektrischer und magnetischer Frequenzen

„Im Namen von Jesus Christus befehle ich allen elektrischen und magnetischen Frequenzen in diesem Körper zu ihrer natürlichen Harmonie und Ausgeglichenheit zurückzukehren."

Prionen

Prionen sind Eiweiße (Proteine), welche ihre Struktur verändert haben. Sie sind hochinfektiös und unerreicht in ihrer Fähigkeit sich selbst zu reproduzieren. Anders als normale Eiweiße sind Prionen auch durch stärkste Lösemittel nicht angreifbar und resistent gegen die Aufspaltung durch Proteasen (das sind Enzyme, die Eiweiße normalerweise zersetzen, damit ihre Bestandteile dem Körper wieder zugeführt werden können).

Der modernen Wissenschaft ist im Moment die Entstehungsursache und die Behandlung der Prionen unklar. Wie auch immer, sie treten dort auf, wo auch Krankheit vorhanden ist.

Durch das einfache Befehlen der Prionen sich aufzulösen und den Körper zu verlassen, habe ich Menschen von verschiedenen Krankheiten gesund werden sehen.

Gebet zur Auflösung von Prionen

„Ich befehle im Namen von Jesus Christus, dass sich alle Prionen auflösen und aus dem Körper ausgeschieden werden. Ich befehle im Namen von Jesus Christus, das alle von den Prionen befallenen Körperzellen erneuert werden."

Säuren- und Basenhaushalt (pH-Wert)

Das Säuren- und Basengleichgewicht (pH-Wert) der Körperflüssigkeiten hat Auswirkung auf jede Zelle unseres Körpers. Ein abweichender pH-Wert über einen längeren Zeitraum kann Ursache vieler gesundheitlicher Probleme sein. Chronische Übersäuerung hemmt viele Zellaktivitäten und Zellfunktionen. Wenn der pH-Wert zu sehr im sauren Bereich liegt, merken wir es an Symptomen wie Energiemangel, Abgeschlagenheit, Gewichtszunahme, Verdauungsproblemen, Kopfschmerzen und anderen Schmerzen oder ernsthafteren Gesundheitsstörungen. Die Gründe für die Entstehung einer Übersäuerung sind oft falsche Ernährung (u.a. Süßigkeiten, Weißmehl, einige Fleischarten), Drogenmissbrauch, Störungen an Leber oder Niere, Atemprobleme oder ein schlecht eingestellter Diabetes mellitus.

Der Körper hat verschiedene Wege, um Änderungen des pH-Wertes auszugleichen, allerdings nur im begrenzten Umfang. Verschiedene Erkrankungen können eine Abweichung des pH-Wertes verursachen. Umgekehrt können Störungen im Säure und Basenhaushalt gesundheitliche Probleme hervorrufen, bis hin zum Tod.

Gebet zur Normalisierung des Säuren- und Basenhaushalt

„Im Namen von Jesus Christus befehle ich dem Säuren- und Basenhaushalt in diesem Körper sich zu normalisieren. Im Namen von Jesus Christus befehle ich Heilung, in jedes durch den falschen pH-Wert beeinträchtigte Gewebe. Amen."

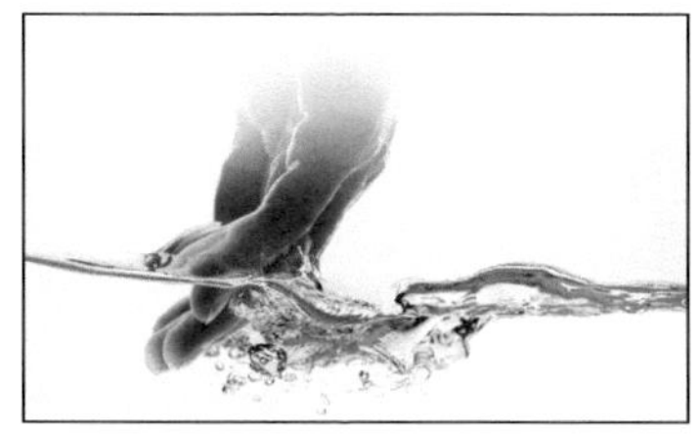

KAPITEL 13

Erkrankungen von A bis Z

ADIPOSITAS UND ÜBERGEWICHT

Viele Menschen sind übergewichtig. Adipositas ist etwas anderes als Übergewicht und bedeutet Fettleibigkeit. Maßeinheit für das Übergewicht ist der sogenannte Body-Mass-Index (BMI). Er berechnet sich aus dem Verhältnis von Gewicht und Körpergröße. Normal ist ein BMI zwischen 18–25. Als Übergewicht wird ein BMI >25–30 bezeichnet, Adipositas beginnt ab einem BMI >30. Bei übergewichtigen Menschen besteht ein erhöhtes Risiko für Krankheiten wie Bluthochdruck, erhöhten Cholesterinwerten sowie Funktionsstörungen an Niere und Gallenblase. Übergewicht kann ebenso ein Risikofaktor für die Entwicklung von Arthrose, Schlafapnoe und einigen Krebsarten sein. Genetische Faktoren spielen eine Rolle bei der Entstehung. Es ist zehnmal wahrscheinlicher, dass Kinder von übergewichtigen Eltern ebenfalls zu dick sind, als Kinder von Eltern mit Normalgewicht.

Behandlung (alle Befehle im Namen von Jesus Christus)

1. Führe sie im Gebet zum Brechen von Generationenflüchen.
2. Lass sie, wenn nötig, Buße tun für ungesunden Lebensstil und falsche Ernährung.
3. Befiehl der Schilddrüse Heilung (oder jedem anderen für das Übergewicht verantwortlichen Organ).
4. Leg deine Hände auf den Kopf. Befiehl dem Teil des Gehirns, der das Essverhalten steuert, wieder richtig zu funktionieren.
5. Führe sie im Gebet all ihren Kummer, Stress und Sorgen auf den Altar Gottes zu legen.
6. Befiehl dem Stoffwechsel richtig zu funktionieren.
7. Befiehl ein normales Körpergewicht.

AIDS/HIV

HIV ist das Virus, das AIDS verursacht (Human Immunodeficiency Virus = menschliches Immunschwäche Virus). Eine Ansteckung kann erfolgen, wenn infiziertes Blut, Samen- oder Scheidenflüssigkeit in Kontakt mit der verletzten Haut oder Schleimhaut (Mund, Augen, Nase, Scheide, Rektum, Penisöffnung) einer nichtinfizierten Person kommt. Das geschieht z.B. über das Verwenden verunreinigter Bluttransfusionen oder infizierter Nadeln. Schwangere Frauen können das Virus auf ihr Baby während der Schwangerschaft oder in der Stillperiode übertragen. Menschen mit HIV haben eine HIV-Infektion. Ein Teil der HIV-Infizierten wird AIDS bekommen. AIDS steht für „Aquired Immuno Deficiency Syndrom“ (erworbenes Immunschwäche Syndrom). Erworben bedeutet, dass diese Krankheit nicht angeboren ist, sondern sich erst nach der Geburt durch den Kontakt mit einem Krankheitserreger entwickelt hat (in diesem Fall durch den Kontakt mit HIV). Syndrom meint, das eine Anzahl von Symptomen auftreten, die zusammen typisch für eine Krankheit sind. Im Fall von AIDS sind das die Entstehung bestimmter Infektionen und Krebsarten, genauso wie die Abnahme einer bestimmten Art von Immunzellen. Die Diagnose AIDS wird anhand spezieller Laboruntersuchungen gestellt.

Behandlung (alle Befehle im Namen von Jesus Christus)

1. Leite sie, wenn nötig, im Bußgebet.
2. Befehle dem Geist von HIV zu weichen.
3. Sprich ihnen neues Blut und ein neues Immunsystem zu.
4. Befiehl den elektrischen und magnetischen Frequenzen zu ihrem ursprünglichen, harmonischen Gleichgewicht zurückzukehren.
5. Befiehl allen Prionen sich vollständig aufzulösen und diesen Körper zu verlassen.
6. Befiehl dem Blut zu einem normalen Säuren-Basen-Gleichgewicht zurückzukehren (pH-Wert).
7. Befiehl allen geschädigten Organen und Geweben zu ihrer normalen Funktionsfähigkeit und ihrem normalen Aussehen zurückzukehren.

AKNE

Akne ist eine Hauterkrankung, die durch Mitesser, weißgelb- und rotentzündete Pickel gekennzeichnet ist. Sie entsteht, wenn die Poren an der Hautoberfläche verstopfen. Jede Pore ist die Öffnung zu einem Kanal, der ein Haar und eine Drüse enthält. Normalerweise dient das Drüsensekret als Schmiermittel der Haut und zur Entfernung alter Hautzellen. Wird zu viel Sekret produziert und sammeln sich Schmutz und Bakterien an, dann verschließen sich die Poren. Es kommt zur Entzündung und den oben beschriebenen Hautveränderungen. Meist ist das Gesicht betroffen, seltener andere Körperstellen wie der Rücken. Schwere Formen von Akne können zu bleibenden Narben führen.

Behandlung (alle Befehle im Namen von Jesus Christus)

1. Weise jede Infektion zurück und befiehl ihr diesen Körper zu verlassen.
2. Leg deine Hände auf den Kopf. Befiehl den Hautporen sich zu öffnen und das Sekret im normalen Maß abfließen zu lassen.
3. Befiehl den Drüsen eine normale Menge an Sekret zu produzieren.
4. Befiehl der geschädigten und vernarbten Haut geheilt zu sein.
5. Sprich ihnen Frieden zu.

ALBTRÄUME

Albträume treten während der REM-Schlafphasen auf (REM = Rapid Eye Movement = rasche Augenbewegungen) und sind mit starken Ängsten und Schrecken verbunden. Sie treten typischerweise gegen Morgen auf. Der Schlafende wird z.T. dadurch wach und kann sich oft an den Inhalt des Traums erinnern. Albträume sind bei Kindern häufig und werden mit zunehmendem Alter seltener. Trotzdem haben über die Hälfte der Erwachsenen gelegentlich Albträume, Frauen öfter als Männer. Sie können Folge eines starken früheren Traumas oder von Missbrauch sein.

Behandlung (alle Befehle im Namen von Jesus Christus)

1. Führe sie im Gebet zum Brechen von Generationenflüchen.
2. Führe sie, wenn nötig, im Bußgebet, für das Ansehen dämonischer und gewalttätiger Unterhaltungssendungen und Filme.
3. Sprich ihnen Frieden zu.

ALLERGIEN

Das lymphatische System, weiße Blutzellen (Leukozyten), Mastzellen, Antikörper usw. sind Bestandteile des Immunsystems. Es verteidigt den Körper gegen fremde Stoffe. Bei anfälligen Menschen kann es auf bestimmte Substanzen, die normalerweise harmlos sind, überreagieren (allergische Reaktion). Über ein Drittel der US-Amerikaner sind von Allergien betroffen. Bestimmte Substanzen können eine allergische, überschießende Immunreaktion auslösen, wenn sie mit der Haut oder den Augen in Kontakt kommen, eingeatmet, geschluckt oder gespritzt werden. Heuschnupfen (saisonbedingte Allergie), hat seine Ursache meist in Gräser- oder Blütenpollen. Eine allergische Reaktion kann ebenso durch Einnahme von Arzneimitteln (z.B. Penicillin), Essen bestimmter Nahrungsmittel und Einatmen von Staub oder Tierhaaren ausgelöst werden, manchmal auch durch grelles Licht oder plötzliche, starke Temperaturschwankungen. In vielen Fällen sind ein oder beide Elternteile ebenfalls von Allergien betroffen.

Behandlung (alle Befehle im Namen von Jesus Christus)

1. Führe sie im Gebet zum Brechen von Generationenflüchen.
2. Leg deine Hände auf den Kopf desjenigen und befiehl dem Geist der Allergie den Körper zu verlassen.
3. Befiehl ein starkes Immunsystem.
4. Befiehl allen Zellen und allen Organen geheilt zu sein und normal zu funktionieren.
5. Wenn die Allergie nicht vererbt ist, finde heraus was passiert ist, als die Symptome begannen und leite sie im Buß- bzw. Vergebungsgebet.

ALZHEIMER KRANKHEIT (Morbus Alzheimer)

Die Alzheimer Krankheit ist gekennzeichnet durch den Untergang von Hirnsubstanz und Nervenzellen, was zu einer fortschreitenden Abnahme der geistigen Fähigkeiten führt. Durch die Zerstörung der Nervenzellen vermindert sich die Anzahl der Signalübertragungen im Gehirn. Diese Prozesse treten bei vielen Menschen auf, wenn sie älter werden, aber sie kommen verstärkt bei Menschen mit Alzheimer-Krankheit vor. In den USA sind über 4 Mio. Menschen betroffen. Die Ursache ist bisher unbekannt, wahrscheinlich spielen genetische Faktoren eine Rolle. In den Gehirnen einiger Erkrankter wurden erhöhte Aluminiumkonzentrationen gefunden. Manchmal wird zu Unrecht die Diagnose Morbus Alzheimer gestellt. Es gibt eine Krankheit, die manchmal mit ihr verwechselt wird, deren Ursache aber ein erhöhter Liquorgehalt ist (Normaldruck-Hydrocephalus). Die vermehrte Liquorflüssigkeit drückt aufs Gehirn und verursacht ähnliche Symptome wie beim Morbus Alzheimer.

Behandlung (alle Befehle im Namen von Jesus Christus)

1. Führe sie im Gebet zum Brechen von Generationenflüchen.
2. Befiehl allen Giften den Körper zu verlassen und den Schwermetallen im Blut und im Gehirn zu ihrer normalen Menge zurückzukehren.
3. Befiehl eine normale Menge an Liquorflüssigkeit.
4. Sprich ein schöpferisches Wunder – ein neues Gehirn.
5. Befiehl allen Nervenbahnen geheilt zu sein.
6. Befiehl eine intakte Kommunikation zwischen Gehirn und Körper.

ANALPROLAPS (siehe Rektumprolaps)

ANÄMIE (siehe auch Sichelzell-Anämie)

Die roten Blutzellen (Erythrozyten) enthalten Hämoglobin, ein Eiweiß, das dem Blut den Sauerstofftransport von der Lunge in die anderen Organe und Gewebe ermöglicht. Wenn die Anzahl der Erythrozyten vermindert oder der Hämoglobingehalt zu gering ist, bezeichnet man das als Anämie. Die Gewebe werden nicht genügend mit Sauerstoff versorgt. Symptome sind z.B. Hautblässe, Müdigkeit, verminderte Leistungs- und Konzentrationsfähigkeit. Eine Ursache für die Entstehung einer Anämie ist Vitamin B12-Mangel. Dieses Vitamin ist unentbehrlich für das richtige Funktionieren des Nervensystems und der Blutzellproduktion. Die wichtigsten Quellen sind Fleisch, Eier und Milchprodukte. Eine Anämie kann ebenso durch Eisenmangel oder einen schleichenden Blutverlust verursacht sein (z.B. bei unbemerkten Blutungen aus dem Magen-Darmbereich).

Behandlung (alle Befehle im Namen von Jesus Christus)

1. Befiehl dem Verdauungstrakt geheilt zu sein und alle notwendigen Mineralien und Vitamine in der richtigen Art und Weise aufzunehmen und zu verarbeiten (besonders Eisen und Vitamin B12).
2. Befiehl dem Knochenmark richtig zu funktionieren und die normale Menge an gesunden Erythrozyten herzustellen.
3. Befiehl jeder Stelle, aus der es geblutet hat, geheilt und wiederhergestellt zu sein.
4. Befiehl dem Blut einen ausgewogenen pH-Wert.

ANEURYSMA

Ein Aneurysma ist eine sackartige Ausweitung der Arterienwand. Die meisten Aneurysmen bilden sich im Bereich der Bauchschlagader (Aorta), können aber auch in allen anderen Arterien auftreten (z.B. im Gehirn). Sie entstehen bevorzugt an Stellen, an denen die Arterienwand geschwächt ist. Die Stärke des Blutdrucks bestimmt dann, wie stark sich die Arterienwand nach außen vorwölbt. Unbehandelt kann ein Aneurysma reißen und lebensbedrohliche innere Blutungen verursachen. Die Hauptursache bei der Entstehung von Aneurysmen ist die Arterienverkalkung (Arteriosklerose). Andere Ursachen sind Verletzungen und Entzündungen der Blutgefäße, eine angeborene Bindegewebsschwäche sowie verschiedene Infektionskrankheiten, wie z.B. Syphilis. Hoher Blutdruck und Rauchen fördern die Entstehung von Aneurysmen.

Behandlung (alle Befehle im Namen von Jesus Christus)

1. Leg deine Hände auf den entsprechenden Bereich und befiehl ein schöpferisches Wunder – neue Arterien mit starken Wänden.
2. Befiehl die Wiederherstellung einer normalen Durchblutung.

ANGST (siehe auch Panikstörung und Schilddrüsenerkrankungen)

Angst ist ein übersteigertes Gefühl von Furcht oder Ängstlichkeit. Der Grund für dieses unbehagliche Gefühl ist nicht immer bekannt oder für Außenstehende erkennbar, was die Notlage der Betroffenen oft noch verstärkt. Die wirkungsvollste Lösung für dieses Problem ist es, die Ursache herauszufinden und zu benennen. Leider ist das nicht immer möglich. Frage, woran die Person denkt und finde heraus, ob das der Grund für diesen Zustand sein kann. Gibt es wiederkehrende

Denkmuster? Was bereitet ihr am meisten Sorge? Gibt es etwas, dass sie traurig oder depressiv macht?

Behandlung (alle Befehle im Namen von Jesus Christus)

1. Wenn möglich, versuche den Beginn der Angst herauszufinden.
2. Leite sie, wenn nötig, im Buß- und Vergebungsgebet.
3. Befiehl dem Geist der Angst den Körper zu verlassen.
4. Leite sie im Gebet all ihren Kummer, Stress und Sorgen auf den Altar Gottes zu legen.
5. Sprich den Frieden Gottes über sie.

ANOREXIA NERVOSA, MAGERSUCHT

Psychisch verursachte Magersucht wird als Anorexia nervosa bezeichnet. Sie ist durch eine gestörte körperliche Selbstwahrnehmung geprägt, verbunden mit der Weigerung, auch nur das unterste normale Körpergewicht zu halten. Bei Frauen fehlt häufig die Regelblutung. Verschiedene, z.T. genetische, aber vor allem soziale Einflussfaktoren spielen eine Rolle bei der Entstehung dieser Erkrankung, z.B. Leistungsdruck oder Angst vorm Erwachsenwerden. Bei vielen Betroffenen ist das Selbstwertgefühl vermindert. Der Wunsch, schlank oder dünn zu sein ist in der westlichen Gesellschaft weit verbreitet. Dick zu sein wird oft gleichgesetzt mit unattraktiv, ungesund und unerwünscht. Während der Pubertät übernehmen Jugendliche häufig diese Meinung und 2/3 der Mädchen beginnen eine Diät oder nutzen andere Maßnahmen, um ihr Gewicht zu kontrollieren. Knapp 1% der Mädchen zwischen zwölf und achtzehn Jahren entwickeln eine Anorexia nervosa. Jungen bzw. junge Männer sind deutlich seltener betroffen. Die Erkrankung endet gewöhnlich im Erwachsenenalter. Ich habe festgestellt, dass als Hauptursache dieser Störung

Rebellion zugrundeliegt. Sie beginnt oft mit Widerworten während oder kurz nach der Pubertät. „*Andere litten unter den Folgen ihrer Sünden und Verfehlungen, sie siechten dahin und ekelten sich vor jeder Speise – vom Tode gezeichnet*“ (Psalm 107:17–18).

Behandlung (alle Befehle im Namen von Jesus Christus)

1. Lass sie für ihre Rebellion während der Jugendzeit Buße tun.
2. Lass sie die Worte widerrufen, die in Rebellion gesprochen wurden.
3. Treibe den Geist des Todes aus und sprich ihnen neues Leben zu.

APOPLEX (siehe Schlaganfall)

ARME UND HÄNDE

Kribbeln, Schmerz- und Taubheitsgefühle in Armen und Händen werden oft durch Probleme im Bereich der Halswirbelsäule verursacht.

Behandlung (alle Befehle im Namen von Jesus Christus)

1. Befiehl den Armen sich auszurichten und gleich lang zu werden.
2. Leite sie im Gebet zur Ausrichtung von Hals und Wirbelsäule.
3. Befiehl den betroffenen Nerven die Wiederherstellung der normalen Struktur und Funktion.
4. Befiehl jedem Kribbeln, Schmerz- und Taubheitsgefühl diesen Menschen zu verlassen.
5. Leite sie im Gebet all ihren Kummer, Stress und Sorgen auf den Altar Gottes zu legen.

ARTERIOSKLEROSE/ARTERIENVERKALKUNG

Arteriosklerose entsteht durch allmähliche Ablagerung von Cholesterin und anderen Substanzen in die Arterienwände, so dass die Elastizität und die Gefäßdurchmesser abnehmen. Die Folge ist eine verminderte oder vollkommen blockierte Durchblutung in diesen Gefäßen. Arteriosklerose betrifft am häufigsten die Arterien von Gehirn, Herz, Nieren und Beinen. Es gibt 2 Theorien zur Entstehung:

1. Aufnahme von Cholesterin durch Entzündungszellen und Umwandlung dieser Zellen zu sog. Schaumzellen. Die Schaumzellen führen zu vermehrtem Zellwachstum und einer Entzündungsreaktion an den Arterienwänden.
2. Durch direkte Einwirkung schädigender Substanzen und Giftstoffe kommt es zur Schädigung der innersten Schicht der Arterienwände. Folge ist auch hier eine Entzündung an der verletzten Stelle.

Der weitere Verlauf ist bei beiden Formen gleich. Durch eine chronische Entzündungsreaktion kommt es langsam zum Gewebeumbau und zur weiteren Ablagerung verschiedener Substanzen. Es bilden sich Plaques, die letztendlich zum Verschluss der Arterien führen können.

Behandlung (alle Befehle im Namen von Jesus Christus)

1. Leite sie im Gebet zur Ausrichtung von Hals und Wirbelsäule.
2. Befiehl den Arterien von allen Cholesterinablagerungen gesäubert zu sein. Befiehl den Arterien die Wiederherstellung ihrer normalen Elastizität.

3. Befiehl allen Blockierungen aus diesem Körper zu verschwinden und die Wiederherstellung der normalen Durchblutung.
4. Befiehl allen geschädigten Organen und Geweben geheilt zu sein und zu ihrer normalen Funktionsfähigkeit zurückzukehren.

ARTHRITIS

Als Arthritis wird die Entzündung von einem oder mehreren Gelenken bezeichnet, die bedingt durch eine Infektion oder infolge thermischer, mechanischer oder chemischer Reizung entsteht. Es kommt zur Rötung, Schwellung und schmerzhaften Überwärmung der betroffenen Gelenke. Bei längerbestehender Erkrankung kann es zum Abbau der Knorpelsubstanz kommen. Knorpel dient dem Schutz der Gelenke und ermöglicht deren reibungslose Bewegung. Der Druck, der auf die Gelenke beim Laufen oder beim Heben schwerer Gegenstände einwirkt, wird durch den Knorpel abgepuffert. Ist die Knorpelmenge vermindert, reiben die Knochen schmerzhaft aneinander. Arthritis kann jedes Gelenk betreffen (Füße, Hände, Arme, Schultern, Hüfte, Knie und Rücken). Eine Sonderform ist die rheumatoide Arthritis.

Behandlung (alle Befehle im Namen von Jesus Christus)

1. Treibe den Geist der Arthritis aus.
2. Befiehl jeder Schwellung und jedem Schmerz zu verschwinden.
3. Befiehl die Wiederherstellung der Knorpelsubstanz.
4. Befiehl den Gelenken normal zu funktionieren.
5. Führe sie im Gebet für Vergebung.

ARTHRITIS, RHEUMATOIDE

Die rheumatoide Arthritis ist eine häufig vorkommende, chronisch-entzündliche Erkrankung, bei der die Gelenke und das umgebende Bindegewebe betroffen sind. Sie zählt zu den Autoimmunerkrankungen. Hierbei greift das Immunsystem aus unbekannter Ursache den eigenen Körper an. Infektionen, genetische und hormonelle Faktoren spielen möglicherweise eine Rolle. Die Erkrankung beginnt typischerweise mit entzündungsbedingten Schmerzen an den kleinen Gelenken (meist Finger- und Zehengelenke). Hand-, Knie-, Fuß- und Sprunggelenke können später ebenfalls betroffen sein. Die Beschwerden treten häufig beidseitig auf. Weitere Symptome sind Müdigkeit, morgendliche Steifheit, diffuse Muskelschmerzen, Schwäche und Appetitverlust. Bei der rheumatoiden Arthritis kommt es zur Entzündung und Schwellung der Gelenkkapsel, die das Gelenk umgibt. Langsam wird durch die sich ausbreitende Entzündung der *Knorpel* und der darunter liegende Knochen zerstört. Die Gelenkzerstörung beginnt innerhalb von ein bis zwei Jahren nach dem Auftreten der ersten Symptome. Durch den Abbau von Knorpel und Knochen, Entzündungen und Rissen in den Sehnen kommt es zu Gelenkverformungen. Wenn die Gelenkveränderungen fortschreiten, kann es zu schwerwiegenden Bewegungseinschränkungen kommen.

Behandlung (alle Befehle im Namen von Jesus Christus)

1. Treibe den Geist der rheumatoiden Arthritis aus.
2. Befiehl jedem Schmerz, jeder Entzündung und Schwellung zu verschwinden.
3. Befiehl allem Knorpelgewebe wiederhergestellt zu sein und den Gelenkverformungen zu verschwinden.
4. Führe sie im Gebet für Vergebung.
5. Befiehl ein starkes, richtig funktionierendes Immunsystem.

ARTHROSE

Die Arthrose ist eine chronische Erkrankung, bei der es zur allmählichen Abnutzung des Gelenkknorpels und der Neubildung von Knochen an den Rändern der Gelenke kommt (Knochensporen). Arthrose wird meist durch Übergewicht, körperliche Überanstrengung (z.B. in Bauberufen) oder Fehlstellungen der Gelenke verursacht. Stoffwechselprozesse, genetische, chemische und mechanische Faktoren spielen eine Rolle. Die Erkrankung ist mit dem Alterungsprozess verbunden. Meist beginnt eine Arthrose nach dem 50. Lebensjahr, mit 70 ist fast jeder davon betroffen. Der Knorpel des betroffenen Gelenks wird angeraut und abgetragen. Mit fortschreitender Krankheit verschwindet der Knorpel vollkommen und Knochen reibt auf Knochen. Oft sind die großen Gelenke von Hüften, Knien, Händen, Fingern, großem Zeh sowie Hals- und Lendenwirbelsäule betroffen (bei der Arthritis sind eher die kleinen Gelenke betroffen). Die Beschwerden reichen von leichten Missempfindungen bis zu starken Schmerzen mit zunehmender Bewegungseinschränkung der beteiligten Gelenke.

Behandlung (alle Befehle im Namen von Jesus Christus)

1. Führe sie im Gebet zum Brechen von Generationenflüchen.
2. Treibe den Geist der Arthrose aus.
3. Befiehl dem Knorpel wiederhergestellt zu sein.
4. Befiehl jedem betroffenen Gelenk Heilung.
5. Führe sie im Gebet für Vergebung.
6. Befiehl allen elektrischen und magnetischen Frequenzen Harmonie und Ausgeglichenheit.

ATEMWEGSERKRANKUNGEN

ASTHMA BRONCHIALE

Als Asthma bronchiale wird eine Entzündung und Überempfindlichkeit der Atemwege bezeichnet. Bei einem akuten Asthmaanfall kommt es zur schlagartigen Verkrampfung und Verengung der Atemwege, zum Anschwellen der Schleimhaut und vermehrter Schleimproduktion. Der Atemfluss nimmt ab, es kommt zu Luftnot und einem typisch pfeifenden Atemgeräusch. Bei den meisten Asthmatikern tritt diese Luftnot nur gelegentlich auf, einige haben ständig eine leichte Kurzatmigkeit und zusätzlich Phasen mit stärkerer Luftnot. Bei anderen Asthmatikern ist Husten das vorherrschende Symptom. Asthma-Anfälle dauern zwischen Minuten und Tagen und können lebensbedrohlich werden, wenn nicht mehr genügend Sauerstoff ein- und ausgeatmet wird. Ein Asthmaanfall, der länger als 24 Stunden anhält, wird als Status asthmaticus bezeichnet.

Behandlung (alle Befehle im Namen von Jesus Christus)

1. Leite sie im Gebet zum Brechen von Generationenflüchen.
2. Befiehl dem Geist von Asthma bronchiale diesen Menschen zu verlassen.
3. Sprich Heilung und die Wiederherstellung ihrer normalen Funktionsfähigkeit über das Atmungssystem und alle anderen geschädigten Organe.
4. Befiehl den Armen sich auszurichten und gleich lang zu werden.
5. Sprich den Frieden Gottes in ihr Leben.

BRONCHITIS

Bronchitis ist die Entzündung der großen Atemwege (Bronchien). Es wird zwischen akuter (plötzlich auftretend, kurz anhaltend) und chronischer Bronchitis unterschieden (permanente oder häufig wiederkehrende Beschwerden). Nach der Definition der WHO besteht eine chronische Bronchitis, wenn Husten und Auswurf an den meisten Tagen von mindestens 3 Monaten im Jahr bestehen. Rauchen ist die Hauptursache für das Entstehen einer chronischen Bronchitis.

Behandlung (alle Befehle im Namen von Jesus Christus)

1. Weise die Infektion zurück.
2. Lege die Hände auf den oberen Brustbereich und den Hals.
3. Befiehl der Luftröhre und den Lungen geheilt zu sein und normal zu funktionieren.
4. Wenn es nötig ist, leite sie im Bußgebet für die gottlosen Worte die sie gesprochen haben.

BRUSTFELLENTZÜNDUNG (Pleuritis)

Eine Pleuritis ist die Entzündung des Brustfells (Pleura: 2 dünne, seröse Häute, die die Lungen umgeben und den Brustkorb auskleiden). Durch die Entzündung reiben die beiden Pleurablätter schmerzhaft aneinander. Die Schmerzen verstärken sich bei Brustkorbbewegungen, z.B. beim tiefen ein- und ausatmen oder Husten. Manchmal strahlen die Schmerzen bis in die Schulter aus. Bei einer stärkeren Entzündung sammelt sich Flüssigkeit zwischen Brustkorbwand und Lunge. Diese Flüssigkeit trennt die beiden Pleurablätter, was dazu führt, dass sie nicht mehr aneinander reiben und die Schmerzen verschwinden. Die vermehrte Flüssigkeit kann jedoch die Atmung behindern. Eine Brustfellentzündung entwickelt sich meist im

Rahmen von Lungenerkankungen wie einer Lungenentzündung, Grippe, Tuberkulose, einer Lungenembolie oder nach langjähriger Asbestbelastung. Sie kann auch infolge rheumatischer Erkrankungen, durch Krebs, nach Brustkorbverletzungen oder einer Herzoperation auftreten.

Behandlung (alle Befehle im Namen von Jesus Christus)

1. Binde die Entzündung und befiehl ihr zu verschwinden.
2. Befiehl der Flüssigkeit auf ein normales Maß zurückzugehen.
3. Befiehl allem Schmerz zu verschwinden.
4. Befiehl allem Narbengewebe geheilt zu sein und sich in normales Gewebe umzuwandeln.
5. Führe sie, wenn nötig, im Bußgebet.

LUNGENERKRANKUNGEN

Damit wird jede Krankheit oder Gesundheitsstörung bezeichnet, bei der die Lunge betroffen ist. Sie werden in drei Kategorien eingeteilt:

1. obstruktive Lungenerkrankungen – verminderter Luftstrom während der Ausatmung, verursacht durch verengte oder blockierte Atemwege, z.B. bei Asthma oder COPD (siehe dort)

2. restriktive Lungenerkrankungen – eine verminderte Dehnbarkeit der Lunge führt zur unvollständigen Einatmung und so zur Abnahme der aufgenommenen Sauerstoffmenge

3. eine Funktionsstörung der kleinsten Lungenbläschen (Alveolen), was zu einem eingeschränkten Austausch von Sauerstoff gegen Kohlendioxid in der Lunge führt

Die meisten Lungenerkrankungen sind Mischformen. Bei langjährigen Rauchern z.B. besteht häufig eine Obstruktion, eine Überblähung der Lungen (Emphysem) und eine Funktionsstörung der Alveolen.

Behandlung (alle Befehle im Namen von Jesus Christus)

1. Befiehl zwei neue Lungen. Befiehl neue Organe, wenn diese durch die Lungenerkrankung geschädigt worden sind.
2. Befiehl den Alveolen wiederhergestellt zu sein.
3. Befiehl der überschüssigen Flüssigkeit zu verschwinden.
4. Befiehl jedem Symptom Heilung.
5. Führe sie, wenn nötig, im Bußgebet.
6. Befiehl den körpereigenen elektrischen und magnetischen Frequenzen Harmonie und Ausgeglichenheit.

CHRONISCH OBSTRUKTIVE LUNGENERKRANKUNG (COLD, COPD)

COPD ist der Sammelbegriff für chronische Bronchitis und Lungenemphysem, bei denen vor allem die Ausatmung eingeschränkt ist. In 90% der Fälle ist jahrelanges Rauchen Ursache der Erkrankung. Es kommt zur Verengung und chronischen Entzündung der Bronchien, Zerstörung von Lungenbläschen und permanent erweitertem Lungengewebe mit verminderter Elastizität (Emphysem). 15–20% der langjährigen Raucher sind betroffen, Männer öfter als Frauen. Selten können auch andere, chronische Reizungen der Atemwege eine COPD hervorrufen, wie Umweltverschmutzung oder berufsbedingte Lungenerkrankungen (langjähriger Umgang mit Kohlestaub, Gasen, Asbest usw.). Der Grad der Luftwegsverengung und die Menge an geschädigtem Lungengewebe legen den Schweregrad der Erkrankung fest.

Behandlung (alle Befehle im Namen von Jesus Christus)

1. Binde die Ursache der Krankheit.
2. Leite sie, wenn nötig, Buße für das Rauchen zu tun.
3. Befiehl allen geschädigten Teilen des Atemsystems vollständige Heilung und die Wiederherstellung ihrer normalen Funktionsfähigkeit.
4. Befiehl ein Paar neuer Lungen, wenn nötig.

LUNGENEMPHYSEM (siehe auch COPD)

Eine Überblähung der Lunge wird als Emphysem bezeichnet. Rauchen ist die häufigste Ursache. Nikotin und andere Schadstoffe setzen in den Lungen chemische Substanzen frei, die die Wände der Alveolen schädigen. Es kommt zur Entzündung und später zur Vernarbung (Fibrosierung) des Lungengewebes. Die Elastizität der Lunge nimmt ab, die Lunge fällt zusammen. Die Betroffenen können nicht mehr richtig ausatmen und dadurch auch nicht genügend neuen Sauerstoff einatmen. So leiden sie unter Luftnot, zu Beginn nur bei Belastung, später auch im Ruhezustand. Es ist ein Prozess der sich langsam über viele Jahre entwickelt.

Behandlung (alle Befehle im Namen von Jesus Christus)

1. Leite sie, wenn nötig, Buße für das Rauchen zu tun, siehe auch Süchte.
2. Befiehl ein schöpferisches Wunder: „ein Paar neue Lungen".
3. Befiehl allen anderen geschädigten Geweben und Organen geheilt zu sein und normal zu funktionieren.

LUNGENENTZÜNDUNG

Eine Pneumonie ist eine Entzündung der Lunge, die durch eine Infektion mit Mikroorganismen verursacht wird

(Viren, Bakterien, Pilze). Es ist eine häufige Erkrankung, die in den USA Millionen Menschen betrifft und an der mehr als 60.000 US-Amerikaner pro Jahr sterben. Die Schwere der Erkrankung hängt von der Art des Erregers sowie vom Alter und Gesundheitszustand des Betroffenen ab. Meist sind Ältere und Menschen mit chronischen Krankheiten oder geschwächtem Immunsystem betroffen. Es erkranken aber auch junge, gesunde Menschen. Weltweit ist die Lungenentzündung eine der Hauptursachen für das Sterben von Kindern, häufig schon im ersten Lebensjahr.

Behandlung (alle Befehle im Namen von Jesus Christus)

1. Binde die Infektion und befiehl den Erregern abzusterben (Viren, Bakterien, Pilzen).
2. Befiehl der Lunge Heilung und aller überschüssigen Flüssigkeit zu verschwinden.
3. Befiehl allen Narben geheilt zu sein.
4. Führe sie, wenn nötig, im Bußgebet.
5. Befiehl allen elektrischen und magnetischen Frequenzen Harmonie und Ausgeglichenheit.

LUNGENÖDEM

Beim Lungenödem kommt es zur Flüssigkeitsansammlung in der Lunge. Ursache ist meist eine Schwäche des Herzens. Dabei wird das Blut vom Herz nicht mehr richtig weitergepumpt. Es kommt zum Rückstau in die Lungenvenen. Ein Lungenödem kann auch durch eine Schädigung der Lunge aufgrund von Verletzungen, Einatmen von Hitze oder giftigen Gasen, schweren Infektionen, Krebs oder Drogenmissbrauch verursacht sein. Häufige Symptome sind Luftnot, Erstickungs- oder Ertränkungsgefühl und z.T. schaumiger Auswurf, der durch Blutbeimengung gerötet sein kann. Unbehandelt kann ein Lungenödem tödlich verlaufen.

Behandlung (alle Befehle im Namen von Jesus Christus)

1. Befiehl der überschüssigen Flüssigkeit die Lungen zu verlassen.
2. Befiehl dem Herz und der Lunge stark und gesund zu sein.
3. Befiehl allen Infektionen und tieferliegenden Krankheitsursachen zu verschwinden.
4. Befiehl allem geschädigten Gewebe wiederhergestellt zu sein und normal zu funktionieren.
5. Befiehl, wenn nötig, neue Lungen oder andere Organe.
6. Befiehl allen elektrischen und magnetischen Frequenzen Harmonie und Ausgeglichenheit.

AUFMERKSAMKEITSDEFIZIT-SYNDROM (ADS), **UND HYPERAKTIVITÄTS-SYNDROM** (ADHS)

Als ADS bzw. ADHS werden psychische Auffälligkeiten wie vermehrte Impulsivität, Unaufmerksamkeit, Überaktivität und Konzentrationsstörungen, bezeichnet. 3–5% der Schulkinder sind betroffen, Jungen öfter als Mädchen. Die Symptome beeinträchtigen die Schulleistungen und die Beziehungen zu den Mitmenschen. Eltern von Kindern mit ADS/ADHS sind oft frustriert und erschöpft. Auch wenn die Ursache dieser Störungen nicht genau bekannt ist, so scheint der Beginn in einer frühen Lebensphase zu liegen, in der sich das Gehirn entwickelt. Weitergehende Studien haben ergeben, dass sich bei diesen Kindern die Zusammensetzung der Botenstoffe des Gehirns von der Gleichaltriger unterscheidet (vor allem bei Dopamin, Serotonin und Adrenalin). Depressionen, Schlafprobleme, Lernschwäche, Tic-Störungen (nervöses

Zucken) und Verhaltensauffälligkeiten sind bei Kindern mit ADS/ADHS häufig anzutreffen. Bei jedem Kind, bei dem diese Störungen vermutet werden, sollte sorgfältig untersucht werden, was zur Entstehung dieses Verhaltens beigetragen hat.

Behandlung (alle Befehle im Namen von Jesus Christus)

1. Leite sie im Gebet zum Brechen von Generationenflüchen.
2. Befiehl den fremden Stimmen im Kopf dieses Kindes still zu sein.
3. Befiehl dem Geist von ADH/ADHS diesen Menschen zu verlassen.
4. Befiehl, wenn erforderlich, ein neues Gehirn.
5. Befiehl den Hormonen und Botenstoffen im Gehirn in einem ausgeglichenen Verhältnis vorhanden zu sein und normal zu funktionieren.
6. Befiehl Frieden für diese Familie und ihr Zuhause.
7. Schlage einen anderen Essensplan vor (u.a. Reduzierung von Zucker und Weißmehl).

AUGENERKRANKUNGEN

ASTIGMATISMUS

Menschen mit Astigmatismus nehmen durch eine Krümmung der Hornhaut Bildpunkte nur noch als Strich bzw. Stab wahr (darum „Stabsichtigkeit"). Die Ursache dafür ist unbekannt. Normalerweise besteht Astigmatismus seit der Geburt und geht häufig mit Kurz- oder Weitsichtigkeit einher. Ein gering ausgeprägter Astigmatismus ist bei vielen Menschen vorhanden und bedarf keiner Korrektur.

Behandlung (alle Befehle im Namen von Jesus Christus)

1. Befiehl dem Geist von Astigmatismus diesen Menschen zu verlassen.
2. Befiehl den Augen zu ihrer richtigen Sehstärke und Sehvermögen zurückzukehren.

BLINDHEIT

Blindheit ist der Verlust des Sehvermögens, der auch mithilfe von Sehhilfen nicht korrigierbar ist. Man unterscheidet die partielle, bei der nur ein Teil des Sehvermögens betroffen ist, von der kompletten Blindheit. Auch Menschen mit einem Sehvermögen von weniger als 2% bzw. einer hochgradigen Gesichtsfeldeinschränkung werden als blind bezeichnet. Erblindung hat viele Ursachen. In den westlichen Ländern sind meist Diabetes mellitus, Grüner Star, Makuladegeneration sowie Unfälle dafür verantwortlich (z.B. Chemikalien, Augenverletzungen durch Feuerwerk, Bungee-Jumping, Fischerhaken, Tennisbälle usw.). Weltweit sind die Hauptursachen für Blindheit Grauer Star (Katarakt), Onchozerkose ("Flussblindheit"), Trachom, Lepra und Vitamin A-Mangel.

Behandlung (alle Befehle im Namen von Jesus Christus)

1. Benenne die Ursache der Blindheit so genau wie möglich, wenn sie bekannt ist (wie Grüner oder Grauer Star, Netzhautablösung, Infektion usw.).
2. Befiehl dem Geist der Blindheit diesen Menschen zu verlassen.
3. Befiehl den Augen Heilung und ein perfekt wiederhergestelltes Sehvermögen.
4. Befiehl ein schöpferisches Wunder – neue Nerven, neue Augen und ein neues Gehirn.

GLASKÖRPERTRÜBUNG

Bei der Glaskörpertrübung erscheinen Tüpfel oder Flecken im Inneren des Auges, sogenannte „fliegende Mücken" oder „Mouches volantes". Es handelt sich um Reste alter Zellen. Manche Menschen nehmen sie als Punkt, andere als winzige Fäden wahr. Meist sind es harmlose Alterserscheinungen. Sie kommen und verschwinden von allein und bedürfen keiner Behandlung. In wenigen Fällen können sie Anzeichen für eine Blutung, Entzündung oder einen Netzhauteinriss sein. Um das auszuschließen, sollte immer eine augenärztliche Abklärung erfolgen.

Behandlung (alle Befehle im Namen von Jesus Christus)

1. Leg deine Hände auf die Augen. Befiehl allen Fremdkörpern sich aufzulösen und die Augen zu verlassen.
2. Befiehl dem Blut und der Augenflüssigkeit die Wiederherstellung ihrer normalen Funktionsfähigkeit.
3. Befiehl ein perfekt wiederhergestelltes Sehvermögen.
4. Leite sie, wenn nötig, im Bußgebet.

GRAUER STAR (Katarakt)

Normalerweise ist die Augenlinse klar. Wenn sie eintrübt, bezeichnet man das als Grauen Star (Katarakt). Die Betroffenen nehmen die Umgebung nur noch unscharf wahr. Ein Grauer Star entwickelt sich überwiegend als sogenannter Alterskatarakt und kommt in manchen Familien gehäuft vor. Umweltfaktoren wie Nikotin und andere Giftstoffe, vorherige Augenverletzungen, Krankheiten wie Diabetes und einige Medikamente können die Entstehung beschleunigen. In weniger als 1% der Fälle tritt ein Grauer Star während oder kurz nach der Geburt auf (angeborener Grauer Star). Hierbei wird ein defektes Gen dominant vererbt. Das bedeutet, wenn dieses Gen vorhanden ist, kommt es jedes Mal zur Ausbildung eines Katarakts, auch wenn nur ein Elternteil dieses Gen weitergibt.

Behandlung (alle Befehle im Namen von Jesus Christus)

1. Leg die Hände auf die Augen und befiehl dem Grauen Star sich aufzulösen.
2. Befiehl die Wiederherstellung der normalen Augendurchblutung.
3. Führe sie im Bußgebet zum Brechen von Generationenflüchen.

GRÜNER STAR (Glaukom)

Der „Grüne Star" ist gekennzeichnet durch einen erhöhten Augeninnendruck. Ursache ist die vermehrte Produktion bzw. der unzureichende Abfluss der Flüssigkeit im Inneren des Auges (Kammerwasser). Die vermehrte Flüssigkeit drückt auf die Verbindung zwischen Netzhaut und Sehnerv an der Augenrückseite und verringert so die Durchblutung des Sehnervs. Ein Teil der Nervenzellen sterben ab und so können die Informationen von den Augen zum Gehirn nicht mehr vollständig weitergeleitet werden. Die Betroffenen nehmen blinde Flecken in ihrem Gesichtsfeld wahr. Das äußere (periphere) Gesichtsfeld ist zuerst betroffen, das zentrale erst in einem fortgeschrittenen Stadium. Ohne Behandlung kann ein Glaukom bis zur Erblindung führen.

Behandlung (alle Befehle im Namen von Jesus Christus)

1. Befiehl den Augenkanälchen sich zu öffnen und eine normale Zirkulation der Augenflüssigkeit zu ermöglichen.
2. Befiehl dem Augeninnendruck sich zu normalisieren.

3. Befiehl jedem Krankheitsprozess und jeder Narbe geheilt zu sein.
4. Befiehl den Augen wieder normal zu funktionieren.
5. Befiehl allen durch den erhöhten Augeninnendruck geschädigten Nerven geheilt zu sein und richtig zu funktionieren.

KURZSICHTIGKEIT (Myopie)

Kurzsichtigkeit ist eine Störung des Sehvermögens, bei der Gegenstände in der Nähe deutlich wahrgenommen werden, weiter entfernte Objekte jedoch verschwommen erscheinen. Dadurch neigen kurzsichtige Menschen zum Schielen, wenn sie weiter weg entfernte Gegenstände anvisieren. Ursache ist oft ein zu langer Augapfel bzw. eine zu starke Brechkraft der Linse. Dadurch entsteht das Bild schon vor der Netzhaut und erscheint dadurch unscharf. Kurzsichtigkeit beginnt häufig in der Kindheit und schreitet während des Wachstums voran. In dieser Zeit werden oft immer stärkere Brillen benötigt. Zum Ende der Wachstumsphase mit Anfang Zwanzig bleibt die Sehstärke dann meist konstant. Männer und Frauen sind gleichermaßen betroffen. Häufig sind mehrere Familienmitglieder kurzsichtig.

Behandlung (alle Befehle im Namen von Jesus Christus)

1. Leg deine Hände auf die Augen.
2. Befiehl den Linsen, Nerven und Bändern sich auszurichten und perfekt zu funktionieren.
3. Befiehl ein perfekt wiederhergestelltes Sehvermögen.
4. Führe sie, wenn nötig, im Bußgebet.

MAKULA-DEGENERATION

Die Makula ist ein wenige Millimeter großer Bereich im Zentrum der Netzhaut mit der höchsten Dichte an

Sehzellen („gelber Fleck“, Punkt des schärfsten Sehens). Bei der Makuladegeneration kommt es durch Absterben der Sehnervenzellen in diesem Bereich zur Abnahme des zentralen Sehvermögens. Das seitliche (periphere) Sehen bleibt in der Regel erhalten. Das Lesen und Autofahren wird den Betroffenen oft unmöglich, die Erkrankung kann bis zur Erblindung führen. Man unterscheidet verschiedene Arten der Makuladegeneration, in 80% findet man die „trockene“, schlecht behandelbare Form. Die Erkrankungshäufigkeit steigt allgemein mit zunehmendem Lebensalter. Ca. 15% der 75-jährigen sind betroffen. Risikofaktoren sind Rauchen, kaukasische Abstammung und Fälle von Makuladegeneration innerhalb der Familie.

Behandlung (alle Befehle im Namen von Jesus Christus)

1. Leg deine Hände auf die Augen.
2. Sprich ein schöpferisches Wunder – befiehl eine neue Netzhaut und eine völlig wiederhergestellte Makula.
3. Führe sie im Gebet zum Brechen von Generationenflüchen.
4. Befiehl den Blutgefäßen in den Augen richtig zu funktionieren.

RETINITIS PIGMENTOSA

Die Retinitis pigmentosa ist gekennzeichnet durch eine fortschreitende Zerstörung der Photorezeptoren, zunächst der Stäbchen, welche vor allem für das Nachtsehen verantwortlich sind, später evtl. auch der Zapfen. Die Störung entsteht durch vererbte Gendefekte oder spontane Genmutationen. Mit fortschreitender Krankheit geht allmählich das Nacht-, dann das periphere Sehvermögen verloren und es entwickelt sich der sogenannte „Tunnelblick“. Letztendlich können die Betroffenen erblinden. Ein Merkmal dieser Erkrankung ist das Vorhandensein von dunklen Pigmentflecken in der Netzhaut, daher der Name „pigmentosa“.

Behandlung (alle Befehle im Namen von Jesus Christus)

1. Führe sie im Gebet zum Brechen von Generationenflüchen.
2. Leg deine Hände auf die Augen.
3. Befiehl ein schöpferisches Wunder für diese Augen – eine neue Netzhaut und ein perfektes Sehvermögen.
4. Führe sie, wenn nötig, im Bußgebet.

SEHSCHWÄCHE (Amblyopie)

Amblyopie ist gekennzeichnet durch den Sehschärfeverlust in einem Auge (selten in beiden Augen). Sie entsteht in der frühen Kindheit durch fehlende oder unzureichende Verarbeitung der Bildsignale von einem Auge im Gehirn, obwohl das Auge selbst organisch gesund ist. Beim Schielen beispielsweise (siehe dort), kommt es durch die Fehlstellung der Augen zu Doppelbildern. Die beiden Bilder sind im Gehirn nicht gleichzeitig verwertbar, darum werden die Seheindrücke eines der Augen unterdrückt. Hält der Zustand über einen längeren Zeitraum an, so wird das betroffene Auge schwachsichtig, während auf dem führenden Auge eine Normalsichtigkeit bestehen bleibt. Verschiedene Brechungsfehler (Weit-, Kurzsichtigkeit, Astigmatismus) und „Grauer Star“ in der Kindheit sind weitere Entstehungsursachen. Eine Sehschwäche kann bei einem Kind vermutet werden, wenn die folgenden Symptome vorhanden sind: nach innen oder außen gedrehte Augen, Augen die anscheinend nicht koordiniert zusammenarbeiten oder eine unzureichende Tiefenwahrnehmung. Wenn die Entwicklung des Gehirns abgeschlossen ist und die Sehschwäche bis dahin nicht korrigierbar war, dann wird sie dauerhaft.

Behandlung (alle Befehle im Namen von Jesus Christus)

1. Befiehl den Augen vollständige Signale zum Gehirn zu senden.
2. Befiehl dem Gehirn die Bilder von beiden Augen zu verarbeiten und normal zu funktionieren.
3. Befiehl den Augenmuskeln gleich lang und gleich stark zu sein.
4. Befiehl den Sehnerven normal zu funktionieren.
5. Befiehl den Augen geheilt zu sein und dem Sehvermögen sich zu normalisieren.
6. Führe sie im Gebet zum Brechen von Generationenflüchen.

SCHIELEN (Strabismus)

Strabismus bedeutet, dass beide Augen in verschiedene Richtungen blicken. Die Ursache liegt in der mangelnden Koordination der Augen untereinander oder in der ungleichen Entwicklung eines oder mehrerer der 6 kleinen Augenmuskeln, die die Bewegungen der Augen steuern. Dadurch sehen die Augen in verschiedene Richtungen und sind nicht in der Lage, einen Punkt gemeinsam anzuvisieren. In den meisten Fällen von Strabismus bei Kindern ist die Ursache unbekannt. In über der Hälfte der Fälle ist die Augenabweichung schon während oder kurz nach der Geburt vorhanden. Wenn die Augen nicht in der Lage sind, ein gemeinsames Sehziel anzuvisieren, passt sich das Gehirn an und vernachlässigt eines der beiden Augen. Wenn dieser Zustand über einen längeren Zeitraum anhält, wird das Auge, das vom Gehirn ignoriert wird, niemals richtig funktionieren (siehe Sehschwäche). Zeigen die Augen nach außen, wird das als Strabismus divergens, zeigen beide Augen nach innen als Strabismus convergens bezeichnet.

Behandlung (alle Befehle im Namen von Jesus Christus)

1. Leg die Hände auf die Augen.
2. Befiehl den Augenmuskeln, Bändern und Geweben geheilt zu sein und zu normaler Stärke und Länge zurückzukehren.
3. Führe sie im Gebet zum Brechen von Generationenflüchen.
4. Befiehl dem Gehirn richtig zu funktionieren und die Informationen beider Augen zu verarbeiten.
5. Befiehl jedem Narbengewebe diese Augen zu verlassen.

TROCKENE AUGEN

Tränen dienen den Augen als natürliches Schmiermittel und waschen kleinere Partikel und Fremdkörper heraus. Trockene Augen entstehen durch die unzureichende Produktion von Tränenflüssigkeit. Häufige Symptome sind ein Brennen, Kratzen oder Stechen in den Augen, sowie angespannte und ermüdete Augen schon nach kurzem Lesen. Das Tragen von Kontaktlinsen mit zu trockenen Augen wird häufig als unangenehm empfunden. Wenn Augen über längere Zeit zu trocken sind, führt das zu winzig kleinen Abreibungen von der Augenoberfläche. Häufige Ursachen sind:

- trockene Luft (Wind, Klimaanlage)
- zu viel Sonnenlicht
- Rauchen (auch Passivrauchen)
- Krankheiten, z.B. das Sjögren-Syndrom
- Medikamente, z.B. gegen Erkältungen oder Allergien
- eine Augenverletzung oder ein Problem mit dem Augenlid (wie ein herabhängendes Augenlid oder hervorstehende Augen)
- durch den normalen Alterungsprozess

Behandlung (alle Befehle im Namen von Jesus Christus)

1. Befiehl jeder Blockade oder körperlichen Fehlbildung diesen Menschen zu verlassen.
2. Befiehl den Augen geheilt zu sein.
3. Befiehl den Augendrüsen die normale Menge an Tränenflüssigkeit herzustellen um die Augen gesund zu erhalten.

WEITSICHTIGKEIT (Hyperopie)

Weitsichtige Menschen haben Schwierigkeiten, Dinge in der Nähe zu erkennen. Ursache ist ein zu kurzer Augapfel. Dadurch werden die einfallenden Lichtstrahlen nicht genug gebündelt und das Bild wird nicht auf der Netzhaut, sondern dahinter abgebildet. Weitsichtigkeit besteht oft von Geburt an. Kinder können diesen Zustand in der Regel durch ihre kräftigeren Augenmuskeln ausgleichen. Mit zunehmendem Alter werden häufig Kontaktlinsen oder Brillen zur Korrektur nötig. Meist sind mehrere Familienmitglieder von Weitsichtigkeit betroffen.

Behandlung (alle Befehle im Namen von Jesus Christus)

1. Leg die Hände auf die Augen.
2. Befiehl den Augenlinsen, -muskeln, -nerven und -bändern sich auszurichten und richtig zu funktionieren.
3. Befiehl den Augäpfeln in ihrer normalen Größe und Länge wiederhergestellt zu sein und richtig zu funktionieren.
4. Befiehl ein perfekt wiederhergestelltes Sehvermögen.
5. Führe sie im Gebet zum Brechen von Generationenflüchen.

AUTISMUS

Als Autismus wird eine komplexe Entwicklungsstörung bezeichnet, die meist in den ersten drei Lebensjahren beginnt, auch wenn sie manchmal erst viel später diagnostiziert wird. Die normale Entwicklung des Gehirns hinsichtlich sozialer und kommunikativer Fähigkeiten ist in einigen Bereichen beeinträchtigt. Das macht sich vor allem in gestörten sozialen Beziehungen, mangelnder verbaler und nonverbaler Kommunikationsfähigkeit sowie eingeschränkten, sich wiederholenden Verhaltensmustern bemerkbar. Allerdings zeigen Autisten teilweise erstaunliche geistige Fähigkeiten. Man vermutet, dass bei ihnen einige Gehirnbereiche in der Entwicklung vernachlässigt sind, was zu o.g. Symptomen führt, andere Teile des Gehirns dagegen besser als bei „normalen“ Menschen funktionieren.

Behandlung (alle Befehle im Namen von Jesus Christus)

1. Sei freundlich und sanft, halte denjenigen möglichst in deinen Armen.
2. Sprich ruhig aber bestimmt und befiehl dem Geist des Autismus zu gehen.
3. Leg deine Hände auf den Kopf des Betroffenen.
4. Befiehl die vollständige Wiederherstellung des Nervensystems und ein neues Gehirn für diesen Menschen.
5. Sprich den Frieden Gottes in ihr Herz und die Seele.

BÄNDERVERLETZUNGEN

Bänder verbinden Knochen mit einem Gelenk, Muskel oder einem anderen Körperteil. Da sie sich im gesamten Körper befinden, kann eine Bandverletzung überall auftreten. Die am häufigsten betroffenen Stellen sind die Gelenke an Füßen, Knien,

Schultern, Armen, Beinen und Hüften und Rücken Ursache ist meist eine Verdrehung oder Überdehnung der Bänder (siehe auch Verstauchung).

Behandlung (alle Befehle im Namen von Jesus Christus)

1. Weise jede Infektion oder Entzündung zurück.
2. Korrigiere die betroffenen Körperteile: befiehl den Armen oder Beinen sich auszurichten und gleich lang zu sein.
3. Richte den Hals, den Rücken und/oder das Becken aus.
4. Führe sie, wenn nötig, im Bußgebet.
5. Befiehl den Bändern geheilt zu sein und die Wiederherstellung ihrer normalen Funktion.

BANDSCHEIBENPROBLEME

(siehe auch Rückenprobleme)

Die 23 beim Menschen vorhandenen Bandscheiben sind flüssigkeitsgefüllte „Polster" zwischen den Wirbelkörpern. Durch Schwäche und Fehlbelastung der Rückenmuskulatur, sowie durch vererbte Faktoren kommt es zur Abnutzung und letztlich Verschiebung der Bandscheiben. Es werden 2 Arten von Bandscheibenproblemen unterschieden:

Bandscheibenvorwölbung:

- der Faserring der Bandscheibe ist intakt
- meist lokale Schmerzen, ohne Ausstrahlung

Bandscheibenvorfall:

- der Faserring der Bandscheibe ist an- oder durchgerissen
- Teile der Bandscheibe drücken gegen den Rückenmarkskanal
- oft bis in die Füße ausstrahlende Schmerzen und Taubheitsgefühle

Behandlung (alle Befehle im Namen von Jesus Christus)

1. Behandle denjenigen wie unter „Rückenprobleme“ beschrieben.
2. Wenn nötig, befiehl den Bandscheiben Wiederherstellung und Heilung.
3. Befiehl dem Druck, der auf den Nerven lastet, sich zu lösen.
4. Befiehl jeder Entzündung und Schwellung zu gehen.
5. Befiehl den Wirbelkörpern sich in ihre normale Stellung zu drehen und geheilt zu sein.
6. Befiehl den Knochen zusammenzuwachsen (wenn sie gebrochen sind) und den Rippen sich in ihre ursprüngliche Position zu drehen und geheilt zu sein.
7. Befiehl allem Schmerz zu gehen.

BAUCHSPEICHELDRÜSENENTZÜNDUNG

(Pankreatitis)

In der Bauchspeicheldrüse werden verschiedene Verdauungsenzyme und Hormone produziert (u.a. Insulin, Glukagon). Eine Pankreatitis ist die Entzündung der Bauchspeicheldrüse. Es werden eine akute (plötzlich auftretend) und eine chronische Form unterschieden (langsame Entwicklung, ständig leichte Beschwerden). Ursache sind meist Alkohol oder eine Abflussbehinderung in den Gallengängen (z.B. durch Gallensteine), Infektionen, Verletzungen, chirurgische Eingriffe im Bauchbereich sowie einige Medikamente sind weitere Ursachen. Eine akute Pankreatitis kann auch durch anatomische Fehlbildungen der Bauchspeicheldrüse, genetische Faktoren, erhöhte Blutfettwerte und als Folge einer zystischen Fibrose verursacht sein (Mukoviszidose, siehe auch dort).

Behandlung (alle Befehle im Namen von Jesus Christus)

1. Binde jede zugrundeliegende Viren- oder Bakterieninfektion.
2. Führe sie im Gebet zum Brechen von Wortflüchen.
3. Befiehl allem Schmerz, jeder Entzündung und Reizung zu verschwinden.
4. Befiehl allen geschädigten Zellen geheilt zu sein und die Wiederherstellung ihrer normalen Funktionsfähigkeit.

BEINE, UNGLEICH LANGE

Ungleich lange Beine werden oft durch eine Fehlhaltung des unteren Teils der Wirbelsäule oder der Hüfte verursacht. Dadurch scheint ein Bein kürzer als das andere zu sein. Auslöser sind Stress und körperliche Belastung. Eine echte Beinlängenverkürzung ist dagegen selten und wird durch angeborene Fehlbildung oder Knochenschwund verursacht.

Behandlung (alle Befehle im Namen von Jesus Christus)

1. Befiehl den Beinen sich auszurichten und gleich lang zu sein.
2. Befiehl der gesamten Wirbelsäule geheilt zu sein.
3. Befiehl den Muskeln, Sehnen und Bändern zu ihrer normalen Länge und Kraft zurückzukehren und sich auszurichten.
4. Wenn es sich um eine echte Beinlängenverkürzung handelt, dann befiehl ein schöpferisches Wunder – befiehl dem Bein zu normaler Länge und Größe auszuwachsen.

BELASTUNGSSTÖRUNG, POSTTRAUMATISCHE

(PTBS)

Als posttraumatische Belastungsstörung werden seelische, körperliche und psychosoziale Folgen von einschneidenden (traumatischen) Erfahrungen bezeichnet. So können Ereignisse wie Missbrauch oder Vergewaltigung, ein schwerer Unfall, ein Brand, Inhaftierung (KZ-Überlebende), Überschwemmung oder Krieg eine PTBS auslösen. Sie kann kurze Zeit und bis zu sechs Monaten nach einem größeren seelischen Trauma auftreten. Wenn sie bald nach dem Ereignis auftritt, löst sie sich meist wieder innerhalb von 3 Monaten. In einigen Fällen kann sie jahrelang bestehen bleiben. Eine posttraumatische Belastungsstörung entsteht nicht infolge einer erhöhten psychischen Labilität, sie ist auch nicht Ausdruck einer psychischen Erkrankung. Auch emotional gefestigte Menschen können eine PTBS entwickeln. Die genaue Ursache ist unbekannt, genetische, psychologische, körperliche und gesellschaftliche Einflüsse scheinen jedoch beteiligt zu sein, u.a.:

- Schwere und Dauer des traumatischen Ereignisses
- vorausgegangene Phasen von Depression oder anderer emotionaler Störungen
- körperlicher oder sexueller Missbrauch in der Vergangenheit
- Angsterkrankungen in der Familie
- die frühe Trennung von den Eltern
- Probleme im Elternhaus bzw. der eigenen Kindheit
- Alkohol- oder Drogen-Missbrauch

Bei einer PTBS ist die Reaktion des Körpers auf Stress verändert. Hormone und Neurotransmitter werden in anderer Zusammensetzung und Menge freigesetzt (chemische Botenstoffe, die Informationen zwischen den

Nervenzellen übertragen). Menschen mit einer posttraumatischen Belastungsstörung haben ein erhöhtes Risiko folgende Störungen bzw. Krankheiten zu entwickeln:

- Depressionen
- Alkohol- oder Drogenabhängigkeit
- Essstörungen
- gestörte Partnerschaften, erhöhte Scheidungsrate

Behandlung (alle Befehle im Namen von Jesus Christus)

1. Treibe den Geist des Traumas aus.
2. Behandle die Ursache. Lass den Betroffenen die Gebete für Buße, für Vergebung und zum Brechen von Wortflüchen sprechen.
3. Befiehl allen Hormonen im Gleichgewicht zu sein.
4. Befiehl allen elektrischen und magnetischen Frequenzen Harmonie und Ausgeglichenheit.
5. Sprich ihnen Frieden zu.

BETTNÄSSEN (Enuresis)

Kinder entwickeln zu unterschiedlichen Zeitpunkten die vollständige Kontrolle über ihre Blase. Wenn Kinder, die älter als 5 oder 6 Jahre sind mehr als 2x im Monat einnässen, nennt man das Bettnässen oder Enuresis. Einnässen bei Kindern, die bereits über 6 Monaten "trocken " waren, wird als "sekundäre Enuresis" bezeichnet. Um dieses Problem zu lösen, muss man herausfinden, was sich im Leben der Kinder geändert hat. Ursachen dafür können im körperlichen und emotionalen Bereich oder in veränderten Schlafgewohnheiten liegen. Wenn ein Kind mit 5 Jahren niemals "trocken" war, wird das als "primäre Enuresis" bezeichnet. Während die Kinder im Tiefschlaf sind, produzieren die Nieren mehr Urin als die Harnblase halten kann. Das kindliche Gehirn hat noch nicht gelernt, während des Schlafs auf das Signal der vollen Harnblase zu reagieren. Es ist kein Fehler der Kinder oder ihrer Eltern! Oft haben Bettnässer ungleich lange Beine.

Behandlung (alle Befehle im Namen von Jesus Christus)

1. Befiehl den Beinen sich auszurichten und gleich lang zu sein.
2. Befiehl dem Becken und den Wirbelkörpern im unteren Rückenbereich sich in ihre exakte Position zu drehen.
3. Befiehl den Nerven, welche die Harnblase versorgen, richtig zu funktionieren.
4. Befiehl dem Gehirn das Kind zu wecken, wenn die Harnblase gefüllt ist.

BLUTDRUCKPROBLEME

Der arterielle Blutdruck gibt an, mit welcher Stärke das Blut während der verschiedenen Phasen der Herzaktion gegen die Wand der Arterien drückt. Der Blutdruck ist festgelegt durch den Durchmesser und die Elastizität der Arterien sowie durch die Flussstärke und Menge des hindurch gepumpten Blutes. Es wird zwischen arterieller Hypertonie (Werte >140/90mmHg) und Hypotonie unterschieden (<100/60mmHg). Der Blutdruck wechselt ständig in Abhängigkeit von Aktivität, Körperhaltung, Temperatur, Essverhalten, Medikamenten, Gefühls- und körperlichem Zustand. Viele Faktoren können zur Entstehung der Hypertonie beitragen. Übergewicht, Bewegungsmangel, Arteriosklerose, Vererbung, Stress, übermäßige Salzzufuhr, Nieren, Nebennieren-, Schilddrüsen- oder Erkrankungen des Nervensystems, sowie abweichende Spiegel einiger Hormone sind die Wichtigsten. Bei ca. 90% der Fälle findet sich jedoch keine erkennbare organische Ursache. Mögliche Folgen eines länger anhaltenden Bluthochdrucks sind Schäden an Nieren,

Augen und Gefäßen, die u.a. zu Erkrankungen wie Angina pectoris, zu einem Herzinfarkt oder Schlaganfall führen können.

Behandlung (alle Befehle im Namen von Jesus Christus)

1. Führe sie im Gebet zum Brechen von Generationenflüchen.
2. Befiehl den Armen sich auszurichten.
3. Befiehl den Arterien und Blutgefäßen geheilt zu sein, ihre richtige Elastizität zurückzuerhalten und normal zu funktionieren.
4. Befiehl dem Blutdruck zu normalen Werten zurückzukehren und diese auch beizubehalten.
5. Befiehl allen durch den Bluthochdruck geschädigten Organen und Geweben geheilt zu sein und die Wiederherstellung ihrer normalen Funktionsfähigkeit.
6. Leite sie im Gebet und lass sie allen Kummer, Stress und Sorgen auf den Altar Gottes legen.

BORRELIOSE (siehe Zeckenstricherkrankungen)

BRONCHITIS (siehe Atemwegserkrankungen)

BULIMIE

Eine Bulimie ist durch wiederkehrende Essattacken gekennzeichnet. Die Betroffenen (etwa. 90% sind Frauen) versuchen anschließend, auf verschiedenen Wegen eine Gewichtszunahme zu verhindern – durch Erbrechen, Einnehmen von Abführmitteln usw. Daher auch die Bezeichnung „Ess-Brech-Sucht". Die meisten Betroffenen sind normalgewichtig. Einige von ihnen leiden außerdem an Anorexia nervosa, einer Essstörung, die mit starkem Gewichtsverlust verbunden ist und bis zum Verhungern führen kann (siehe dort).

Behandlung (alle Befehle im Namen von Jesus Christus)

1. Leite sie im Bußgebet für ihre Rebellion im Jugendalter.
2. Lass sie die Worte widerrufen, die in Rebellion gesprochen wurden.
3. Sprich Heilung über alle Teile des Körpers, die durch das gestörte Essverhalten geschädigt wurden.

CANDIDA ALBICANS (Hefepilzinfektion)

Candida albicans gehören zu den Hefepilzen, die Bestandteil der menschlichen Darmflora sind. Unter bestimmten Umständen kann die Menge der Pilze überhandnehmen und Probleme verursachen. Pilze vermehren sich bevorzugt an dunklen, warmen und feuchten Stellen des Körpers. Zucker, Weißmehl, Antibiotika und Kortison fördern die Entstehung. Frauen sind häufiger betroffen. Ein übermäßiger Pilzbefall der Schleimhäute ist oft Ursache von Scheideninfektionen und Soorbildung. Als Soor wird eine Hefepilzinfektion der Mundschleimhaut bezeichnet. Anzeichen sind weiße, abwischbare Beläge und eine gerötete, juckende Mundschleimhaut.

Behandlung (alle Befehle im Namen von Jesus Christus)

1. Weise die Pilz-Infektion zurück.
2. Befiehl allen Organsystemen wiederhergestellt zu sein und normal zu funktionieren.
3. Befiehl eine ausgeglichene Darmflora.
4. Leite sie im Gebet zum Brechen von Wortflüchen.

CHOLESTERIN, ERHÖHTE WERTE
(Hypercholesterinämie, Hyperlipidämie)

Cholesterin ist eine weiche, wachsartige Substanz, die man in vielen Körpergeweben findet. Cholesterin wird in der Leber hergestellt und ist ein wichtiger Körperbestandteil. Es dient als Ausgangssubstanz für die Produktion von Hormonen, Gallensäuren und Vitaminen und wird an Eiweiße gebunden im Blut transportiert. Etwa 50% der Erwachsenen haben erhöhte Cholesterinwerte. Bei den meisten sind die Werte schon in der Jugend zu hoch, häufig spielt Vererbung eine Rolle. Wünschenswert sind Cholesterinwerte unter 200mg/dl. Liegen die Werte darüber, steigt das Risiko für einen Herzinfarkt oder Schlaganfall an. Lebensmittel tierischen Ursprungs enthalten Cholesterin (Fleisch, Eier oder Milchprodukte), pflanzliche Nahrungsmittel nicht. Die Leber stellt genügend Cholesterin für den Eigenbedarf her. Nimmt man zusätzlich größere Mengen an gesättigten Fetten zu sich, kann das die Gesundheit schädigen. Das Hauptrisiko ist dabei die Entwicklung einer Arteriosklerose, die zum Herzinfarkt oder Schlaganfall führen kann.

Behandlung (alle Befehle im Namen von Jesus Christus)

1. Leite sie, wenn nötig, im Bußgebet für falsches Essverhalten.
2. Befiehl dem Cholesterin zu normalen Werten zurückzukehren.
3. Befiehl dem Körper nur die normale Cholesterinmenge zu speichern.
4. Leg die Hände auf den Kopf desjenigen und befiehl allen eventuell geschädigten Körperteilen Wiederherstellung und Heilung (Herz, Arterien usw.).

CHOREA HUNTINGTON

Chorea Huntington ist eine Erbkrankheit, die durch unfreiwillige, schnelle, ruckartige Bewegungen, Demenz und emotionale Störungen gekennzeichnet ist. Zugrunde liegt ein fehlerhaftes Gen auf Chromosom 4, das zur Zerstörung von Nervenzellen im Gehirn führt. Die Erkrankung verschlechtert sich im Laufe des Lebens. Es kommt zu Persönlichkeitsveränderungen und zum zunehmenden Verlust der geistigen Fähigkeiten (z.B. Sprache, Urteilsvermögen). Die Symptome treten in der Regel im Erwachsenenalter zwischen dem 35. und 50. Lebensjahr auf, selten schon in jungen Jahren. Wenn Kinder betroffen sind, dann ähneln die Symptome denen der Parkinson-Krankheit mit eingeschränkten, langsamen Bewegungen und Zittern der Hände (Tremor).

Behandlung (alle Befehle im Namen von Jesus Christus)

1. Führe sie im Gebet zum Brechen von Generationenflüchen.
2. Treibe den Geist der Chorea Huntington aus.
3. Befiehl allen Chromosomen geheilt zu sein.
4. Befiehl jedem betroffenen Organ wiederhergestellt zu sein und richtig zu funktionieren.

DEPRESSION (siehe unter Psyche)

DERMATITIS (siehe auch Ekzem)

Eine Dermatitis ist eine entzündliche Hautreaktion.

Behandlung (alle Befehle im Namen von Jesus Christus)

1. Weise die Infektion oder Hautirritation zurück.
2. Befiehl dem Jucken aufzuhören.
3. Befiehl den hautproduzierenden Zellen neues und gesundes Gewebe herzustellen.

DIABETES MELLITUS (siehe auch Unterzuckerung)

Diabetes mellitus ist eine Erkrankung, die durch erhöhte Blutzuckerspiegel gekennzeichnet ist. Für das

Verständnis des Diabetes mellitus ist es wichtig, die normalen Stoffwechselvorgänge zu kennen. Hier in Kurzform:

- Glukose ist eine in Speisen und Getränken enthaltene Zuckerform
- es ist der „Treibstoff" für den Körper
- Glukose gelangt über den Darm ins Blut und von dort zu allen Körperzellen
- die Bauchspeicheldrüse stellt Insulin her
- Insulin senkt den Blutzuckerspiegel

Bei Insulinmangel, Insulinresistenz (die Zellen reagieren nicht auf das vorhandene Insulin) oder einer Kombination aus Beidem, kommt es zu erhöhten Blutzuckerwerten. Wenn diese über längere Zeit bestehen, kann es zu Taubheitsgefühlen, Schmerzen, Nieren- und Augenschädigungen sowie Störungen der Durchblutung und Wundheilung kommen.

Behandlung (alle Befehle im Namen von Jesus Christus)

1. Treibe den Geist von Diabetes mellitus aus.
2. Führe sie im Gebet zum Brechen von Generationenflüchen.
3. Befiehl eine neue Bauchspeicheldrüse, welche die richtige Menge an Insulin produziert.
4. Befiehl jedem durch zu hohe Blutzuckerspiegel geschädigten Teil des Körpers Wiederherstellung und Heilung.

DICKDARM-ENTZÜNDUNG (Kolitis)

Eine Dickdarmentzündung kann durch verschiedene Ursachen wie Infektionen, mangelnde Durchblutung, eine vorausgegangene Bestrahlung oder durch andere Entzündungskrankheiten verursacht sein (Colitis ulcerosa, Morbus Crohn, lymphozytäre und kollagenöse Kolitis).

Behandlung (alle Befehle im Namen von Jesus Christus)

1. Befiehl den Beinen sich auszurichten und gleich lang zu sein.
2. Befiehl allen Nerven, Muskeln und Geweben des Dickdarms richtig zu funktionieren.
3. Befiehl jeder Entzündung zu verschwinden.
4. Befiehl dem Dickdarm Heilung.
5. Leite sie im Gebet all ihren Kummer, Stress und Sorgen auf den Altar Gottes zu legen.

DIVERTIKEL, DIVERTIKULITIS

Divertikel sind kleine Ausstülpungen der Darmschleimhaut. Sie können in jedem Teil des Darms auftreten, kommen aber meist im Dickdarm und dort im letzten Teil vor, dem Sigmoid. Ursache ist meist ein erhöhter Druck oder eine ungleichmäßige Druckverteilung im Dickdarm, sodass die Darmwand durch Schwachstellen nach außen gedrückt wird. Divertikel werden bei ca. 50% der über 60-jährigen Menschen in den westlichen Industrieländern beobachtet. Bei einigen von ihnen kommt es zur Entzündung der Divertikel, der sog. Divertikulitis. Ursache sind oft Kotreste, die sich in den Divertikeln ablagern und dann entzünden. Wenn die Entzündung zur Perforation des Darms führt, kann Darminhalt in die Bauchhöhle gelangen und eine Eiteransammlung oder eine lebensbedrohliche Entzündung der Bauchhöhle (Peritonitis) hervorrufen.

Behandlung (alle Befehle im Namen von Jesus Christus)

1. Befiehl dem Becken sich auszurichten.
2. Befiehl den Divertikeln zu verschwinden und der Darmwand zu normaler Stärke und Funktion zurückzukehren.

3. Leite sie im Gebet und lass sie allen Kummer, Stress und Sorgen auf den Altar Gottes legen.
4. Befiehl jeder Infektion zu weichen und dem Darm vollständige Heilung.

DOWN-SYNDROM (Syn. Trisomie 21, Mongolismus)

Bei der Trisomie 21 ist ein Chromosom Nr. 21 zu viel vorhanden (drei statt zwei). Es ist die am häufigsten vorkommende Chromosomenfehlverteilung und tritt bei einer von 660 Geburten auf. Dieses Syndrom kann geistige Mangelentwicklung und körperliche Fehlbildungen hervorrufen. Kinder mit Trisomie 21 haben ein breites Gesicht mit einem charakteristischen Aussehen. Der Kopf ist kleiner als gewöhnlich und unnatürlich geformt, die Nase ist flach, die Zunge steht hervor und die Augen sind etwas mandelförmig und schräg gestellt. Zudem haben Menschen mit Down-Syndrom häufig eine zusätzliche angeborene Hautfalte am inneren Rand des oberen Augenlids. Die Finger und Hände sind breit und kurz und an den Handflächen findet sich oftmals eine querverlaufende Furche („Vierfingerfurche“). Wachstum und Entwicklung sind oft verlangsamt. Die meisten Kinder erreichen nicht die normale Körpergröße.

Behandlung (alle Befehle im Namen von Jesus Christus)

1. Treibe den Geist des Down-Syndroms aus.
2. Leg die Hände auf den Kopf des Betroffenen und befiehl ein neues Gehirn in Existenz (kreatives Wunder).
3. Befiehl dem zusätzlich vorhandenen Chromosom diesen Menschen zu verlassen und befiehl den Zellen zur richtigen Anzahl zurückzukehren.
4. Befiehl dem Körper geheilt zu sein und normal zu funktionieren.
5. Befiehl ein normales Aussehen.

DURCHFALL, DIARRHOE

Bei einer Diarrhoe besteht häufiger (mehr als 3x am Tag), wässriger Durchfall. Hält dieser Zustand länger als vier Wochen an, wird er als „chronisch" bezeichnet. Die häufigste Ursache einer Diarrhoe ist eine leichte Virusinfektion, die meist nur wenige Tage anhält und keiner Behandlung bedarf. Sie wird auch als virale Gastroenteritis oder „Magen-Darmgrippe" bezeichnet. Diarrhoen treten häufig als Mini-Epidemie in Schulen, Familien oder in der Nachbarschaft auf und werden meist von einem zum nächsten übertragen. Händewaschen nach dem Toilettenbesuch verringert das Ansteckungsrisiko. Ein unkontrollierter Durchfall kann zu ernsthaftem Flüssigkeitsverlust, Stoffwechselstörungen und rektalen Blutungen führen. Bei kleinen Kindern und geschwächten Menschen kann anhaltender Durchfall zum Tode führen.

Behandlung (alle Befehle im Namen von Jesus Christus)

1. Befiehl dem Becken sich auszurichten.
2. Befiehl dem gesamten Verdauungssystem geheilt zu sein und richtig zu funktionieren.
3. Weise jede eventuell zugrundeliegende Infektion zurück.

DYSLEXIE (siehe Leseschwäche)

EHE-PROBLEME

Ehe-Probleme kommen durch Egoismus, Unehrlichkeit, Provokation, Eifersucht, Respektlosigkeit und Unaufmerksamkeit gegenüber dem Ehegatten zustande. Auch Untreue, mangelnde Kommunikation, Jähzornigkeit, Missbrauch, sexuelle und finanzielle Probleme können das Verhältnis der Ehepartner belasten.

Behandlung (alle Befehle im Namen von Jesus Christus)

1. Lass beide Partner die Schuld des Anderen annullieren.
2. Leite sie, im Gebet einander zu vergeben.
3. Lass sie einander ihr Herz bedingungslos öffnen.
4. Beauftrage sie, sich Rat von Christen in guten Ehen zu suchen, ggf. den Besuch eines christlichen Eheseminars.

EKZEM, ENDOGENES ODER ATOPISCHES

(siehe Neurodermitis)

ENZEPHALITIS

Eine Enzephalitis ist eine Entzündung des Gehirns, meist verursacht durch eine Virusinfektion. Die Ansteckung kann über einen Insektenstich, engen körperlichen Kontakt, verunreinigte Speisen oder Getränke erfolgen. In ländlichen Gegenden werden die Viren häufig über Zecken, Moskitos o.ä. übertragen.

Behandlung (alle Befehle im Namen von Jesus Christus)

1. Weise die Infektion zurück.
2. Befiehl jeder Schwellung zu verschwinden.
3. Befiehl dem Gehirn wiederhergestellt und geheilt zu sein und richtig zu funktionieren.
4. Bete für die richtige Ausrichtung des Halses.
5. Befiehl eine normale Gehirndurchblutung.

EPILEPSIE, KRAMPFANFÄLLE

Bei der Epilepsie handelt es sich um eine angeborene oder erworbene Störung, die durch wiederkehrende Krampfanfälle und vorübergehende Änderungen in der Aufmerksamkeit und dem Verhalten des Betroffenen gekennzeichnet ist. Im normalen Wach- und Schlafzustand erzeugen die Gehirnzellen bestimmte elektrische Entladungsmuster. Bei einem epileptischen Anfall führen

Verschiebungen des elektrischen, magnetischen und chemischen Gleichgewichts im Gehirn zu plötzlichen, abnormen elektrischen Entladungen der Nervenzellen Dabei kommt es durch unkontrollierte Muskelkontraktionen zu starken Körperzuckungen, häufig auch zum kurzzeitigen Bewusstseinsverlust (Synkope). Je nachdem, welcher Teil des Gehirns betroffen ist, treten verschiedene Symptome auf. In einigen Fällen verursacht ein epileptischer Anfall nur einen leeren, starren Blick, der leicht unbemerkt bleiben kann (Absencen). Oft ist die Ursache unklar. Zum Teil stehen epileptische Anfälle in Verbindung mit Stoffwechseländerungen (z.B. bei Drogenmissbrauch). In diesen Fällen treten keine Anfälle mehr auf wenn die Ursache beseitigt ist (hier das Stoffwechselproblem). Zu den Ursachen gehören:

Stoffwechsel

- Leber- oder Nierenerkrankungen
- biochemische Ungleichgewichte im Körper, z.B. Mangel an Natrium, Kalzium, Magnesium oder erniedrigte Blutzuckerwerte (Insulin-Schock bei Diabetikern)

Gehirn

- angeborene Fehlbildungen des Gehirns
- Kopfverletzungen, z.B. durch einen Unfall, können zur vermehrten Erregbarkeit des Gehirns führen

Gefäßsystem

- Fehlbildung von Blutgefäßen im Gehirn
- nach einem Schlaganfall

toxische Stoffe

- Einnahme von Drogen oder anderen chemischen Substanzen
- Entzugssymptome (besonders bei Alkohol)

Infektionen

- Entzündungen des Gehirns (Meningitis/ Enzephalitis)

Gehirntumor

- eher seltene Ursache einer Epilepsie

Aufgrund der Vielzahl der Erscheinungsformen gibt es verschiedene Einteilungen der epileptischen Anfälle, z.B. in „einfach" und „komplex" (ohne und mit Bewusstseinsveränderungen), bzw. in „generalisiert" und „fokal" (der ganze bzw. nur ein Teil des Körpers ist betroffen). Eine andere Einteilung erfolgt in „Petit-mal" (Teile des Körpers sind betroffen, ohne Bewusstseinsverlust, meist im Jugendalter) und „Grand-mal-Anfall" (die gesamte willkürliche Muskulatur ist beteiligt, der Patient ist vorübergehend bewusstlos). Ein typischer Grand-mal-Anfall beginnt mit Bewusstseinsverlust. Der Betroffene stürzt zu Boden. Es kommt für 15 bis 20 Sekunden zu einer Muskelstarre, danach folgen starke, rhythmische Zuckungen, z.T. geht die Kontrolle über Darm und Harnblase verloren. Während eines Grand-mal-Anfalls kann durch unzureichende Atmung der Sauerstoffgehalt im Blut vermindert sein. Die Hautfarbe der Betroffenen erscheint dann dunkler. Ein Grand-mal-Anfall dauert von Sekunden bis ca. 5 Minuten. Danach kann es zu Kopfschmerzen, Schläfrigkeit oder Verwirrungszuständen kommen. Meist treten die Anfälle plötzlich und ohne Auslöser auf. Bei empfindlichen Menschen kann manchmal ein epileptischer Anfall durch grelles, zuckendes Licht, Lärm, Berührungen, Schlafentzug oder übermäßigen Alkoholgenuss ausgelöst werden. Epilepsie ist eine chronische Erkrankung mit wiederholt auftretenden Anfällen. Einige Epilepsieformen sind erblich (mehrere in der Familie sind betroffen).

Behandlung (alle Befehle im Namen von Jesus Christus)

1. Treibe den Geist der Epilepsie aus.
2. Befiehl allen körpereigenen elektrischen und magnetischen Frequenzen Harmonie und Ausgeglichenheit.
3. Führe sie, wenn nötig, im Bußgebet.
4. Befiehl die Entwicklung eines neuen, richtig arbeitenden Gehirns.

EPSTEIN-BARR-INFEKTION (siehe Mononukleose)

ERKÄLTUNG

(siehe auch Halsschmerzen, Grippe, Kehlkopfentzündung)

Eine Erkältung ist eine Infektion der oberen Atemwege. Symptome sind Husten, Schnupfen, Halsschmerzen, tränende Augen oder Fieber. Meist sind Viren der Auslöser, über 200 Virenarten kommen in Frage. Die meisten Erwachsenen haben 2–4x, Kinder 8–10x im Jahr eine Erkältung. Die häufigste Komplikation bei Kindern ist die akute Mittelohrentzündung, bei der Viren oder Bakterien ins Innenohr hinter das Trommelfell gelangen. Schon bei Verdacht auf eine bakterielle Mittelohrinfektion kann eine Behandlung mit Antibiotika erforderlich sein, um schwerwiegende Folgen zu vermeiden (bei einer einfachen Erkältung sind normalerweise keine Antibiotika nötig). Eine Erkältung kann zu Krupphusten, einer Nasennebenhöhlen-, Kehlkopf- oder Lungenentzündung führen. Krupphusten (Syn. Pseudokrupp) ist eine Entzündung des Kehlkopfs und der Atemwege unterhalb davon. Er entwickelt sich typischerweise bei Kindern, die einige Tage erkältet sind und plötzlich einen lauten, bellenden Husten bekommen. Das Anschwellen der Schleimhaut behindert die Atmung der ohnehin bei Kindern noch sehr engen Atemwege. Meist ist einer der Erkältungs-Viren die Ursache dafür.

Behandlung (alle Befehle im Namen von Jesus Christus)

1. Weise die zugrundeliegende Infektion zurück.
2. Befiehl ein starkes, effektiv arbeitendes Immunsystem.
3. Befiehl den elektrischen und magnetischen Frequenzen Harmonie und Ausgeglichenheit.
4. Befiehl jedem Schmerz und Unbehagen zu verschwinden.
5. Befiehl allen betroffenen Organen geheilt zu sein und richtig zu funktionieren.

ERTRINKEN

Ertrinken ist das Ersticken infolge Eindringens von Flüssigkeit in die Lungen. Es tritt meist als Unfall nach längerem Untertauchen im Wasser auf. Schnelle erste Hilfe und medizinische Betreuung sind entscheidend, wenn ein Mensch vor dem Ertrinken gerettet werden soll. 6´000–8´000 US-Amerikaner ertrinken jedes Jahr. In den meisten Fällen waren Rettungskräfte ganz in der Nähe bzw. wäre eine Rettung möglich gewesen. Ein Mensch der ertrinkt, kann normalerweise NICHT um Hilfe rufen. Man sollte an einen Notfall denken, wenn man jemanden mitsamt seiner Kleidung im Wasser bemerkt. Ebenso sollte man auf unnatürliche Schwimmbewegungen achten, die Anzeichen für Erschöpfung sein können. Meist sinkt der Körper herab und nur der Kopf ist über dem Wasser sichtbar. Kinder können in nur wenige Zentimeter tiefem Wasser ertrinken. Es ist möglich einen Menschen wiederzubeleben, auch wenn er längere Zeit untergetaucht war.

Behandlung (alle Befehle im Namen von Jesus Christus)

1. Treibe den Geist des Todes aus.
2. Befiehl allem Wasser aus den Lungen herauszukommen.
3. Befiehl der Lebensenergie in diesen Körper zurückzukehren.
4. Befiehl dem Gehirn und dem Körper normal zu funktionieren und vollständig geheilt zu sein.

ESSSUCHT (siehe Süchte, Bulimie und Adipositas)

FAZIALISPARESE (Gesichtslähmung)

Eine Fazialislähmung entsteht durch die Schädigung des 7. Hirnnerven (N.facialis) und ist gekennzeichnet durch eine herabhängende Gesichtshälfte und der Unfähigkeit, die Gesichtsmuskeln auf der betroffenen Seite bewegen zu können. Der 7. Hirnnerv kontrolliert diese Muskeln. Man unterscheidet 2 Formen:

- bei der peripheren Lähmung wird der Nervus facialis irgendwo auf seinem Weg vom Hirnstamm zur Parotisdrüse geschädigt
- in 75% der Fälle findet man keine Ursache dafür, bei 25% lösen Infektionen, Verletzungen, Diabetes, Tumoren oder andere Erkrankungen die Nervenschädigung aus (z.B. Sarkoidose, Borreliose).
- Ursache der zentralen Fazialisparese ist eine Schädigung der Nervenzellen im Gehirn, von denen der 7. Hirnnerv seine Informationen erhält (der Nerv selbst ist intakt).
- Ursachen sind u.a. ein Schlaganfall, eine Hirnblutung oder -tumor

Stress scheint die Beschwerden zu verstärken.

Behandlung (alle Befehle im Namen von Jesus Christus)

1. Treibe den Geist der Fazialislähmung aus.
2. Befiehl allem Schmerz zu gehen.
3. Lege sanft die Hände auf das Gesicht des Betroffenen.
4. Befiehl den Nerven wiederhergestellt zu sein und perfekt zu funktionieren.

FIBROMYALGIE-SYNDROM (FMS)

Viele Menschen sind von Fibromyalgie betroffen. Die Erkrankung ist gekennzeichnet durch diffuse Schmerzen in Muskeln, Sehnen, Gelenken und anderen Weichteilen (darum auch als Weichteilrheuma bezeichnet). Auch Erschöpfung, morgendliche Steifheit, Schlafprobleme, Kopfschmerzen, Taubheit in Händen und Füßen, Angst und Depression können Symptome einer Fibromyalgie sein. Sie kann sich alleine oder als Folge von Muskel- bzw. Skeletterkrankungen entwickeln (z.B. infolge rheumatoider Arthritis, Lupus erythematodes). Um die Diagnose stellen zu können, müssen diffuse Weichteilschmerzen seit mindestens 3 Monaten und Schmerzen oder Verspannungen in wenigstens 11 der 18 festgelegten Druckpunkte bestehen. Die Symptome beim FMS können denen der Arthritis ähneln. Die charakteristische Schwellung, die Verformung und Zerstörung der Gelenke wie bei einer Arthritis werden dagegen beim FMS nicht beobachtet. Die Schmerzen beim FMS werden als tiefreichend, ausstrahlend, bohrend, brennend oder einschießend beschrieben. Es gibt milde und schwere Ausprägungen. Betroffene wachen häufig mit Schmerzen und einem Steifheitsgefühl in den Gelenken auf. Bei einigen Patienten bessert sich der Schmerz im Tagesverlauf und nimmt gegen Abend wieder zu. Die meisten aber haben den ganzen

Tag Beschwerden. Körperliche Anstrengung, kaltes oder feuchtes Wetter, Angst und Stress können die Symptome verstärken. Die genaue Ursache dieser Störung ist unbekannt. Körperliche oder seelische Verletzungen spielen bei der Entstehung möglicherweise eine Rolle.

Behandlung (alle Befehle im Namen von Jesus Christus)

1. Treibe den Geist der Fybromyalgie aus.
2. Befiehl allem Schmerz und jeder Gelenksteifheit zu verschwinden.
3. Befiehl den elektrischen und magnetischen Frequenzen Harmonie und Ausgeglichenheit.
4. Leite sie, wenn nötig, im Bußgebet.
5. Leite sie im Gebet und lass sie allen Kummer, Stress und Sorgen auf den Altar Gottes legen.

FISSUR, REKTALE

Hierbei kommt es zum Haut-Einriss im Bereich des Rektums. Der Stuhlgang wird dadurch schmerzhaft und unangenehm.

Behandlung (alle Befehle im Namen von Jesus Christus)

1. Leg die Hände auf das Steißbein und befiehl dem Einriss (der Fissur), sich zu schließen und geheilt zu sein.
2. Befiehl allem Schmerz diesen Menschen zu verlassen.

FRAUENSPEZIFISCHE BESONDERHEITEN

(siehe auch nachfolgende Kapitel)

Hiermit sind insbesondere gemeint alle frauenspezifischen Probleme wie Endometriose, Menstruationsstörungen, prämenstruelles Syndrom, Wechseljahrsbeschwerden, Myome u.s.w.

Behandlung (alle Befehle im Namen von Jesus Christus)

1. Befiehl allen Nerven, Geweben und Blutgefäßen geheilt zu sein und richtig zu funktionieren.
2. Befiehl dem Becken und dem Kreuzbein sich in ihre richtige Position zu drehen.
3. Befiehl jeder Infektion oder Reizung zu gehen.
4. Befiehl jedem geschädigten oder zerstörten Gewebe sowie allen Narben wiederhergestellt zu sein und richtig zu funktionieren.
5. Befiehl, dass sich alle Hormone im richtigen Verhältnis zueinander befinden.
6. Befiehl den elektrischen und magnetischen Frequenzen Harmonie und Ausgeglichenheit.

ENTBINDUNG, GEBURT

Behandlung (alle Befehle im Namen von Jesus Christus)

1. Bete für eine einfache Entbindung und ein normales, gesundes Kind.
2. Sprich den Segen der Gesundheit über das ungeborene Kind.
3. Leite die Eltern im Gebet, dieses Kind unserem Gott und Vater zu weihen.
4. Befiehl dem Becken sich in die perfekte Position für eine einfache Entbindung zu drehen.

ENDOMETRIOSE

Bei einer Endometriose findet man Gewebe, dass normalerweise nur die Gebärmutter auskleidet (Endometrium), an anderen Körperstellen, meist im Beckenbereich, den Eierstöcken, im Darm oder in der Harnblase. Die Entstehungsursache ist unbekannt. Die Endometriumzellen wachsen in Körpergeweben außerhalb der Gebärmutter ein und können dort zu Schmerzen, Verklebungen, Problemen bei der Regelblutung sowie zur Narbenbildung führen. In den Eierstöcken und Eileitern kann dadurch z.B. der Transport einer Eizelle zur Gebärmutter behindert und eine Befruchtung erschwert oder unmöglich werden. Endometriose ist ein häufiges Problem, ungefähr 10% der gebärfähigen und 35% der unfruchtbaren Frauen sind betroffen. Meist wird die Diagnose zwischen dem 25. und 35. Lebensjahr gestellt, die Erkrankung beginnt aber wahrscheinlich schon mit Einsetzen der Regel während der Pubertät.

Behandlung (alle Befehle im Namen von Jesus Christus)

1. Führe sie im Gebet zum Brechen von Generationenflüchen.
2. Befiehl den weiblichen Geschlechtsorganen richtig zu funktionieren.
3. Befiehl dem Becken sich auszurichten.
4. Befiehl der zusätzlichen Gebärmutterschleimhaut und allen Narben sich aufzulösen.

GEBÄRMUTTER-VORFALL (Prolaps)

Eine aus ihrer normalen Position in den Vaginalkanal verschobene oder herabgesunkene Gebärmutter wird als Gebärmuttervorfall bezeichnet. Die Gebärmutter wird normalerweise von der Beckenmuskulatur gestützt und von speziellen Bändern in Position gehalten. Durch den normalen Alterungsprozess und einen verminderten Östrogenspiegel kommt es zum Verlust der normalen Muskel- und Bänderspannung und so senkt sich die Gebärmutter in den Vaginalkanal. Am häufigsten sind Frauen betroffen die eine oder mehrere vaginale Geburten hinter sich haben. Weitere Risikofaktoren sind Übergewicht, chronische Verstopfung und starker Husten (z.B. bei chronischer Bronchitis). Hierbei wird zusätzlicher Druck auf die Beckenmuskulatur ausgeübt und es kommt zur Erschlaffung der Haltestrukturen.

Behandlung (alle Befehle im Namen von Jesus Christus)

1. Befiehl starke Muskeln und Bänder, welche die Gebärmutter halten können.
2. Befiehl der Gebärmutter in ihre richtige Position zurückzukehren und normal zu funktionieren.
3. Befiehl dem Becken sich auszurichten.
4. Befiehl allen Hormonen im Gleichgewicht zu sein.
5. Führe sie, wenn nötig, im Bußgebet.

MASTOPATHIE, FIBROZYSTISCHE

Die fibrozystische Mastopathie ist durch vermehrtes Wachstum von Bindegewebe und Zysten in der weiblichen Brust gekennzeichnet. Sie tritt gehäuft bei Frauen zu Beginn oder während der Menopause auf (dem Ende der Menstruation zwischen dem 45. und 55. Lebensjahr).

Behandlung (alle Befehle im Namen von Jesus Christus)

1. Befiehl dem Geist der fibrozystischen Mastopathie diese Frau zu verlassen.
2. Leg die Hände auf die Brust bzw. lass die Frau, für die du betest, ihre Hände auf die Brust legen. Lege deine Hände darüber.
3. Befiehl jeder Zyste sich aufzulösen.
4. Befiehl allen Zellen und Geweben der Brust geheilt zu sein.
5. Befiehl ein schöpferisches Wunder – eine neue Brust.

MENSTRUATION, SCHMERZHAFTE (Dysmenorrhoe)

Leichte Missempfindungen während der Regel sind normal; übermäßiger Schmerz jedoch nicht. Eine Dysmenorrhoe ist durch Regelschmerzen gekennzeichnet, die so stark sind, dass sie die normalen Aktivitäten einschränken oder zur Einnahme von Schmerzmedikamenten zwingen. Begleitsymptome können Übelkeit, Erbrechen, Verstopfung oder Durchfall sein. Viele Frauen sind davon betroffen. Für einige wird es an diesen Tagen nahezu unmöglich, den normalen Alltagsaktivitäten nachzukommen. Dysmenorrhoe ist die häufigste Ursache für krankheitsbedingte Fehlzeiten in Schule und Arbeit bei Frauen bis zum 30. Lebensjahr. Es wird zwischen zwei Arten unterschieden:

primär

- Menstruationsschmerzen, die bei ansonst gesunden Frauen auftreten

sekundär

- Menstruationsschmerzen, die durch tieferliegende Krankheitsprozesse oder anatomische Veränderungen der Gebärmutter verursacht sind

Man nimmt an, dass die bei Frauen mit starken Menstruationsschmerzen erhöhten Prostaglandinspiegel ein Entstehungsfaktor bei der primären Dysmenorrhoe sind. Dieses Hormon wird in verschiedenen Organen gebildet und bewirkt u.a. eine (schmerzhafte) Gebärmutterkontraktion.

Behandlung (alle Befehle im Namen von Jesus Christus)

1. Führe sie im Gebet zum Brechen von Generationenflüchen.
2. Befiehl dem Becken sich auszurichten.
3. Befiehl allen Hormonen im Gleichgewicht zu sein.
4. Befiehl jedem Schmerz zu gehen.

MYOME

Myome sind gutartige Tumoren der Gebärmutter. Sie unterscheiden sich in Größe und Wachstumsverhalten und können winzig wie ein Pünktchen oder groß wie ein Fußball sein, schnell oder langsam wachsen, allein oder gruppiert vorkommen. Kleine Myome können unbemerkt bleiben, größere verursachen Symptome wie:

- verlängerte und verstärkte Regelblutungen, Zwischenblutungen
- Druckgefühl oder Schmerz in Becken- und Bauchbereich
- eine Zunahme des Bauchumfangs, Völlegefühl und Verstopfung
- erhöhter Druck auf die Harnblase, der zu häufigem urinieren, Harninkontinenz oder chronischem Harnverhalt führen kann
- Bein- und Rückenschmerzen

Sie können so starke Beschwerden verursachen, dass die Behandlung mit Medikamenten oder eine Operation nötig wird.

Behandlung (alle Befehle im Namen von Jesus Christus)

1. Befiehl jedem Schmerz und jeder Verkrampfung aufzuhören.
2. Befiehl dem Geist, der dieses Myom verursacht hat, diese Frau zu verlassen.
3. Befiehl dem Myom abzusterben und sich aufzulösen.
4. Befiehl dem Becken sich in die richtige Position zu drehen.
5. Befiehl den Fortpflanzungsorganen in ihrer normalen Funktion wiederhergestellt und vollständig geheilt zu sein.

PRÄMENSTRUELLES SYNDROM (PMS)

Als prämenstruelles Syndrom wird eine Reihe von Symptomen bezeichnet, die in Zusammenhang mit der Regelblutung stehen. Die Beschwerden treten meist 5 bis 11 Tage vor der Menstruation auf und enden meist mit oder kurz nach Beginn der Regelblutung. Soziale, biologische, kulturelle und psychologische Einflüsse scheinen eine Rolle bei der Entstehung zu spielen, wahrscheinlich auch die vermehrte Hormonproduktion in den Eierstöcken zu dieser Zeit. Die genauen Ursachen sind aber noch nicht endgültig geklärt. Ungefähr 75% der gebärfähigen Frauen sind zumindest zeitweilig betroffen. Häufiger tritt das PMS bei Frauen von Ende 20 bis Anfang des 40. Lebensjahres auf. Frauen, die wenigstens eine Geburt hinter sich haben oder bei denen schon in der Vergangenheit emotionale Störungen aufgetreten sind, scheinen anfälliger zu sein.

Behandlung (alle Befehle im Namen von Jesus Christus)

1. Führe sie im Gebet zum Brechen von Generationenflüchen.
2. Befiehl ein ausgewogenes Verhältnis der Hormone untereinander.
3. Befiehl den elektrischen und magnetischen Frequenzen Harmonie und Ausgeglichenheit.
4. Befiehl dem Geist des PMS diesen Menschen zu verlassen.
5. Befiehl den Bändern sich zu dehnen und dem Becken sich zu öffnen, um den Druck zu mildern.

UNFRUCHTBARKEIT (Infertilität)

Unfruchtbarkeit besteht, wenn nach über 12 Monaten ungeschütztem Geschlechtsverkehr keine Schwangerschaft eintritt. Bei der primären Infertilität war die Frau noch nie schwanger, bei der sekundären Form ist sie früher schon schwanger gewesen. Es gibt viele Ursachen dafür. Körperliche und seelische Faktoren spielen eine Rolle. Bei ungefähr 30–40% der Fälle liegt die Ursache beim Vater. Impotenz, retrograde Ejakulation, Hormonmangel, eine zu geringe Spermienzahl, Narben, durchgemachte sexuell übertragbare Krankheiten und schädigende Umwelteinflüsse sind einige davon. Eine Reduzierung der Spermienzahl wird u.a. verursacht durch regelmäßigen Marihuana-Konsum oder die Einnahme von Medikamenten wie Cimetidin, Nitrofurantoin und Spironolacton. In 40–50% der Fälle von kinderlosen Paaren liegt die Ursache bei der Frau. Hormonschwankungen, eine Fehlfunktion von Gebärmutter oder Eierstöcken, Endometriose, Zysten, Infektionen im Beckenbereich und Tumoren sind einige Ursachen. Vernarbungen oder Fehlbildungen im Bereich von Eierstöcken und Eileitern, die den Transport der Spermien und Eizellen behindern sind weitere Gründe. Bei den restlichen Fällen ungewollter Kinderlosigkeit spielen Einflüsse beider Partner oder bisher unbekannte Faktoren eine Rolle.

Behandlung (alle Befehle im Namen von Jesus Christus)

Vor dem Gebet versichere dich, dass sie verheiratet sind.

1. Befiehl dem Becken sich auszurichten.
2. Befiehl den Geschlechtsorganen von beiden Partnern richtig zu funktionieren.
3. Führe sie im Gebet zum Brechen von Generationenflüchen.
4. Leite sie im Bußgebet zur Lösung ungöttlicher Bindungen.
5. Sprich: „Vater, Dein Wort sagt, dass der Leib Deiner Kinder nicht unfruchtbar sein soll. Du wirst aus dieser Frau die freudige Mutter vieler Kinder machen.“

WECHSELJAHRE, KLIMAKTERIUM

Als Klimakterium wird die Übergangszeit im Leben einer Frau bezeichnet, bei der die Funktion der Eierstöcke nachlässt und es zu sinkenden Östrogen- und Progesteronspiegeln kommt. Die Menstruation wird seltener und bleibt schließlich ganz aus. Normalerweise beginnen die Wechseljahre zwischen dem 45. und 55. Lebensjahr. Sobald sie abgeschlossen sind, kann eine Frau nicht mehr schwanger werden (Postmenopause). Symptome sind u.a. Zyklusveränderungen, Hitzewallungen, Schwindel, Kopfschmerzen, Schlafstörungen, Missempfindungen wie Kribbeln, Taubheit oder Brennen, Herzklopfen, depressive Verstimmungen, Reizbarkeit und Aggression. Die Art und Schwere der Symptome variieren von Frau zu Frau. Bei einigen Frauen enden die Regelblutungen abrupt. Für gewöhnlich nehmen ihre Stärke und Häufigkeit langsam ab und erfolgen dann nur noch unregelmäßig. Diese Übergangszeit kann ein bis drei Jahre andauern, bevor die Blutungen schließlich vollkommen enden. Die allmähliche Abnahme von Östrogen und Progesteron ermöglicht dem Körper, sich langsam auf die hormonellen Veränderungen einzustellen. Die Symptome sind stärker, wenn die Hormonspiegel plötzlich abfallen, z.B. bei chirurgischer Entfernung der Eierstöcke.

Behandlung (alle Befehle im Namen von Jesus Christus)

1. Befiehl jedem Symptom zu verschwinden (Hitzewallungen, Schwitzen, Depressionen etc.).
2. Befiehl allen Hormonen im ausgeglichenen Verhältnis vorhanden zu sein.
3. Befiehl den körpereigenen elektrischen und magnetischen Frequenzen Harmonie und Ausgeglichenheit.
4. Führe sie im Gebet zum Brechen von Generationenflüchen.
5. Befiehl dem Becken sich auszurichten.

WOCHENBETTDEPRESSION

Der erste Monat nach der Geburt ist eine Zeit großer Veränderungen im Leben einer Mutter. Die Hormone und das ursprüngliche Köpergewicht stellen sich rasch wieder ein. Änderungen in den Beziehungen zu schon vorhandenen Kindern, dem Vater des Kindes, Eltern, Verwandten, Arbeitskollegen und Freunden jedoch sind für manche Frauen sehr anstrengend. Die Bedürfnisse des neugeborenen Babys führen oft zu Stress und Schlafmangel bei der Mutter All diese Faktoren können zu Stimmungsschwankungen in den Wochen nach der Entbindung beitragen. Dauern diese Beschwerden nur 2–3 Wochen an, werden sie als „Baby-Blues" bezeichnet. Mehr als die Hälfte der Mütter durchlebt diese Phase. Wenn die Gefühle von Niedergeschlagenheit oder Ängstlichkeit länger anhalten, kann eine ernstere Form der Wochenbett-Depression vorliegen. Ungefähr 10 % der Frauen haben nach einer Schwangerschaft schwerwiegende Depressionen.

Behandlung (alle Befehle im Namen von Jesus Christus)

1. Befiehl allen Hormonen im Gleichgewicht zu sein.
2. Befiehl den elektrischen und magnetischen Frequenzen Harmonie und Ausgeglichenheit.
3. Führe sie im Gebet zum Brechen von Wortflüchen.
4. Treibe den Geist der Depression aus.
5. Sprich ihnen Frieden zu.

FSME (siehe Zeckenstichverletzungen)

FÜSSE

Die meisten Beschwerden der Füße entstehen durch Fehlbelastungen, Verletzungen, Vererbung oder während der Geburt (z.B. Klumpfuß).

Behandlung (alle Befehle im Namen von Jesus Christus)

1. Befiehl den 26 Knochen in jedem Fuß sich in ihre richtige Position auszurichten, geheilt und stark zu sein.
2. Führe sie im Bußgebet zum Brechen von Generationenflüchen.
3. Befiehl jeder Infektion diesen Menschen zu verlassen.
4. Befiehl allen Narben und Verletzungen geheilt zu sein.

FUSSFEHLSTELLUNGEN

ENTENFÜSSE

Stark nach außen gedrehte Füße, die an eine Ente erinnern, werden auch als „Entenfüße" bezeichnet („Duck feet", z.B. Charlie Chaplin).

Behandlung (alle Befehle im Namen von Jesus Christus)

1. Führe sie im Bußgebet, um Generationenflüche zu brechen.
2. Befiehl dem Becken sich in seine richtige Position zu drehen.
3. Befiehl den Hüften, Beinen und Füßen zu ihrer korrekten Ausrichtung zurückzukehren und vollständig geheilt zu sein.

SICHELFUSS

Als Sichelfuß bezeichnet man eine meist beidseitig auftretende Fehlstellung, bei welcher der Mittelfuß und die Zehen stark nach innen gedreht sind. Diese Abweichung wird durch eine Verdrehung der Füße, der Oberschenkel oder der Hüften nach innen verursacht. Bei Neugeborenen kommt es durch die Lage im Mutterleib häufig zum Sichelfuß. Im Laufe des Wachstums bildet er sich meist von allein zurück.

Behandlung (alle Befehle im Namen von Jesus Christus)

1. Führe sie im Bußgebet, um Generationenflüche zu brechen.
2. Befiehl dem Becken sich auszurichten.
3. Befiehl den Beinen und Füßen sich korrekt auszurichten und in die normale Position gehen.

SPITZFUSS (Pes equinus)

Der Spitzfuß ist durch eine Beugung des Fußes gekennzeichnet, bei der in 4 Grade unterschieden wird. Der Kranke kann die Fußspitze nicht anheben und wird so zum Zehengänger. Der Spitzfuß kann angeboren sein, durch eine Kinderlähmung oder andere Lähmung nach Hirn- und Rückenmarkserkrankungen entstehen. Ebenso Ausgleich bei Beinverkürzungen sein, nach Verletzungen bzw. durch falsche Fußlagerung im Krankenbett.

Behandlung (alle Befehle im Namen von Jesus Christus)

1. Führe sie im Gebet zu Brechen von Generationenflüchen.
2. Befiehl dem Becken sich auszurichten.
3. Befiehl den Beinen und Füßen sich korrekt auszurichten und in die normale Position gehen.

HALLUX VALGUS

Als Hallux valgus wird eine Fehlstellung der Großzehe bezeichnet, bei der die Spitze des großen Zeh in Richtung zweite Zehe verschoben und das Grundgelenk stark nach außen gewölbt ist. Das kann zu einer schmerzhaften Schwellung im Vorderfuß führen. Frauen sind aufgrund ihres schwächeren Bindegewebes und durch das Tragen von engen Schuhen mit hohen Absätzen deutlich häufiger betroffen. Vererbung scheint eine Rolle zu spielen.

Behandlung (alle Befehle im Namen von Jesus Christus)

1. Führe sie im Gebet zum Brechen von Generationenflüchen.
2. Weise die Entzündung zurück.
3. Befiehl den Beinen sich auszurichten und gleich lang zu sein.
4. Befiehl den Knochen und Zehen in ihre ursprüngliche Position zurückzukehren.
5. Befiehl starke Bänder.
6. Befiehl den Füßen ihre Normalstellung einzunehmen.

HAMMERZEHEN

Eine Verformung der Zehen, bei der das Zehenende nach unten geneigt ist und eine klauenartige Position einnimmt, bezeichnet man als Hammerzehen. Meist sind der 2. und 3. Zeh betroffen. Durch vermehrte mechanische Reizung bildet sich häufig auf dem Zeh ein Hühnerauge und an der Fußsohle Hornhaut, so dass das Laufen schmerzhaft wird. Hammerzehen können angeboren sein, sich infolge eines Hallux valgus oder durch das Tragen von zu engem Schuhwerk entwickeln.

Behandlung (alle Befehle im Namen von Jesus Christus)

1. Befiehl den 26 Fußknochen wieder in ihre normale Position zurückzukehren.
2. Befiehl allen Muskeln, Sehnen und Bändern zu ihrer normalen Länge und Stärke zurückzukehren.
3. Befiehl den Beinen sich auszurichten und gleich lang zu sein.
4. Befiehl den Nerven im Rückenmark wiederhergestellt und geheilt zu sein.
5. Wenn nötig, leite den Betroffenen im Bußgebet.

HÜHNERAUGEN UND HORNHAUT

Verdickte Haut bezeichnet man als Hornhaut. Sie entsteht durch ständigen Druck oder Reibung vor allem an Händen und Füßen. Hühneraugen sind verdickte Haut an den Zehen, die sich meist durch zu enges Schuhwerk bilden. Sie können sehr schmerzhaft werden. Die Bildung von Hornhaut ist eine Schutzreaktion und bewahrt z.B. Handwerker oder Ruderer davor, schmerzhafte Blasen an den Händen zu bekommen. Menschen mit Hallux valgus (siehe dort) bekommen häufig Hornhaut an den Zehen, weil das vorstehende Zehengelenk ständig gegen den Schuh drückt. Hühneraugen und Hornhaut können entfernt werden, bilden sich danach aber häufig wieder neu.

Behandlung (alle Befehle im Namen von Jesus Christus)

1. Leg die Hände auf den betroffenen Bereich.
2. Befiehl den Hühneraugen und der Hornhaut abzufallen und nicht wiederzukehren.
3. Befiehl, dass Hühneraugen und Hornhaut durch gesundes Gewebe ersetzt werden.

GALLENSTEINE

Gallensteine bilden sich in der Gallenblase, einem Organ, das die von der Leber gebildete Gallenflüssigkeit einlagert. Galle ist eine Mischung aus Wasser, Gallensalzen, Lecithin, Cholesterin und anderen Stoffen. Wenn sich das Verhältnis dieser Substanzen ändert, können sich Gallensteine bilden (z.B. mehr Cholesterin, weniger Wasser). Je nachdem wie lange dieser Zustand besteht, können sie klein wie ein Sandkorn aber auch mehrere Zentimeter groß sein. Gallensteine verursachen i.d.R. keine Beschwerden und werden oft nur zufällig bei einer Röntgen- oder Ultraschalluntersuchung festgestellt. Ca. 20% der erwachsenen Bevölkerung sind Gallensteinträger, Frauen sind

2–3x öfter betroffen. Ab dem 40. Lebensjahr ist das Risiko allgemein erhöht. Die Erkrankung ist besonders häufig in den westlichen Industrieländern. Weitere Risikofaktoren sind bestimmte ethnische Herkünfte, Vererbung, Diabetes, Übergewicht und Leberzirrhose. Wenn ein Gallenstein in den Gallengang gelangt, kann er eine schmerzhafte Gallenkolik auslösen. Andere Organe, wie die Bauchspeicheldrüse, können durch wandernde Gallensteine geschädigt werden, so dass dann meist eine operative Entfernung nötig wird. Gallensteine, die keine Symptome verursachen, müssen normalerweise nicht operiert werden.

Behandlung (alle Befehle im Namen von Jesus Christus)

1. Lege die Hände auf die Gallenblase (Bereich unterhalb der Leber).
2. Befiehl den Gallensteinen sich aufzulösen.
3. Befiehl der Gallenblase geheilt zu sein und normal zu funktionieren.

GANGLION (Überbein)

Darunter versteht man eine gutartige, flüssigkeitsgefüllte Schwellung im Bereich eines Gelenks. Ein Ganglion tritt meist am Handgelenk auf, seltener am Fuß-, Knie-, Ellenbogen- oder Schultergelenk.

Behandlung (alle Befehle im Namen von Jesus Christus)

1. Leg deine Hände auf das betroffene Gebiet.
2. Befiehl dem Ganglion sich aufzulösen und der überschüssigen Flüssigkeit vom Körper aufgenommen zu werden.
3. Befiehl den Knochen, Muskeln und Sehnen am betroffenen Gelenk in ihre ursprüngliche Position zurückzukehren.

4. Befiehl, dass die richtige Menge an Gelenkflüssigkeit produziert wird.
5. Befiehl eine gute Durchblutung in diesem Bereich.
6. Befiehl allem Druck, der auf den Nerven lastet, gelöst zu sein.

GEHIRNSCHÄDIGUNGEN

Das Gehirn steuert viele Abläufe im Körper. Hirnverletzungen können beim Geburtsvorgang, durch Unfälle, Krankheiten (Tumor, Schlaganfall) oder Sauerstoffmangel entstehen. Dadurch kann es zur Beeinträchtigung geistiger Fähigkeiten kommen, sowie zur Unfähigkeit, Körper und Gliedmaßen zu bewegen oder zu kontrollieren. Andere mögliche Folgen sind Gedächtnisschwäche, Verwirrung, geistige Verlangsamung, der Verlust des Sprachvermögens, Schluckstörungen etc.

Behandlung (alle Befehle im Namen von Jesus Christus)

1. Leg die Hände auf den Kopf des Betroffenen und befiehl ein schöpferisches Wunder – ein neues Gehirn.
2. Befiehl den Nerven normal zu funktionieren und dem Gedächtnis wiederhergestellt zu sein.
3. Befiehl dem Geist des Todes diesen Körper zu verlassen, wenn diese Störung durch einen Schlaganfall verursacht wurde.

GESCHWÜR, ULCUS

(Haut-, Schleimhaut- und Magengeschwür)

Geschwüre sind tiefreichende Oberflächenzerstörungen der Haut bzw. Schleimhaut (Schutzschicht, welche die inneren Organe auskleidet). Sie treten als blass-weißliche oder gelbe Stellen mit roter Umrandung auf. An der Haut werden sie durch Entzündungen, Verbrennungen, Infektionen, durch bösartige Tumoren oder ständigen Druck verursacht (Dekubitus bei Bettlägerigen). An der Schleimhaut treten Geschwüre meist als Nebenwirkung von Medikamenten, Drogen, Alkohol oder Nikotin auf. Andere Erkrankungen fördern ihre Entstehung, z.B. M.Crohn, Diabetes oder Durchblutungsstörungen. Die Ursache für die Bildung von Magengeschwüren ist noch nicht endgültig geklärt, sie treten jedoch häufig in Verbindung mit einer bakteriellen Infektion (Helicobacter pylori), einer vorübergehenden Immunschwäche, Hormonschwankungen, übermäßigem Stress oder einem Mangel an Vitamin B12 auf. Frauen sind häufiger von Magengeschwüren betroffen. Ursache dafür sind evtl. die bei Frauen stärkeren Hormonschwankungen. Schleimhautgeschwüre im Mund können Anzeichen einer ernsten Krankheit, eines Tumors oder einer Nebenwirkung von Medikamenten sein.

Behandlung (alle Befehle im Namen von Jesus Christus)

1. Binde jede Bakterien- oder Virusinfektion.
2. Befiehl allen zugrundeliegenden Krankheitsprozessen beendet zu sein und allen Körpersystemen wieder richtig zu funktionieren.
3. Befiehl allen betroffenen Geweben und Weichteilen geheilt zu sein.
4. Befiehl jedem Schmerz und Unbehagen zu verschwinden.
5. Befiehl den körpereigenen elektrischen und magnetischen Frequenzen Harmonie und Ausgeglichenheit.
6. Befiehl ein starkes, richtig funktionierendes Immunsystem.
7. Führe sie im Gebet, all ihren Kummer, Stress und Sorgen auf den Altar Gottes zu legen.
8. Führe sie, wenn nötig, im Bußgebet für ungesunden Lebensstil oder falsche Ernährung.

GESCHWULST (siehe Tumor, Krebs)

GICHT

Verursacht wird Gicht durch eine Überproduktion oder unzureichende Ausscheidung von Harnsäure. Es kommt zur Ablagerung von Harnsäurekristallen und zur schmerzhaften Schwellung, Rötung und Überwärmung der Gelenke, insbesondere am großen Zeh, am Daumen, an den Sprunggelenken und Knien. Patienten mit chronischer Gicht haben wiederholt Schübe mit Gelenkschmerzen. Männer sind insgesamt häufiger betroffen, bei Frauen steigt das Risiko mit Beginn der Wechseljahre an. Diabetes mellitus, Bluthochdruck, Übergewicht, Sichelzellanämie, die Einnahme mancher Drogen und Nierenerkrankungen fördern die Gichtentstehung. Auslöser eines akuten Gichtanfalls sind häufig übermäßiger Alkoholkonsum und üppige, fettreiche Mahlzeiten.

Behandlung (alle Befehle im Namen von Jesus Christus)

1. Leg deine Hände auf die betroffenen Stellen und befiehl den Harnsäurekristallen sich aufzulösen.
2. Befiehl den Knochen und Geweben geheilt zu sein.
3. Befiehl dem Körper nur die normale Menge an Harnsäure zu produzieren.
4. Führe sie im Gebet zum Brechen von Generationenflüchen.

GLEICHGEWICHTSSTÖRUNGEN

(siehe Schwindel und Morbus Meniére)

GRIPPE, INFLUENZA

(siehe auch Erkältung Halsschmerzen, Kehlkopfentzündung)

Die Grippe ist eine ansteckende Infektion der oberen Atemwege, die durch Influenzaviren verursacht wird. Symptome sind Fieber über 39°C, Husten, Gesichtsrötung, Schüttelfrost, Abgeschlagenheit, Kopf-, Hals- und Gliederschmerzen. Manche klagen über Schwindel und Erbrechen. Die Viren können sich überall in den Atemwegen ansiedeln und Erkältungen, Ohr-, Hals- oder Lungenentzündungen hervorrufen. Abgeschlagenheit und Husten können einige Wochen anhalten, die anderen Symptome verschwinden meist schneller. Die Erreger werden durch Husten, Niesen oder Sprechen übertragen. Seltener erfolgt die Ansteckung durch infizierte Alltagsgegenstände wie Wasserhähne, Geschirr, Telefone o.ä., die von mehreren benutzt werden. Weil Influenzaviren sich über den Luftweg verteilen, werden oft viele Menschen auf einmal angesteckt. Normalerweise tritt die Grippe in den Herbst- und Wintermonaten auf.

Behandlung (alle Befehle im Namen von Jesus Christus)

1. Weise die Infektion zurück und binde ihren Ursprung.
2. Befiehl ein starkes, richtig funktionierendes Immunsystem.
3. Befiehl den körpereigenen elektrischen und magnetischen Frequenzen Harmonie und Ausgeglichenheit.
4. Befiehl jedem Schmerz und Unbehagen zu verschwinden.
5. Befiehl allen betroffenen Geweben geheilt zu sein und die Wiederherstellung ihrer normalen Funktionsfähigkeit.

GÜRTELROSE (siehe Herpes Zoster)

GUILLAIN-BARRÈ-SYNDROM (GBS)

Beim GBS kommt es durch autoimmune Prozesse zur Zerstörung der Markscheiden, die die Nervenfasern umgeben. Diese Schädigung kann vorübergehend oder dauerhaft die Nervenfunktionen beeinträchtigen. Anzeichen sind ein fortschreitender Gefühlsverlust, Muskelschwäche und Muskellähmung. Die Erkrankung beginnt typischerweise an den Beinen, breitet sich nach oben aus und kann bis zur Atemlähmung führen. Die genaue Entstehungsursache ist unbekannt, möglicherweise besteht eine Verbindung zu Bakterien- und Vireninfektionen wie Mononukleose, HIV und Herpes sowie zu verschiedenen Durchfallerkrankungen. Ein GBS tritt gehäuft zwischen dem 25. und 50. Lebensjahr auf, kann aber prinzipiell in jedem Alter vorkommen. Männern scheinen etwas häufiger betroffen zu sein.

Behandlung (alle Befehle im Namen von Jesus Christus)

1. Weise die Infektion zurück und befiehl dem Geist der Infektion diesen Menschen zu verlassen.
2. Leg dem Betroffenen deine Hände auf.
3. Befiehl dem gesamten Nervensystem wiederhergestellt zu sein und perfekt zu funktionieren.
4. Befiehl jedem anderen geschädigten Körperteil vollständig wiederhergestellt zu sein.
5. Wenn nötig, leite den Betroffenen im Bußgebet.

HAARAUSFALL, ALOPEZIE

Wir haben durchschnittlich 100.000–150.000 Haare, von denen wir jeden Tag ca. 100 verlieren. Jedes einzelne Haar hat eine durchschnittliche Lebensdauer von 4–5 Jahren. In dieser Zeit wachsen sie über einen Zentimeter im Monat. Nach ca. 5 Jahren fällt ein Haar aus und wird innerhalb von 6 Monaten durch ein Neues ersetzt. Die Ursache für eine angeborene Alopezie ist nicht ein übermäßiger Haarausfall, sondern die Unfähigkeit des Körpers, genügend Haare zu produzieren. Bei

Frauen und Männern nimmt die Haarmenge und -dichte im Laufe des Lebens ab. Bei ungefähr 25% der Männer beginnen die Haare im Alter von 30 Jahren auszufallen. Im Alter von 60 Jahren sind 2/3 der Männer betroffen. Die häufigste Form des Haarverlustes wird „androgenetische Alopezie" genannt (die Kahlheit bei Männern). Ursache ist die genetisch bedingte Überempfindlichkeit der Haarfollikel gegenüber männlichen Hormonen. Eine komplette Haarlosigkeit (Glatze) tritt nur bei Vorhandensein spezifischer vererbter Gene auf.

Behandlung (alle Befehle im Namen von Jesus Christus)

1. Befiehl allen Haarfollikeln Heilung.
2. Befiehl eine normale Durchblutung der Kopfhaut.
3. Befiehl eine normale Anzahl an Haaren.
4. Führe sie im Gebet zum Brechen von Generationenflüchen.

HALSSCHMERZEN

(siehe auch Grippe, Erkältung, Kehlkopfentzündung)

Zu Beginn einer Erkältung treten oft leichte Halsschmerzen auf. Wenn die Nase oder die Nasennebenhöhlen ebenfalls betroffen sind, kann Nasensekret den Rachen herablaufen und ihn zusätzlich reizen, besonders nachts. Es gibt zahlreiche Viruserkrankungen, die mit Halsschmerzen einhergehen, z.B. Erkältungen, Mononukleose (siehe dort), Masern oder Windpocken. Streptokokken sind die häufigsten Auslöser von bakteriellen Hals- und Mandelentzündungen. Andere Ursachen für Halsschmerzen sind Allergien, Luftverschmutzung, trockene und kalte Luft, aktives oder passives Einatmen von Tabakrauch, muskuläre Verspannungen im Nackenbereich, Alkohol oder der Rückfluss von Magensäure.

Behandlung (alle Befehle im Namen von Jesus Christus)

1. Weise die Infektion zurück.
2. Führe sie im Gebet zum Brechen von Wortflüchen.
3. Befiehl jedem Schmerz, jeder Entzündung und Reizung zu gehen.
4. Befiehl jeder allergischen Reaktion zu verschwinden.
5. Befiehl allen elektrischen und magnetischen Frequenzen Harmonie und Ausgeglichenheit.

HÄMORRHOIDEN

Hämorrhoiden sind geschwollene, schmerzhafte Venen am unteren Abschnitt von Rektum und Anus. Ursache ist meist eine Druckerhöhung in diesem Bereich durch chronische Verstopfung, langes Sitzen, während der Schwangerschaft, durch eine Entbindung oder bei Leberzirrhose. Der häufigste Grund ist das verstärkte Pressen während des Stuhlgangs. Durch die Druckerhöhung vergrößern sich die Venen und wölben sich vor. Innere Hämorrhoiden treten nur im Inneren des Anus auf (am Übergang zum Rektum). Äußere Hämorrhoiden findet man im Bereich der Öffnung des Analkanals, wo man sie schon mit bloßem Auge erkennen kann. Viele Menschen sind von Hämorrhoiden betroffen, die Erkrankungshäufigkeit steigt mit dem Lebensalter.

Behandlung (alle Befehle im Namen von Jesus Christus)

1. Leg die Hand auf den unteren Teil des Rückens.
2. Befiehl den Hämorrhoiden geheilt zu sein.
3. Befiehl den Blutgefäßen sich auf ihre normale Größe zu verkleinern.
4. Befiehl eine normale Durchblutung.
5. Weise den Schmerz zurück.
6. Leite sie im Gebet zur Ausrichtung des Beckens.

7. Befiehl den Muskeln und Nerven sich zu entspannen.
8. Leite sie, wenn erforderlich, im Bußgebet für falsches Essverhalten.

HÄNDE (siehe Arme und Hände)

HARNWEGSINFEKT

Ein Harnwegsinfekt kann an jeder Stelle des Harntrakts einschließlich Nieren, Harnleitern (der Verbindung zwischen Nieren und Harnblase), Harnblase oder Harnröhre auftreten. Das häufigste Symptom einer Harnwegsinfektion ist ein brennendes Gefühl beim urinieren. Die meisten Harnwegsinfektionen werden von Escheria coli-Bakterien verursacht, die normalerweise im Dickdarm vorkommen. Frauen sind öfter betroffen, weil ihre Harnröhre kürzer und näher am Anus ist, ebenso Diabetiker, ältere Menschen und Menschen mit chronischer Harninkontinenz. Eine Entzündung der Harnblase wird Zystitis genannt.

Behandlung (alle Befehle im Namen von Jesus Christus)

1. Binde die Infektion und befiehl ihr zu verschwinden.
2. Befiehl den Nieren, der Harnblase und allen Geweben und Nerven in ihrer normalen Struktur wiederhergestellt zu sein und richtig zu funktionieren.
3. Führe sie, wenn nötig, im Bußgebet.

HEFEPILZ-INFEKTIONEN (siehe Candida albicans)

HEPATITIS C

Ursache der Erkrankung ist die Infektion der Leber mit dem Hepatitis C-Virus. Ca. 4 Millionen Menschen in den USA sind betroffen (1 von 70–100 Einwohnern). Viele der Infizierten zeigen zu Beginn keine Symptome. Oft wird die Infektion erst bei einer medizinischen Routineuntersuchung festgestellt. In 70–80% der Fälle wird die Erkrankung chronisch, im fortgeschrittenen Stadium kann es zum narbigen Umbau der Leber kommen (Leberzirrhose). Es besteht ein erhöhtes Risiko für die Entstehung eines Leberzellkarzinoms.

Behandlung (alle Befehle im Namen von Jesus Christus)

1. Binde das Hepatitis C-Virus und befiehl dem zugrundeliegenden Geist diesen Menschen zu verlassen.
2. Leite sie, wenn erforderlich, im Bußgebet.
3. Wenn die Leber geschädigt ist, befiehl ein schöpferisches Wunder – eine neue Leber.
4. Befiehl den körpereigenen elektrischen und magnetischen Frequenzen Harmonie und Ausgeglichenheit.

HERNIEN

Eine Hernie entsteht, wenn sich Eingeweide (meist Teile des Darms), durch ein Loch oder eine muskuläre Schwachstelle vorwölben und als Weichteilschwellung sicht- und tastbar werden. Meist ist keine eindeutige Ursache erkennbar. Erhöhter Druck im Bauchbereich bei Übergewicht, nach Operationen oder durch das Heben schwerer Gegenstände begünstigt die Hernienbildung. Die Hernienarten werden nach dem Ort ihres Auftretens unterschieden:

Inguinal-hernie

- erscheint als Vorwölbung in der Leiste oder im Hodenbereich
- Männer sind häufiger betroffen

Femoral-hernie

- tritt im Bereich des Oberschenkels auf
- Frauen sind häufiger betroffen

Narben-hernie

- OP-Narben bilden Schwachstellen, durch die sich Eingeweideteile vorwölben können

Nabel-hernie

- der Nabel ist eine angeborene Schwachstelle
- häufig bei Neugeborenen, Schwangeren,
- bei Erwachsenen ist oft eine Operation erforderlich, wenn sich die Hernie vergrößert oder Schmerzen verursacht

Hernien verschwinden selten wieder von allein. Manchmal wird der vorgewölbte Darmabschnitt eingeklemmt, sodass die Durchblutung reduziert wird und das Gewebe abstirbt (Inkarzeration). Dann wird eine umgehende Operation erforderlich. Als Hiatus-Hernie wird die Vorwölbung des Magens oberhalb des Zwerchfells in die Speiseröhre bezeichnet. Schmerzen im Bereich des Brustbeins, Sodbrennen, Schluck- oder Verdauungsstörungen sind typische Anzeichen. Es entstehen „Taschen“, in denen Nahrungsreste verbleiben und Schmerzen oder spontanes Erbrechen auslösen können.

Behandlung (alle Befehle im Namen von Jesus Christus)

1. Befiehl den Armen und Beinen sich auszurichten und gleich lang zu sein.
2. Befiehl der Hernie zu verschwinden.
3. Befiehl den Muskeln, Sehnen, Bändern und Nerven geheilt und in ihrer korrekten Ausrichtung, Stärke und Funktion wiederhergestellt zu sein.
4. Befiehl dem Becken in seine normale Position zurückzukehren.
5. Führe sie im Gebet zum Brechen von Generationenflüchen.

HERPES

Herpes ist ein Sammelbegriff für Infektionen mit verschiedenen Herpesviren, die je nach Erreger und Ort unterschiedliche Symptome hervorrufen.

HERPES SIMPLEX VIRUS 1

(HSV-1, Lippenherpes, Fieberbläschen)

Die häufigste Herpesinfektion ist der Lippenherpes. Es bilden sich kleine Bläschen, vorwiegend im Bereich von Mund, Lippen und Gesicht. Die Virusübertragung erfolgt meist schon in der Kindheit über infizierten Speichel. Ca. 90% der Erwachsenen sind mit dem Virus in Kontakt gekommen (feststellbar anhand der Antikörper gegen HSV-1). Eine Erkrankung erfolgt aber oft erst, wenn es durch eine Schwächung des Immunsystems (durch einen Infekt o.ä.) zu einer Reaktivierung der bereits vorhandenen Viren kommt.

Behandlung (alle Befehle im Namen von Jesus Christus)

1. Binde den Ursprung der Herpes-1-Viren und befiehl dem Geist von HSV-1 zu verschwinden.
2. Führe sie im Bußgebet zum Brechen von Generationenflüchen.
3. Befiehl den betroffenen Stellen und Geweben wiederhergestellt zu sein.
4. Befiehl den elektrischen und magnetischen Frequenzen Harmonie und Ausgeglichenheit.

HERPES SIMPLEX VIRUS 2 (HSV-2, Genitalherpes)

Genitalherpes ist eine durch engen Schleimhautkontakt übertragbare Virusinfektion, die durch Auftreten von schmerzhaften kleinen Bläschen, Entzündungen oder Geschwüren im Genitalbereich und angrenzenden Hautbereichen gekennzeichnet ist. Die Übertragung kann schon während der Geburt erfolgen, wenn das Neugeborene bei einer Infektion der Mutter im Geburtskanal mit dem Virus in Berührung kommt. Häufiger erfolgt die Ansteckung jedoch über sexuelle Kontakte. Untersuchungen haben gezeigt, dass ca. 25 % der US-Bevölkerung zwischen dem 25. und 45. Lebensjahr mit HSV-2 infiziert sind. Viele von ihnen zeigen keine Symptome. Diese treten, wie bei anderen Herpesarten, oft erst bei einer Reaktivierung des Erregers auf. HSV-1 und 2 sind sich biologisch sehr ähnlich. Eine gleichzeitige Infektion von Herpesviren Typ 1 und 2 entsteht möglicherweise über oralgenitalen Kontakt.

Behandlung (alle Befehle im Namen von Jesus Christus)

1. Binde den Ursprung der Herpes-2-Viren und befiehl dem Geist von HSV-2 zu verschwinden.
2. Führe sie im Gebet zum Brechen von Generationenflüchen.
3. Befiehl allen betroffenen Stellen und Geweben wiederhergestellt zu sein.
4. Befiehl den elektrischen und magnetischen Frequenzen Harmonie und Ausgeglichenheit.
5. Wenn erforderlich, leite sie im Bußgebet.
6. Befiehl ein starkes, richtig funktionierendes Immunsystem.

HERPES ZOSTER (GÜRTELROSE)

Als Gürtelrose wird eine akute, auf einen umschriebenen Hautbereich begrenzte Entzündung bezeichnet, die mit Rötung und schmerzhafter Bläschenbildung einhergeht. Sie entsteht durch das gleiche Virus, das auch Windpocken hervorruft (Varicella-Zoster-Virus). Nach einer meist unbemerkten

Übertragung verbleibt das Virus im Körper. Die o.g. Symptome treten infolge einer Virus-Reaktivierung oft erst nach vielen Jahren auf. Höheres Lebensalter, Stress oder ein geschwächtes Immunsystem scheinen Auslöser zu sein. Oftmals tritt die Gürtelrose nur einmal im Leben auf (ohne Rezidiv).

Behandlung (alle Befehle im Namen von Jesus Christus)

1. Binde den Ursprung der Viren und befiehl dem Geist dieser Viren den Körper zu verlassen.
2. Führe sie im Gebet zum Brechen von Generationenflüchen.
3. Befiehl allen betroffenen Stellen und Geweben wiederhergestellt zu sein.
4. Befiehl den elektrischen und magnetischen Frequenzen Harmonie und Ausgeglichenheit.
5. Leite sie im Gebet und lass sie allen Kummer, Stress und Sorgen auf den Altar Gottes legen.
6. Befiehl ein starkes, richtig funktionierendes Immunsystem.

HERZERKRANKUNGEN

Hierunter versteht man alle Störungen der normalen Herzfunktion. Die häufigsten Ursachen für Herzerkrankungen sind verengte, Herzkranzgefäße (Angina pectoris), Bluthochdruck, Herzklappenfehler, erhöhte Cholesterinwerte, Herzrhythmusstörungen, Infektionen und Toxine. Einige Herzerkrankungen bestehen seit der Geburt.

Behandlung: siehe Herzschwäche

ANGINA PECTORIS

Angina pectoris (Brustenge) ist eine spezielle Form von Brustschmerz, die durch unzureichende Durchblutung der Herzkranzgefäße entsteht. Sie ist ein Symptom der koronaren Herzkrankheit (KHK), die meist durch Arterienverkalkung verursacht wird. Die Ablagerungen in den Blutgefäßen führen zu einer Verengung und Versteifung der Gefäße. Unbehandelt kann die KHK zum völligen Verschluss der Herzkranzgefäße führen, dann spricht man vom Herzinfarkt (siehe dort).

Behandlung (alle Befehle im Namen von Jesus Christus)

1. Befiehl den Herzkranzgefäßen sich vollständig zu öffnen.
2. Befiehl eine Wiederherstellung der normalen Durchblutung.
3. Sprich ihnen ein neues Herz zu.

HERZFEHLER, ANGEBORENE

Damit sind alle Herzfehler gemeint, die seit der Geburt vorhanden sind, z.B. Öffnungen im Herzen, die dort nicht hingehören oder fehlerhafte Herzklappen. Einige dieser Veränderungen geben sich im Laufe des weiteren Wachstums, andere bleiben bestehen. Schwerwiegende Defekte können Komplikationen verursachen und lebensbedrohlich sein. Dann wird eine Operation, evtl. sogar ein neues Herz nötig.

Behandlung: siehe Herzschwäche

HERZINFARKT

Meist entsteht ein Herzinfarkt infolge einer koronaren Herzkrankheit (KHK). Dabei sind die Herzkranzgefäße bereits durch Ablagerungen an den Innenwänden verengt und das Herz wird nicht richtig durchblutet. Löst sich eine dieser Ablagerungen, dann kommt es zum akuten Verschluss, dem Infarkt. Durch die Unterbrechung der Blut- und somit auch der Sauerstoffversorgung kommt es zur Schädigung bis hin zum Absterben der Herzmuskulatur an dieser Stelle. Das Herz verliert einen Teil seiner Kontraktionsfähigkeit. Der verbliebene, gesunde Teil des Herzens muss versuchen, diesen Funktionsverlust auszugleichen. Hauptrisikofaktoren für die Entstehung einer KHK sind Rauchen, Bluthochdruck, Diabetes und erhöhte Cholesterinwerte. Gelegentlich kann akuter, starker Stress einen Herzinfarkt auslösen.

Behandlung: siehe Herzschwäche

HERZKLAPPENFEHLER

Darunter werden Erkrankungen von einer oder mehrerer der vier Herzklappen zusammengefasst (Aorten-, Mitral-, Trikuspidal- und Pulmonalklappe). Es wird unterschieden zwischen Klappeninsuffizienz (unvollständiger Klappenschluss und daraus entstehender Blutrückfluss) und Klappenstenose (reduzierte Durchblutung durch Verengung oder Versteifung der Herzklappen). Ursache sind Infektionen oder andere tieferliegende Erkrankungen. Oft wird ein chirurgischer Klappenersatz nötig. Zahlreiche andere Körperfunktionen werden durch Erkrankungen der Herzklappen beeinträchtigt. Es kommt häufig zu einer Pumpschwäche des Herzens (Herzschwäche), Flüssigkeitseinlagerung in der Lunge, in den Unterschenkeln oder Knöcheln (Ödeme), Herzrhythmusstörungen oder sogar zum Herzstillstand.

Behandlung: siehe Herzschwäche

HERZRHYTHMUSSTÖRUNGEN (ARRHYTHMIE)

Herzrhythmusstörungen sind Abweichungen der normalen Herzaktionen: das Herz schlägt zu schnell, zu langsam oder unregelmäßig (Tachy-, Bradykardie, Extrasystolen, Pausen). Häufige Herzrhythmusstörungen sind Vorhofflimmern oder Blockierungen der elektrischen Überleitung (AV- und SA-Blockierungen). Bei allen Herzrhythmusstörungen besteht eine Fehlfunktion der elektrischen Herzleitung. Bekannte Ursachen sind u.a. Stoffwechselstörungen, Nebenwirkungen von Medikamenten, Sauerstoffmangel, Stress, Bluthochdruck, Virusinfektionen, angeborene Herzfehler, Lungenerkrankungen, Stimulantien wie Drogen, Alkohol, Nikotin oder Koffein, Herzgefäßerkrankungen, Arteriosklerose oder durch einen Herzinfarkt bedingte Herzveränderungen. Viele Betroffene haben keine offensichtlichen Symptome, andere bemerken die zu schnellen, zu langsamen oder unregelmäßigen Herzschläge (Palpitationen). Herzrhythmusstörungen können sich auch durch Schwäche-, Schwindel- und Ohnmachtsgefühle, Brustschmerzen, Kurzatmigkeit, Schwitzen oder Blässe äußern. Die meisten Herzrhythmusstörungen sind harmlos, einige können jedoch lebensbedrohlich sein und Gesundheitsstörungen verursachen wie Angina pectoris (siehe dort), Herzinfarkt, Herzversagen, Schlaganfall oder einen plötzlichen Herztod. Herzrhythmusstörungen müssen daher immer ärztlich abgeklärt werden.

Behandlung: siehe Herzschwäche

HERZINSUFFIZIENZ (HERZSCHWÄCHE)

Bei dieser Erkrankung geht ein Teil der Pumpfunktion des Herzens verloren. Das Herz ist nicht mehr in der Lage, die lebenswichtigen Organe ausreichend mit Blut und somit Sauerstoff zu versorgen. Es kommt zum Blutrückfluss in die Lungen und zu Atemproblemen. Auch in anderen Teilen des Körpers sammelt sich die überschüssige Flüssigkeit an (Ödem), besonders im Bereich der Knöchel und Waden. Eine Herzinsuffizienz entwickelt sich in der Regel langsam.

Behandlung (alle Befehle im Namen von Jesus Christus)

1. Befiehl ein schöpferisches Wunder – ein neues Herz.
2. Treibe den Geist des Todes aus.
3. Befiehl den elektrischen und magnetischen Frequenzen Harmonie und Ausgeglichenheit.
4. Befiehl aller überschüssigen Flüssigkeit den Körper zu verlassen.
5. Befiehl die Wiederherstellung der normalen Herz- und Lungenfunktion.
6. Leite sie, wenn erforderlich, im Bußgebet für ungesunden Lebenswandel und falsche Ernährung.
7. Führe sie im Gebet zum Brechen von Generationenflüchen.
8. Befiehl allen anderen betroffenen Organen wiederhergestellt und geheilt zu sein.
9. Leite sie im Bußgebet zum Brechen von Wortflüchen.

HEUSCHNUPFEN (siehe Allergien)

HIRNANHANGDRÜSE (Hypophyse)

Am Hypothalamus hängt wie ein Tropfen die Hirnanhangdrüse (Hypophyse). Sie liegt in einer knöchernen Vertiefung knapp oberhalb der Schädelbasis. Hypothalamus und Hypophyse bilden eine Funktionseinheit, der Hypothalamus steuert die Hypophyse. Die Hypophyse wiederum produziert Hormone, mit denen sie andere Drüsen steuert und lebenswichtige Prozesse beeinflusst (wie zum Beispiel das Knochenwachstum, den Stoffwechsel und die sexuelle Entwicklung). Eine Unterfunktion des vorderen Hypophysenabschnitts führt zur Wachstumsverzögerung während der Kindheit und zur verminderten Hormonproduktion der anderen endokrinen Drüsen. Eine Überfunktion der vorderen Hirnanhangdrüse führt zu übersteigertem Wachstum bei Kindern und Akromegalie bei Erwachsenen (Vergrößerung und Vergröberung, insbesondere der Gesichts-, Fuß- und Handknochen). Der hintere Teil der Hirnanhangdrüse produziert die Hormone Oxytocin und Vasopressin. Tumoren, Bestrahlungen, Entzündungen, Infektionen und Verletzungen können eine Fehlfunktion der Hypophyse verursachen. Autopsieberichte und Untersuchungen, haben gezeigt, dass weltweit jeder fünfte Mensch einen Hypophysentumor hat (überwiegend gutartig), der aber meist nicht erkannt wird bevor Symptome auftreten. Es gibt mehr als ein Dutzend verschiedener Störungen, die aus Hypophysentumoren resultieren und u.a. ein Cushing-Syndrom oder Morbus Addison hervorrufen können (siehe dort). Ein Hypophysen-Infarkt ist das Absterben von Gewebe der Hirnanhangdrüse und wird meist durch eine Blutung aus einem gutartigen Hypophysentumor verursacht.

Behandlung (alle Befehle im Namen von Jesus Christus)

1. Behandle die Ursache der Erkrankung, wenn sie bekannt ist.
2. Leg deine Hände auf den Kopf und befiehl der Hirnanhangdrüse richtig zu funktionieren und die richtige Menge an Hormonen zu produzieren.
3. Befiehl allen anderen betroffenen Teilen des Körpers geheilt zu sein und richtig zu funktionieren.

HIV-INFEKTION (siehe AIDS)

HOMOSEXUALITÄT

Homosexualität ist die sexuelle Orientierung zu gleichgeschlechtlichen Partnern. Männer werden auch als schwul, Frauen als lesbisch bezeichnet. Derjenige, für den gebetet werden soll, muss den eigenen Wunsch haben, davon geheilt und befreit zu werden.

Behandlung (alle Befehle im Namen von Jesus Christus)

1. Leite sie im Bußgebet für Götzenanbetung.
2. Lass sie, wenn nötig, Buße tun für ihre sexuellen Verfehlungen (Details sind unwichtig).
3. Leite sie im Gebet zur Lösung von ungöttlichen Bindungen.
4. Treibe den Geist der Homosexualität aus.
5. Leite sie im Gebet zum Brechen von Wortflüchen.
6. Erkenne die Leere in ihrem Herzen. Sprich ihnen Frieden zu.

HYPERLIPIDÄMIE (siehe Cholesterin)

HYPERTONIE, ARTERIELLE (siehe Bluthochdruck)

HYPOGLYKÄMIE (siehe Unterzuckerung)

IMMUNSYSTEM

Als Immunantwort bezeichnet man die Fähigkeit des Körpers, sich gegen Viren, Bakterien und andere, fremd erscheinende und potentiell schädigende Substanzen zu verteidigen. Das Immunsystem schützt den Körper durch das Erkennen und

Reagieren auf diese sog. Antigene. Das sind große Moleküle (meist Eiweiße), an der Oberfläche von Zellen, Bakterien, Viren oder Pilzen. Auch unbelebte Stoffe wie Chemikalien, Gifte, Drogen und Fremdstoffe (wie Splitter), können als Antigene wirken. Sie werden durch das Immunsystem erkannt und zerstört. Auch unsere eigenen Körperzellen enthalten Antigene (u.a. die sog. HLA-Gruppe). Das Immunsystem lernt jedoch, diese als „normal" anzusehen und reagiert normalerweise nicht darauf. Ausnahme sind die Autoimmunkrankheiten, hier greift das Immunsystem fälschlicherweise körpereigene Strukturen an. Unser Körper besitzt verschiedene Barrieren, um die schädigenden Substanzen am Eindringen zu hindern. Das sind u.a. die Haut, die Magensäure, Schleim (der Bakterien und kleine Partikel einschließt), der Hustenreflex und Enzyme in Tränen und auf der Haut. Sie bilden die erste „Verteidigungslinie" der Immunantwort. Wenn Antigene diese äußeren Hindernisse überwunden haben, werden sie von anderen Teilen des Immunsystems angegriffen (verschiedene Arten weißer Blutzellen, chemischer Stoffe und Eiweiße). Einige davon greifen die Eindringlinge direkt an, andere arbeiten zusammen um die Immunzellen zu unterstützen.

Behandlung (alle Befehle im Namen von Jesus Christus)

1. Befiehl dem Immunsystem komplett wiederhergestellt und geheilt zu sein.
2. Befiehl, dass alle Krankheitsprozesse des Körpers beendet werden.
3. Befiehl allen krankheitsverursachenden Erregern diesen Menschen zu verlassen.
4. Befiehl den elektrischen und magnetischen Frequenzen Harmonie und Ausgeglichenheit.
5. Leite sie, wenn erforderlich, im Bußgebet.

INFEKTIONEN

Hiermit sind Infektionen jeder Art gemeint, die durch Mikroorganismen verursacht werden (Bakterien, Viren, Pilze oder Parasiten).

Behandlung (alle Befehle im Namen von Jesus Christus)

1. Befiehl der Infektion den Körper zu verlassen.
2. Befiehl dem Körper in den normalen Zustand wiederhergestellt und geheilt zu sein und normal zu funktionieren.
3. Befiehl ein starkes, intaktes Immunsystem.
4. Leite sie, wenn erforderlich, im Bußgebet.
5. Befiehl den elektrischen und magnetischen Frequenzen Harmonie und Ausgeglichenheit.

INKONTINENZ

HARNINKONTINENZ

Das bezeichnet das Unvermögen, den Harndrang kontrollieren zu können. Das reicht von einer gelegentlichen Schwäche bis zur ständigen Unfähigkeit den Harn zu halten. Es werden 2 Arten der Harninkontinenz unterschieden:

- bei der Stressinkontinenz kommt es durch starke körperliche Aktivitäten wie Niesen, Husten, Lachen oder anstrengende Tätigkeiten zum Harnverlust (Sport, das Heben schwerer Gegenstände usw.).
- Bei der Dranginkontinenz kommt es z.T. bei gering gefüllter Harnblase durch plötzliches Zusammenziehen der Blasenmuskulatur zum unfreiwilligen Harnabgang.
- Bei älteren Menschen tritt häufig eine Inkontinenz auf. Frauen sind öfter betroffen, besonders nach der Geburt

mehrerer Kinder, da durch die Schwangerschaft und den Geburtsvorgang die Beckenmuskulatur überdehnt wird und erschlafft.

STUHLINKONTINENZ

Sie bezeichnet die Unfähigkeit, den Stuhlgang willkürlich kontrollieren zu können. Das kann gelegentlich auftreten oder ständig vorhanden sein. Frauen sind öfter betroffen.

Ironischerweise ist Verstopfung die häufigste Ursache einer Stuhlinkontinenz. Dabei werden die Muskeln im Enddarm- und Analbereich wiederholt stark gedehnt. Irgendwann erschlaffen sie und damit funktioniert der Schließmechanismus nur noch unzureichend. Auch die Darmmuskulatur verliert ihre Kontraktionsfähigkeit und erlaubt nur noch eine verlangsamte Darmpassage, was wieder die Verstopfung verstärkt. Durch die ständige Überdehnung reagieren die Nerven im Rektum- und Analbereich weniger sensibel. Dadurch fehlt die Übermittlung von den Nerven zum Gehirn, d.h. der Betroffene merkt nicht, dass der Darm gefüllt ist. Wenn der Darm irgendwann zu voll ist, kommt es zum unfreiwilligen Stuhlabgang. Schädigungen oder eine Operation an Gehirn, Rückenmark, Prostata oder Rücken können ebenso zur Harn- und Stuhlinkontinenz führen.

Behandlung (alle Befehle im Namen von Jesus Christus)

1. Befiehl den Muskeln und Nerven in den betroffenen Bereichen richtig zu funktionieren.
2. Befiehl jeder zugrundeliegenden Reizung oder Infektion zu weichen.
3. Leite sie im Gebet und lass sie allen Kummer, Stress und Sorgen auf den Altar Gottes legen.

ISCHIAS-BESCHWERDEN

Als „Ischias" bezeichnet man ein Syndrom, das Schmerzen, Schwächegefühle, Taubheit oder Kribbeln in den Beinen auslöst Verursacht werden diese Symptome durch eine Verletzung oder eine Kompression des Nervus ischiadicus, der sich an der Rückseite der Beine befindet. Dieser Nerv steuert die Muskeln an der Rückseite von Knie und Unterschenkel und ist zuständig für die Gefühlsübertragung vom Oberschenkel, Teilen des Unterschenkels und der Fußsohle zum Rücken. Der Ischiasnerv wird meist durch verschobene Wirbelkörper, langes Sitzen und Liegen, Verletzungen am Gesäß oder Oberschenkel, Tumoren, Abszesse oder Flüssigkeitsansammlungen im Becken und der damit verbundenen Druckerhöhung auf den Nerv geschädigt. Ein Bandscheibenvorfall kann ähnliche Symptome verursachen. Systemische Krankheiten wie Diabetes mellitus führen häufig zu Nervenschäden (u.a. am Ischiasnerv). Oft bleibt die Ursache der Beschwerden jedoch unklar.

Behandlung (alle Befehle im Namen von Jesus Christus)

1. Befiehl den Beinen sich auszurichten und gleich lang zu sein.
2. Befiehl der Lendenwirbelsäule und dem Kreuzbein in ihre normale Ausrichtung zurückzukehren.
3. Befiehl eine starke Wirbelsäulenmuskulatur.
4. Befiehl den Bandscheiben in ihre richtige Position zurückzukehren und allen Druck auf die Nerven zu lösen.
5. Befiehl dem Geist der Ischiasbeschwerden zu verschwinden und allen Nervenverspannungen sich zu lösen.
6. Leite sie, wenn nötig, im Bußgebet.

KARPALTUNNEL-SYNDROM

Der Nervus medianus ist für die sensible Nervenversorgung (das Gefühl) von Daumen, Zeige- und Mittelfinger, den daumenseitigen Anteil von Handfläche und Ringfinger, sowie für einen Teil der motorischen Nervenversorgung der Hand verantwortlich (Bewegungssteuerung). Der Nerv verläuft an der Beugeseite der Hand zwischen den Handwurzelknochen und einem Band, die den Karpaltunnel bilden. Beim Karpaltunnelsyndrom kommt es bei vorbestehender anatomischer Enge und zusätzlichen Faktoren wie ständiger mechanischer Überlastung, Fehlhaltung oder einer Entzündung im Bereich des Handgelenks zur Komprimierung des Nervus medianus. Folgen sind Muskelschwäche oder –schwund, Taubheit und Kribbeln an Händen und Fingern. Es tritt häufig auf, wenn über längere Zeit gleichartige Handbewegungen ausgeführt werden. Das Karpaltunnelsyndrom tritt meist im Alter zwischen 30. und 60. Lebensjahr auf und betrifft Frauen 5–mal häufiger als Männer. Während der Schwangerschaft, den Regelblutungen und in der Menopause treten die Beschwerden verstärkt auf. Anscheinend hängt das mit den Hormonschwankungen und der damit verbundenen Flüssigkeitseinlagerung und Schwellung im Bereich des Handgelenks zusammen.

Behandlung (alle Befehle im Namen von Jesus Christus)

1. Leg die Hände auf das betroffene Handgelenk und befiehl den Geweben, Sehnen und Bändern sich zu entspannen und geheilt zu sein.
2. Befiehl dem Karpaltunnel sich zu öffnen und den Druck auf den Nervus medianus zu lösen.
3. Befiehl die Wiederherstellung der normalen Durchblutung und Muskelkraft im betroffenen Handgelenk.

4. Befiehl jedem Taubheits- oder Kribbelgefühl zu gehen.
5. Befiehl den Handgelenken Heilung und die Wiederherstellung ihrer normalen Funktion.

KEHLKOPFENTZÜNDUNG, LARYNGITIS

(siehe auch Erkältung, Grippe, Halsschmerzen)

Die Stimmbänder innerhalb des Kehlkopfs öffnen und schließen sich normalerweise reibungslos und erzeugen durch ihre Bewegungen die Stimmlaute. Eine akute Laryngitis ist eine Entzündung des Kehlkopfs, meist aufgrund von Infektionen. Die Stimmbänder schwellen an und verursachen Heiserkeit und Sprechprobleme bis hin zur Stimmlosigkeit. Heiserkeit oder eine chronische Kehlkopfentzündung (länger als drei Wochen) können Hinweise auf tieferliegende Gesundheitsprobleme sein. Häufige Ursachen einer chronischen Kehlkopfentzündung sind die ständige Reizung durch zu viel Alkohol, Nikotin, Rückfluss von Magensäure in die Speiseröhre und Überanstrengung der Stimmbänder durch lautes Sprechen, Schreien oder Singen über längere Zeit.

Behandlung (alle Befehle im Namen von Jesus Christus)

1. Binde jede zugrundeliegende Viren- oder Bakterieninfektion.
2. Leite sie im Bußgebet zum Brechen von Wortflüchen.
3. Befiehl jeder Entzündung und Reizung der Stimmbänder zu gehen.
4. Befiehl allen Teilen vom Hals vollständig geheilt zu sein und normal zu funktionieren.

KELOID (siehe Narben)

KINDERLÄHMUNG (Poliomyelitis)

Die Kinderlähmung ist eine durch Polioviren ausgelöste Infektionskrankheit, die bevorzugt Nervenzellen im Vorderhorn des Rückenmarks befällt. Sie steuern die willkürliche Muskulatur und somit die Bewegungen. Das Immunsystem reagiert auf die Erreger und versucht sie zu bekämpfen, es kommt zu einer Entzündung (durch die Abwehrreaktion) und zur Zerstörung der Nervenzellen. Dies kann im schlechtesten Fall zu schlaffen Lähmungen und zum Tod führen. Ein schwerer Krankheitsverlauf ist aber die Ausnahme, bei über 95% der Fälle verläuft die Infektion symptomlos. Die Übertragung erfolgt direkt von Mensch zu Mensch bzw. durch Kontakt zu infizierten Sekreten von Mund, Nase oder Kot. Das Virus gelangt durch Mund oder Nase in den Körper, vermehrt sich im Rachen und Magen-Darmtrakt und breitet sich durch das Blut und über die Lymphbahnen aus. 1979 trat der letzte Fall von Kinderlähmung in den USA auf. Trotz einer gemeinsamen globalen Ausrottungskampagne sind viele Kinder und Erwachsene in anderen Teilen der Welt, besonders in Indien, West- und Zentralafrika betroffen.

Behandlung (alle Befehle im Namen von Jesus Christus)

1. Treibe den Geist der Kinderlähmung aus.
2. Befiehl ein schöpferisches Wunder: befiehl dem Rückenmark und allen geschädigten Nerven, Muskeln, Sehnen, Bändern und Geweben, geheilt und gestärkt zu sein und normal zu funktionieren.

POST-POLIO-SYNDROM

Das Post-Polio-Syndrom tritt bei Menschen ca. 10 bis 40 Jahre nach einer durchgemachten Kinderlähmung auf. Bei der Kinderlähmung (siehe dort) wird ein Teil der Nervenzellen zerstört. Man vermutet, dass die verbleibenden Nervenzellen versuchen den entstandenen Funktionsverlust auszugleichen. Jahrelang arbeiten sie an ihrer Belastungsgrenze aber irgendwann sind sie nicht mehr in der Lage, die Mehrarbeit auszugleichen. Es kommt zu ähnlichen Symptomen wie bei der Kinderlähmung z.B.:

- Muskelschwäche
- allgemeine Erschöpfung, Kraft- und Antriebslosigkeit
- Muskel- und Gelenkschmerzen
- Atem- und Schluckprobleme
- Atemaussetzer in der Nacht (Schlaf-Apnoe)
- gesteigerte Empfindlichkeit gegenüber kalten Temperaturen

Behandlung (alle Befehle im Namen von Jesus Christus)

1. Treibe den Geist der Kinderlähmung aus.
2. Befiehl ein schöpferisches Wunder: befiehl dem Rückenmark und allen geschädigten Nerven, Muskeln, Sehnen, Bändern und Geweben, geheilt und gestärkt zu sein und normal zu funktionieren.

KNIESCHEIBE, PATELLA

Die Patella ist der flache, dreieckige Knochen über dem Kniegelenk. Probleme der Kniescheibe können durch Verletzungen, Krankheiten oder Entwicklungsstörungen verursacht werden. Bei einer Patellaluxation ist die Kniescheibe aus ihrer normalen Lage zur Knieaußenseite verschoben. Auslöser ist meist eine plötzliche Richtungsänderung beim Gehen oder Laufen, bei der das Knie stark belastet wird. Sie kann auch direkte Folge einer Verletzung sein. Risikofaktoren sind angeborene Kniefehlstellungen („X-Beine“, bei Frauen häufiger) und eine Schwäche des Bandapparates.

Behandlung (alle Befehle im Namen von Jesus Christus)

1. Treibe den Geist der Arthritis hinaus (wenn das die Ursache ist).
2. Leg deine Hände auf das Knie. Befiehl allen Muskeln, Sehnen, Bändern, Knorpeln und Geweben geheilt zu sein.
3. Befiehl eine gute Durchblutung und eine genügende Menge an Gelenkflüssigkeit im betroffenen Kniegelenk.
4. Befiehl, wenn nötig, eine neue Kniescheibe.
5. Führe sie im Gebet zum Brechen von Generationenflüchen.

KNOCHENBRUCH, FRAKTUR

Wenn auf Knochen ein zu starker Druck ausgeübt wird, dann können sie manchmal nicht standhalten. Sie verbiegen oder brechen. Wenn der gebrochene Knochen die Haut durchbohrt, wird er als "offener" Bruch bezeichnet. Eine Stressfraktur (Ermüdungsbruch), ist ein haarfeiner Riss im Knochen, der durch wiederholte oder langanhaltende Belastung entsteht. Diese Bruchform kommt häufig vor bei Menschen mit Osteoporose.

Behandlung (alle Befehle im Namen von Jesus Christus)

1. Befiehl den betroffenen Knochen Heilung.
2. Befiehl ihnen, in der richtigen Ausrichtung und Festigkeit zusammenzuwachsen.
3. Befiehl allen Nerven, Muskeln, Sehnen und Bändern Stärke und befiehl ihnen, sich entlang der geheilten Knochen auszurichten.
4. Befiehl dem Schmerz zu gehen.

KOLITIS (siehe Dickdarm-Entzündung)

KOMA

Als Koma wird ein Zustand tiefer Bewusstlosigkeit bezeichnet. Es gibt verschiedene Ursachen dafür, z.B. Vergiftungen durch Alkohol, Drogen oder andere Substanzen, Stoffwechselstörungen, Anfallsleiden (z.B. Epilepsie), Kopfverletzungen, Sauerstoffmangel oder ein zu niedriger Blutdruck. Eine plötzliche Abnahme des Bewusstseins bzw. zunehmende Bewusstlosigkeit erfordern umgehende medizinische Hilfe.

Behandlung (alle Befehle im Namen von Jesus Christus)

1. Treibe den Geist des Todes aus den Nervenzellen aus.
2. Leg deine Hände auf den Kopf desjenigen für den du betest.
3. Befiehl dem Gehirn Heilung.
4. Befiehl für jeden geschädigten Teil des Gehirns ein schöpferisches Wunder – neues Nervengewebe (Nervengewebe kann sich von alleine nicht neu bilden).
5. Befiehl dem Körper und allen Organen normal zu funktionieren.
6. Befiehl dem Bewusstsein in diesen Menschen zurückzukehren.

KOPFSCHMERZEN

Kopfschmerzen sind ein häufiges Problem. Schwerwiegende Ursachen finden sich eher selten. Überarbeitung, zuwenig Schlaf, Auslassen von Mahlzeiten, Alkohol- oder Drogenmissbrauch erhöhen die Anfälligkeit. Bei manchen Menschen verstärken Schokolade, Käse und Natriumglutamat die Beschwerden. Kaffeetrinker können Kopfschmerzen entwickeln, wenn sie nicht ihre tägliche Menge Koffein bekommen.

Hält man den Kopf über einen längeren Zeitraum in der gleichen Position, z.B. durch arbeiten am PC, mikroskopieren, bügeln oder durch eine schlechte Schlafposition, kann dies ebenfalls zum Entstehen von Kopfschmerzen beitragen. Die meisten Betroffenen fühlen sich deutlich besser, wenn sie lernen sich zu entspannen, ihre Lebensgewohnheiten zu ändern.

CLUSTER-KOPFSCHMERZ (CK)

Bei Cluster-Kopfschmerzen handelt es sich um stärkste, meist einseitige Kopfschmerzen. „Cluster" bedeutet Häufung und bezieht sich auf die phasenweise gehäuft vorkommenden Kopfschmerzen. Sie beginnen oft plötzlich, zeigen eine ausgeprägte Tagesrhythmik und enden häufig genauso abrupt wie sie begonnen haben. Meist sind die Bereiche um Augen und Schläfen betroffen, seltener der Hinterkopf. Der Erkrankungsgipfel liegt zwischen dem 25.–45. Lebensjahr, aber auch in jedem anderen Alter können CK vorkommen. Männer sind häufiger als Frauen betroffen (bei der Migräne ist es umgekehrt). Es wird zwischen der episodischen (phasenweise auftretend, unterbrochen von monate- bis jahrelanger Beschwerdefreiheit) und der chronischen Form unterschieden (nur kurze Pausen zwischen den Attacken). Mischformen kommen vor. Die genaue Ursache ist nicht bekannt. Verschiebungen der Histamin- und Serotoninspiegel im Gehirn werden vermutet. Rauchen, Alkohol, Stress, grelles Licht und einige Lebensmittel können Auslöser sein.

Behandlung (alle Befehle im Namen von Jesus Christus)

1. Befiehl den Histamin- und Serotoninspiegeln normal und im Gleichgewicht zu sein.
2. Leite sie, wenn nötig, im Bußgebet.
3. Leite sie im Gebet zum Brechen von Wortflüchen.

4. Befiehl jedem Schmerz zu gehen.
5. Befiehl eine normale Durchblutung.
6. Leite sie im Gebet und lass sie allen Kummer, Stress und Sorgen auf den Altar Gottes legen.
7. Befiehl dem Blut zu einem normalen pH-Wert zurückzukehren.

MIGRÄNE

Migräne-Attacken sind durch wiederholte schwere, anfallsartige und meist einseitige Kopfschmerzen gekennzeichnet. Sie unterscheiden sich von „normalen" Kopfschmerzen durch das gleichzeitige Auftreten von Symptomen wie Übelkeit, Erbrechen, Geräusch- oder Lichtempfindlichkeit. Manche Betroffene haben vor dem Auftreten der Kopfschmerzen Symptome wie Augenflimmern, Gesichtsfeldeinschränkungen o.ä., die man als Aura bezeichnet. Oft fehlen diese Anzeichen jedoch. Ca. 10% aller Menschen sind von Migräne betroffen, Frauen häufiger als Männer. Meist beginnen die Kopfschmerzen im Alter zwischen dem 10. und 45. Lebensjahr. Oft sind auch andere Familienangehörige betroffen. Migränekopfschmerzen entstehen wahrscheinlich durch ungewöhnlich starke Gehirnaktivitäten, die durch Stress, bestimmte Nahrungsmittel und andere Einflussfaktoren ausgelöst werden. Verschiedene Nervenbahnen und Botenstoffe sowie die Durchblutung im Gehirn und den umgebenden Strukturen scheinen gegenüber Gesunden verändert. Die genauen Mechanismen für die Entstehung der Migränekopfschmerzen sind aber immer noch unbekannt. Auslöser von Migräneattacken sind u.a.:

- allergische Reaktionen
- helles Licht, laute Geräusche, bestimmte Gerüche und Parfüme

- körperlicher und emotionaler Stress
- Änderungen in den Schlafgewohnheiten (z.B. Schichtarbeit)
- Auslassen von Mahlzeiten
- Alkohol, Koffein, Rauchen (auch passiv)
- bei Frauen: Zyklusschwankungen, die Einnahme der Pille
- Lebensmittel die Tyramin (Rotwein, alter Käse, Hühnerleber, geräucherter Fisch, Feigen, einige Bohnensorten), Natriumglutamat oder Nitrat enthalten (Salami, Schinken, Hotdogs)
- andere Lebensmittel wie Schokolade, Nüsse, Avocado, Bananen, Zitronen, Erdnussbutter, Zwiebeln, Milchprodukte usw.

Behandlung (alle Befehle im Namen von Jesus Christus)

1. Leite sie im Bußgebet für Generationenflüche.
2. Befiehl dem Geist der Migräne diesen Menschen zu verlassen.
3. Befiehl eine normale Gehirndurchblutung.
4. Befiehl allen Hormonen im ausgeglichenen Verhältnis vorhanden zu sein.
5. Leite sie im Bußgebet zum Brechen von Wortflüchen.
6. Befiehl dem Schmerz zu gehen.
7. Befiehl dem Blut einen ausgeglichenen pH-Wert.

SPANNUNGS-KOPFSCHMERZ

Spannungskopfschmerzen werden häufig durch verkrampfte Muskeln im Bereich von Kopf, Hals, Kiefer- und Schultergelenken ausgelöst. Symptome sind beidseitige leichte bis mittlere Kopfschmerzen (Migräne und Cluster-Kopfschmerz sind i.d.R. stärker und oft nur auf einer Seite). Sie beginnen hinten am Kopf und „wandern" dann nach vorn. Der Schmerz ist dumpf und drückend, als wenn der Kopf von einem engen Band umgeben oder in einen Schraubstock eingeklemmt ist. Kiefer, Hals und Schultern fühlen sich verspannt und schmerzhaft entzündet an. Angst, Stress oder Depressionen treten häufig zusammen mit Spannungskopfschmerzen auf.

Behandlung (alle Befehle im Namen von Jesus Christus)

1. Bete für die Ausrichtung des Halses.
2. Befiehl jeder Verspannung in den Gefäßen sich zu lösen. Befiehl die Wiederherstellung einer normalen Durchblutung.
3. Wenn nötig, treibe den Geist der Kopfschmerzen aus.
4. Leite sie im Bußgebet, wenn nötig.
5. Führe sie im Gebet zum Brechen von Generationenflüchen.
6. Leite sie im Gebet und lass sie allen Kummer, Stress und Sorgen auf den Altar Gottes legen.
7. Befiehl Körper einen normalen pH-Wert.

KRAMPFADERN, VARIZEN

Krampfadern sind oberflächliche Venen, die erweitert, verdreht und häufig schmerzhaft sind. Sie entstehen, wenn sich Blut in den Venen staut und so zur Überdehnung und zum Elastizitätsverlust der Venen führt. Die Venenklappen schließen nicht mehr richtig und es kommt zur Bildung von Krampfadern. Ursachen sind z.B. langes Stehen, Bewegungsmangel, Schwangerschaft, Übergewicht, vorausgegangene Venenentzündungen, Bindegewebsschwäche und verstärkter Druck im Bauchbereich (z.B. durch starkes Pressen beim Stuhlgang). Defekte Venenklappen können auch angeboren sein.

Behandlung (alle Befehle im Namen von Jesus Christus)

1. Führe sie im Gebet zum Brechen von Generationenflüchen.
2. Befiehl allen betroffenen Venenklappen geheilt zu sein.
3. Befiehl allen Krampfadern zu ihrer normalen Form, Größe und Elastizität zurückzukehren.

KREBS (siehe auch Tumor)

Als Krebs wird ein bösartiger Tumor bezeichnet, der seine normale Zellstruktur verliert, sich im Körper ausbreitet (Metastasierung) und in umgebendes Körpergewebe einwächst (Infiltration). Ursache ist die übermäßige Vermehrung veränderter Zellen, wahrscheinlich aufgrund einer gestörten Regulation der Zellteilung. Die Zellen teilen sich zu schnell oder sie "vergessen" nach ihrer eigentlichen Lebensdauer abzusterben. Krebs kann zum Tode führen, wenn sich die mutierten Zellen im Körper ausbreiten und die Funktion lebenswichtiger Organe beeinträchtigen. Krebs kann sich in nahezu jedem Organ und Köpergewebe entwickeln, z.B. in Lunge, Brust, Haut, Dickdarm, Knochen oder im Gehirn. Ein benigner (gutartiger) Tumor hat nicht die Eigenschaften einer Krebserkrankung. Er verdrängt umgebendes Gewebe, wächst aber nicht in andere Organe ein, hat eine weiche, glatte Oberfläche, behält weitgehend einen normalen Zellaufbau, bildet keine Metastasen und ist meist einfach operativ zu entfernen.

Behandlung (alle Befehle im Namen von Jesus Christus)

1. Binde den Ursprung der Krebszellen und befiehl dem Krebsgeist diesen Menschen zu verlassen.
2. Leite sie im Bußgebet für Generationenflüche.
3. Wenn nötig, dann lasse sie Buße tun für ihre Verbitterung und Unvergebenheit.

4. Befiehl den elektrischen und magnetischen Frequenzen Harmonie und Ausgeglichenheit.
5. Binde alle Prionen. Befiehl ihnen sich aufzulösen und diesen Menschen zu verlassen.
6. Befiehl den weißen Blutkörperchen (Leukozyten) sich zu vermehren und alle Krebszellen zu vernichten.
7. Befiehl allen geschädigten Geweben und Organen geheilt und in ihrer normalen Funktionsfähigkeit wiederhergestellt zu sein.

BRUSTKREBS

In den westlichen Ländern ist Brustkrebs bei Frauen die häufigste Krebsart. In Deutschland treten jedes Jahr ca. 50´000 neue Fälle auf. Etwa 1% der Fälle von Brustkrebs betrifft Männer. Ein Geschwulst oder Tumor, egal ob gut- oder bösartig, ist durch eine unnatürlich hohe Zellzahl gekennzeichnet. Nicht jeder Tumor ist Krebs!! Ein gutartiger (benigner) Tumor hat andere Eigenschaften als Krebs. Er breitet sich nicht ungehemmt aus und ist in der Regel operativ leicht zu entfernen. Ein maligner (bösartiger) Tumor ist in der Lage, sich auf andere Körperteile auszubreiten, verursacht Schäden in den umgebenden Geweben und entwickelt sich zu dem, was man als Krebs oder Malignität bezeichnet.

Behandlung (alle Befehle im Namen von Jesus Christus)

1. Befiehl dem Krebs-Geist diesen Menschen zu verlassen.
2. Führe sie im Gebet zum Brechen von Generationenflüchen.
3. Wenn nötig, dann lasse sie Buße tun für ihre Verbitterung und Unvergebenheit.
4. Befiehl den elektrischen und magnetischen Frequenzen Harmonie und Ausgeglichenheit.

5. Befiehl allen Prionen sich aufzulösen und diesen Menschen zu verlassen.
6. Befiehl dem geschädigten Körpergewebe in normalem, gesundem Zustand wiederhergestellt zu sein.

DICKDARMKREBS, KOLOREKTALKREBS

Kolon und Rektum sind Teile des Dickdarms. Krebs in Kolon und Rektum, die oft als Kolorektalkrebs zusammengefasst werden, entstehen durch Veränderungen der Dickdarmschleimhaut. Am häufigsten sind die letzten 30–40 cm des Dickdarms betroffen. Dickdarmkrebs ist die zweithäufigste, krebsbedingte Todesursache in westlichen Ländern. Er kann vollständig geheilt werden, wenn er rechtzeitig durch eine Darmspiegelung erkannt wird (Koloskopie). Es gibt mehrere Ursachen für die Entstehung. Meist entwickelt er sich langsam aus einem entarteten Polypen. Andere Risikofaktoren sind chronische Darmentzündungen, erhöhtes Lebensalter, eine andere, bereits durchgemachte Art von Krebs sowie Fälle von Dickdarmkrebs in der Familie. Andere Tumoren wie Lymphome, Karzinoide, Melanome und Sarkome kommen im Dickdarm selten vor.

Behandlung (alle Befehle im Namen von Jesus Christus)

1. Binde den Ursprung der Krebszellen und treibe den Geist des Krebses aus.
2. Führe sie im Gebet zum Brechen von Generationenflüchen.
3. Wenn nötig, dann lasse sie Buße tun für ihre Verbitterung und Unvergebenheit..
4. Befiehl den elektrischen und magnetischen Frequenzen Harmonie und Ausgeglichenheit.

5. Befiehl allen Prionen sich aufzulösen und diesen Menschen zu verlassen.
6. Befiehl den körpereigenen Abwehrzellen sich zu vermehren und alle Krebszellen anzugreifen.
7. Befiehl allem geschädigten Gewebe wiederhergestellt und geheilt zu sein.

LÄHMUNG

(siehe Parkinson-Krankheit, Zerebralparese, Fazialisparese)

LATERALSKLEROSE, AMYOTROPHE (ALS) LOU-GEHRIG-KRANKHEIT

Die ALS ist gekennzeichnet durch einen fortschreitenden Verlust der motorischen Nervenfunktionen in Gehirn und Rückenmark infolge einer irreversiblen Schädigung und dem Zugrundegehen von Nervenzellen. Warum die Nervenzellen zerstört werden, ist in ca. 90% der Fälle unbekannt. Bei 10% liegt ein genetischer Defekt zugrunde.

Behandlung (alle Befehle im Namen von Jesus Christus)

1. Führe sie im Gebet zum Brechen von Generationenflüchen.
2. Befiehl dem Geist der ALS diesen Körper zu verlassen.
3. Befiehl ein neues Nervensystem und ein neues Gehirn.
4. Befiehl allen Systemen vollständige Heilung und eine normale Funktionsfähigkeit.

LESESCHWÄCHE (Legasthenie, Dyslexie)

Legasthenie oder Dyslexie bezeichnet eine Störung, bei der das Lesen und die Rechtschreibung beeinträchtigt sind. Sie wird nicht durch Seh- oder Hörschwierigkeiten verursacht und geht auch nicht mit Störungen der Denkfähigkeit einher.

Die meisten Kinder mit Leseschwäche haben die gleiche oder eine höhere Intelligenz wie Gleichaltrige. Es ist vielmehr ein Verarbeitungsproblem bestimmter Gehirnanteile. Es wird vermutet, dass Kinder mit einer Leseschwäche Geschriebenes und Gehörtes in einer anderen Region ihres Gehirns und mit einer anderen Geschwindigkeit verarbeiten als Kinder, die keine Probleme beim Lesen haben. Diese Fähigkeiten sind wichtige Voraussetzungen um Lesen zu können. Eine Leseschwäche kann allein oder in Verbindung mit einer Rechenschwäche auftreten (Dyskalkulie). All diese Hirnprozesse beinhalten das Verarbeiten komplexer Informationen.

Behandlung (alle Befehle im Namen von Jesus Christus)

1. Befiehl den Augennerven richtig zu funktionieren und korrekte Informationen an das Gehirn weiterzugeben.
2. Führe sie im Gebet zum Brechen von Generationenflüchen.
3. Befiehl dem Gehirn die empfangenen Informationen richtig zu verarbeiten und vollständig zu verstehen.

LEUKÄMIE

Leukämie ist nicht eine einzelne Krankheit sondern ein Sammelbegriff für eine Gruppe ähnlicher Krankheiten. Es kommt zur vermehrten Bildung der weißen Blutkörperchen (Leukozyten) und ihrer unreifen Vorläuferzellen, welche die anderen Zellen im Knochenmark verdrängen. Es gibt verschiedene Leukämiearten mit unterschiedlichen Symptomen. Auch der Krankheitsverlauf und die Therapien unterscheiden sich je nach Leukämieform. Eine Reihe von Ursachen werden vermutet, letztlich ist aber immer noch unklar, wieso Leukämien entstehen. Man vermutet, dass eine Art Krebs zur Verdrängung der normalen Blutzellen durch die Leukozyten führt. Es kommt zum Mangel der anderen Blutzellen (Folgen sind Anämie und Blutungen), zum Anschwellen von Lymphknoten, Infektionen, zur Milz- und Lebervergrößerung und anderen Symptomen. Eine Einteilungsform ist die Unterscheidung zwischen akuten und chronischen Formen. Eine akute Leukämie erfordert i.d.R. eine umgehende Behandlung. Unbehandelt kann sie innerhalb von Wochen oder Monaten zum Tode führen (je nach Ausgangssituation des Patienten). Allerdings haben Fortschritte in der Therapie während der vergangenen 40 Jahre dazu geführt, dass akute Leukämien behandelbar und oftmals heilbar sind.

Behandlung (alle Befehle im Namen von Jesus Christus)

1. Binde den Ursprung der Leukämie und treibe den Geist des Todes aus.
2. Führe sie im Gebet zum Brechen von Generationenflüchen.
3. Wenn nötig, dann lasse sie Buße tun für ihre Verbitterung und Unvergebenheit.
4. Befiehl den elektrischen und magnetischen Frequenzen Harmonie und Ausgeglichenheit.
5. Befiehl allen Prionen sich aufzulösen und den Körper zu verlassen.
6. Befiehl dem Knochenmark die richtige Menge an weißen Blutzellen herzustellen.

LIPPEN-KIEFER-GAUMENSPALTE

Es handelt sich um angeborene Fehlbildungen, welche die obere Lippe und den weichen und harten oberen Mundboden betreffen (Gaumen). Die Schweregrade variieren zwischen einer kleinen Kerbe in der Lippe bis hin zur kompletten Öffnung von Mundboden und Nase. Die Merkmale können einzeln, zusammen oder in Verbindung mit anderen Geburtsfehlbildungen auftreten. Es gibt viele Ursachen für die Entstehung, z.B. die Weitergabe veränderter Gene von einem oder beiden Elternteilen, Virusinfektionen, Drogenmissbrauch der Eltern oder andere Schadstoffe. Neben den Gesichtsveränderungen können Ernährungsprobleme (durch die erschwerte Nahrungsaufnahme), Sprachschwierigkeiten oder Ohrinfektionen auftreten.

Behandlung (alle Befehle im Namen von Jesus Christus)

1. Führe sie im Gebet zum Brechen von Generationenflüchen.
2. Leg deine Hände auf ihren Mund.
3. Befiehl ein schöpferisches Wunder – die Normalisierung aller Gewebe und Weichteile.
4. Befiehl jedem Schmerz zu verschwinden.

LOU-GEHRIG-KRANKHEIT

(siehe Lateralsklerose, amyotrophe)

LUPUS ERYTHEMATODES, SYSTEMISCHER (SLE)

Der systemische Lupus erythematodes ist eine Autoimmunerkrankung, die den gesamten Körper betreffen kann (meist Haut, Gelenke, innere Organe). Normalerweise verteidigt das Immunsystem den Körper gegen Infektionen von außen. Beim SLE und anderen Autoimmunkrankheiten richten sich diese Abwehrmechanismen gegen körpereigene Strukturen. Die Entstehungsursachen von Autoimmunkrankheiten sind noch nicht völlig geklärt. Viele Forscher vermuten, dass sie nach Infektionen mit Mikroorganismen auftreten. Einige körpereigene Eiweiße ähneln diesen Erregern und werden fälschlicherweise ebenso vom eigenen Immunsystem angegriffen. Es gibt verschiedene Formen des SLE. Zu 90% sind Frauen betroffen, meist zwischen dem 10.–50. Lebensjahr.

Behandlung (alle Befehle im Namen von Jesus Christus)

1. Treibe den Geist von Lupus Erythematodes aus.
2. Befiehl dem Immunsystem und allen betroffenen Organen geheilt zu sein und normal zu funktionieren.
3. Führe sie im Gebet zum Brechen von Generationenflüchen.
4. Befiehl den elektrischen und magnetischen Frequenzen Harmonie und Ausgeglichenheit.

LYMPHÖDEM (siehe Ödeme)

MAGENPROBLEME (siehe auch Geschwür)

Jedes Problem, das mit dem Magen in Verbindung steht.

Behandlung (alle Befehle im Namen von Jesus Christus)

1. Benenne das Problem so genau wie möglich.
2. Befiehl jeder zugrunde liegenden Störung geheilt zu sein.
3. Wenn nötig, befiehl einen neuen, normal funktionierenden Magen.
4. Führe sie im Gebet, all ihren Kummer, Stress und Sorgen auf den Altar Gottes zu legen.
5. Führe sie im Bußgebet zum Brechen von Wortflüchen.

MAGERSUCHT (siehe Anorexia nervosa)

MANDELENTZÜNDUNG (Tonsillitis)

Eine Tonsillitis ist die Entzündung der Gaumenmandeln (Tonsillen). Das sind lymphatische Organe, die paarig am hinteren Ende des Gaumens zwischen den beiden Gaumenbögen liegen. Sie helfen normalerweise, Bakterien und andere

Erreger herauszufiltern, um Infektionen zu verhindern. Wenn die Bakterien oder Viren überhand nehmen, kommt es zur Entzündung und Schwellung der Mandeln. Die Infektion kann sich auf den Hals und umgebendes Gewebe ausbreiten. Eine Mandelentzündung ist eine häufige Erkrankung, besonders im Kindesalter.

Behandlung (alle Befehle im Namen von Jesus Christus)

1. Binde die Infektion und befiehl ihr zu verschwinden.
2. Befiehl den Mandeln, zu ihrer normalen Größe zurückzukehren und normal zu funktionieren.
3. Befiehl jedem Schmerz zu gehen.

MISSBRAUCH

Missbrauch kann körperlicher, sexueller, emotionaler oder verbaler Art oder eine Kombination daraus sein. Wir sind gesetzlich verpflichtet, jeden sexuellen Missbrauch an Minderjährigen zu melden. Wenn man über einen solchen Missbrauch informiert ist, ihn aber den Behörden nicht meldet, kann man wie der Täter strafrechtlich belangt werden. Die Opfer glauben oft, dass sie in gewisser Weise mitverantwortlich sind für den Missbrauch. Das stimmt nicht.

Behandlung (alle Befehle im Namen von Jesus Christus)

1. Rate den Opfern eines über längere Zeit bestehenden Missbrauchs einen sicheren Ort aufzusuchen.
2. Leite sie im Vergebungsgebet gegenüber den Tätern.
3. Breche die Lügen, an die sie geglaubt haben.
4. Sprich den Frieden Gottes über sie.

MITTELOHRENTZÜNDUNG

Eine Mittelohrentzündung ist eine ernste Erkrankung, bei der es zur schmerzhaften Rötung und Schwellung der Schleimhäute des Mittelohrs kommt. Durch die Schwellung verstopft die Eustachische Röhre (die Verbindung zwischen Gaumen und Mittelohr). Bei der häufigeren, bakteriellen Form kann es nach einigen Tagen zum Trommelfelldurchbruch mit Eiteraustritt kommen. Die Infektion kann die kleinen Gehörgangsknöchelchen schädigen oder auf das Mastoid übergreifen (den Knochenvorsprung hinter dem Ohr). Chronisch bedeutet, dass die Symptome wiederholt auftreten bzw. ständig vorhanden sind. Das kann passieren, wenn die Eustachische Röhre immer wieder verschlossen ist, z.B. aufgrund von vorangegangenen, unvollständig ausgeheilten Ohrinfektionen, durch Ohrverletzungen, Allergien oder geschwollene Rachenmandeln. Kinder sind öfter betroffen, weil bei ihnen die Eustachische Röhre kürzer und schmaler ist und mehr horizontal verläuft als bei Erwachsenen.

Behandlung (alle Befehle im Namen von Jesus Christus)

1. Binde die Ohrinfektion bzw. die Erreger (Pilze, Viren, Bakterien).
2. Befiehl den Eustachischen Röhren sich zu öffnen und der Ohrflüssigkeit normal zu zirkulieren.
3. Bete für die richtige Ausrichtung des Halses.
4. Befiehl dem Innenohr eine normale Durchblutung und die Reinigung von allen Ablagerungen.
5. Führe sie im Gebet zum Brechen von Generationenflüchen.
6. Befiehl allem Schmerz zu verschwinden.
7. Befiehl die Wiederherstellung des normalen Hörvermögens.
8. Befiehl ein einwandfrei funktionierendes Immunsystem.

MONGOLOISMUS (siehe Down-Syndrom)

MONONUKLEOSE (Pfeiffersches Drüsenfieber)

Der Erreger dieser Erkrankung, das Epstein-Barr-Virus, wird vor allem über Speichel übertragen, meist durch Husten, Niesen, die gemeinsame Benutzung von Geschirr und Besteck, aber auch über das Küssen (darum als „Kissing-Disease" bezeichnet). Eine voll ausgeprägte Infektion wird meist nur bei Jugendlichen und jungen Erwachsenen beobachtet. Typische Symptome sind starke Kopf- und Halsschmerzen, Schluckbeschwerden, Schwäche, Erschöpfung, geschwollene Lymphknoten, Fieber und evtl. eine Vergrößerung der Milz. Die Krankheit verläuft in der Regel relativ mild, obwohl das Virus lebenslang im Körper verbleibt und die Beschwerden monatelang bestehen können. Die meisten Menschen haben bis zum 35. Lebensjahr Kontakt mit dem Epstein-Barr-Virus gehabt und Antikörper dagegen gebildet. Sie sind immun und vor einer erneuten Infektion geschützt. Eine Mononukleose kann manchmal zu ernsthaften Komplikationen wie einer Endo- oder Myokarditis (Herzmuskel-Entzündung), Meningitis, Enzephalitis, Gesichtslähmung, epileptischen Anfällen, einer Anämie oder einem Guillain-Barré-Syndrom (siehe dort).

Behandlung (alle Befehle im Namen von Jesus Christus)

1. Befiehl dem Epstein-Barr-Virus und allen Symptomen diesen Menschen zu verlassen.
2. Befiehl ein normal funktionierendes Immunsystem.
3. Befiehl den elektrischen und magnetischen Frequenzen Harmonie und Ausgeglichenheit.
4. Befiehl allen Körpersystemen zu ihrem ursprünglichen, gesunden Zustand zurückzukehren, einschließlich normaler Durchblutung, Nervenfunktion, Muskelkraft und Ausdauer.

MORBUS ADDISON (siehe Nebennierenrinden-Schwäche)

MORBUS CROHN

M.Crohn gehört zu den chronisch-entzündlichen Darmerkrankungen, der in jedem Teil des Verdauungstraktes auftreten kann, aber meist den letzten Teil des Dünndarms betrifft, bevor dieser in den Dickdarm übergeht. Es ist eine Autoimmunkrankheit, bei der das Immunsystem die körpereigenen Zellen bekämpft. Beim M.Crohn attackieren die Immunzellen den Verdauungstrakt. Warum sie das tun, ist unbekannt, allerdings scheinen Erbfaktoren eine Rolle zu spielen. Als Folge der Immun- und Entzündungsreaktion verdickt sich die Darmschleimhaut und es können sich tiefe Geschwüre bilden (Ulzera). Ein M.Crohn entwickelt sich meist in der Jugend und im jungen Erwachsenalter, kann aber prinzipiell in jedem Alter auftreten. Bekannte Risikofaktoren sind Rauchen und weitere Fälle von Morbus Crohn in der Familie.

Behandlung (alle Befehle im Namen von Jesus Christus)

1. Befiehl dem Geist von Morbus Crohn diesen Menschen zu verlassen.
2. Weise die Infektion zurück.
3. Befiehl dem Darm vollständig wiederhergestellt und geheilt zu sein.
4. Führe sie im Gebet zum Brechen von Generationenflüchen.
5. Befiehl dem Immunsystem richtig zu funktionieren.

MORBUS MENIÉRE (siehe auch Schwindel)

Die flüssigkeitsgefüllten, bogenartigen Kanälchen im Innenohr kontrollieren zusammen mit dem 8. Hirnnerven das Gleichgewichtsempfinden und die Körperposition. Beim

Morbus Meniére kommt es zur Flüssigkeitsvermehrung und Druckerhöhung im Innenohr. Dadurch wird das Gleichgewichtsorgan gereizt Es kommt zu Anfällen von Drehschwindel, einseitigem Hörverlust und Ohrgeräuschen (Tinnitus). Diese 3 Symptome bezeichnet man als Meniéresche Trias. Dazu können Kopfschmerzen, Übelkeit und Erbrechen auftreten. Warum es zur vermehrten Flüssigkeitseinlagerung im Innenohr kommt, ist unbekannt. In einigen Fällen steht sie in Zusammenhang mit Stress, Mittelohrentzündungen, Kopfverletzungen, Infekten, Erschöpfung, Medikamenten (z.B. Aspirin), Rauchen und Alkohol. Auch genetische Faktoren spielen eine Rolle. Der Erkrankungsgipfel liegt zwischen dem 40. und 60. Lebensjahr und betrifft mehr Männer als Frauen.

Behandlung (alle Befehle im Namen von Jesus Christus)

1. Treibe den Geist von Morbus Meniére aus.
2. Befiehl dem Innenohr geheilt zu sein.
3. Befiehl den Nerven richtig zu funktionieren, der Durchblutung des Innenohrs sich zu normalisieren und jedem Schwindelgefühl zu enden.

MORBUS PARKINSON (siehe Parkinson-Krankheit)

MUKOVISZIDOSE (zystische Fibrose)

Mukoviszidose ist eine Erbkrankheit, bei der die Chloridkanäle der Schleim- und Schweißdrüsen nicht richtig funktionieren. Ursache ist ein verändertes Gen auf Chromosom 7. Es wird vermehrt zäher Schleim gebildet, der in den Magen-Darm-Trakt und die Atemwege gelangt und dort zu Verdauungsproblemen, Atemnot und Lungeninfektionen führt. Bei Menschen mit zystischer Fibrose fehlen bestimmte Bauchspeicheldrüsenenzyme, die für die Verwertung und den Abbau der Fettsäuren zuständig sind. Es kommt zur mangelhaften Aufnahme und damit nur unzureichenden Versorgung des Körpers mit Nährstoffen. Diese Erkrankung ist die häufigste angeborene, tödlich verlaufende Krankheit von Menschen mit kaukasischer Abstammung. Andere ethnische Gruppen sind viel seltener betroffen. Weitere Risikofaktoren sind Fälle von Mukoviszidose oder plötzlichem Kindstod in der Familie. Meist wird die Diagnose im ersten Lebensjahr gestellt. In wenigen Fällen mit mildem Verlauf wird die Erkrankung erst später festgestellt.

Behandlung (alle Befehle im Namen von Jesus Christus)

1. Führe sie im Gebet zum Brechen von Generationenflüchen.
2. Befiehl dem Geist der Mukoviszidose diesen Menschen zu verlassen.
3. Leg die Hände auf Bauchspeicheldrüse und Leber.
4. Befiehl allen Drüsen normal zu funktionieren und dünnflüssige Sekrete in ausgeglichener Zusammensetzung zu produzieren.
5. Befiehl dem Stoffwechsel sich zu normalisieren.
6. Befiehl der Lunge, Leber und Bauchspeicheldrüse geheilt zu sein und normal zu funktionieren.

MULTIPLE SKLEROSE (MS)

Die Multiple Sklerose ist eine Erkrankung von Gehirn und Rückenmark, bei der es zur Entzündung und zum fortschreitenden Zerfall der Markscheiden kommt, die die Nervenfasern umgeben. Die wiederholten Entzündungsschübe hinterlassen Gebiete mit vernarbtem (sklerosiertem) Gewebe. Folge ist eine verlangsamte oder vollständig blockierte Übertragung der Nervenimpulse in diesen Bereichen. Die abnehmende Nervenfunktion führt u.a. zu Sprach-, Seh- Sensibilitäts- und

Gleichgewichtsstörungen, schneller Ermüdbarkeit, Schmerzen und Lähmungen. Die genaue Entstehungsursache ist unbekannt. Bei Menschen mit MS wurde jedoch eine Zunahme der Zahl der Immunzellen festgestellt. Daher werden autoimmune Prozesse, die zu wiederholten Entzündungsschüben des Nervengewebes in Hirn und Rückenmark führen, als eine der Ursachen vermutet. Dabei greift das Immunsystem körpereigene Strukturen an. Die betroffenen Stellen variieren von Mensch zu Mensch und bei den einzelnen Schüben.

Behandlung (alle Befehle im Namen von Jesus Christus)

1. Treibe den Geist der Multiplen Sklerose aus.
2. Führe sie im Gebet zum Brechen von Generationenflüchen.
3. Befiehl ein normal reagierendes Immunsystem.
4. Befiehl allen von der Erkrankung betroffenen Teilen des Körpers geheilt zu sein und normal zu funktionieren.
5. Befiehl allen elektrischen und magnetischen Frequenzen Harmonie und Ausgeglichenheit.

MUSKELDEHNUNG (siehe unter Verstauchung)

MUSKELDYSTROPHIE

Der Begriff Muskeldystrophie umfasst verschiedene Störungen, die durch zunehmende Muskelschwäche, die Abnahme von Muskelgewebe und den Verlust weiterer Körperfunktionen gekennzeichnet sind. Diese Störungen werden voneinander anhand des Vererbungswegs (dominant, rezessiv, x-chromosomal), dem Zeitpunkt, ab dem die ersten Symptome auftraten und der Art der Symptome unterschieden. Weil diese Krankheiten vererbt werden, stellen Fälle von Muskeldystrophie in der Familiengeschichte einen Risikofaktor dar.

Behandlung (alle Befehle im Namen von Jesus Christus)

1. Treibe den Geist der Muskeldystrophie aus.
2. Führe sie im Gebet zum Brechen von Generationenflüchen.
3. Befiehl den elektrischen und magnetischen Frequenzen Harmonie und Ausgeglichenheit.
4. Befiehl allen Muskeln zu ihrer normalen Kraft zurückzukehren und allem geschädigten Körpergewebe geheilt zu sein.

MYASTHENIA GRAVIS

Die Myasthenia gravis ist eine Erkrankung, bei der Nervenimpulse, die den Beginn oder die Aufrechterhaltung einer Bewegung weiterleiten, nicht oder nur teilweise auf die Muskeln übertragen werden. Sie gehört zur Gruppe der Autoimmunerkrankungen. Hierbei greifen Immunzellen aus unbekannter Ursache körpereigene Strukturen an. Bei der Myasthenia gravis werden Antikörper gebildet, die an den Nervenendigungen die Übertragung der Botenstoffe (hier Acetylcholin) auf die Muskeln verhindern. Folgen sind eine Schwäche der willkürlichen Muskulatur und eine schnelle Ermüdbarkeit der Erkrankten. Da häufig die Augenmuskulatur zuerst betroffen ist, kommt es zu Beginn oft zum Auftreten von Doppelbildern und herabhängenden Augenlidern. Wenn sich die Erkrankung ausbreitet, kann es zu Schluck- und Sprechstörungen, zu Schwäche in Armen und Beinen und weiteren Symptomen kommen. Bei Aktivität verschlechtern, in Ruhe verbessern sich meist die Symptome. Morgens fühlen sich diejenigen meist noch gut, im Tagesverlauf nimmt die Ermüdbarkeit und Kraftlosigkeit jedoch deutlich zu.

Behandlung (alle Befehle im Namen von Jesus Christus)

1. Treibe den Geist der Myasthenia gravis aus.
2. Befiehl allen Rezeptoren der Muskeln geheilt zu sein und normal zu funktionieren.
3. Befiehl dem Immunsystem wiederhergestellt zu sein und normal zu funktionieren.
4. Befiehl den elektrischen und magnetischen Frequenzen Harmonie und Ausgeglichenheit.

NACKENSCHMERZEN

Nackenschmerzen werden meist durch Überanstrengung oder Muskelverspannungen hervorgerufen, u.a. durch stundenlanges stehen oder sitzen in gebeugter Haltung am Schreibtisch, falscher Körperhaltung beim lesen oder fernsehen, einen schlecht angeordneten PC-Monitor (zu hoch o. zu niedrig), schlafen in einer unbequemen Position oder durch abrupte Halsbewegungen. Weitere Ursachen für Nackenschmerzen sind Bandscheibenvorfälle, Arthritis und Fibromyalgie (siehe dort). Mit einem schmerzenden Hals fällt es schwer, den Kopf zu drehen („steifer Hals"). Wenn Nerven mitbetroffen sind, z.B. wenn eine Bandscheibe auf einen Nerv drückt, können Taubheits-, Kribbel- oder Schwächegefühle an Armen, Händen oder anderswo im Körper auftreten. Unfälle oder Stürze können schwere Halsverletzungen wie Wirbelsäulenfrakturen, ein Schleudertrauma, Blutungen und sogar Lähmungen verursachen. Bei einer plötzlich aufgetretenen Nackenstarre sollte man an eine Meningitis denken (insgesamt selten, meist bei Kindern, dann oft verbunden mit weiteren Symptomen wie Fieber oder Schläfrigkeit).

Behandlung (alle Befehle im Namen von Jesus Christus)

1. Führe sie im Gebet zur Ausrichtung von Wirbelsäule und Hals.

2. Befiehl den Wirbeln, Bandscheiben, Muskeln, Bändern, Nerven und Sehnen geheilt zu sein und in ihre normale Position zurückzukehren.
3. Führe sie im Gebet all ihren Kummer, Stress und Sorgen auf den Altar Gottes zu legen.

NÄGELKAUEN

Onychophagie ist die medizinische Bezeichnung für ständiges Nägelkauen. Der Beginn liegt oft in der Kindheit und kann sich durch Stress verstärken.

Behandlung (alle Befehle im Namen von Jesus Christus)

1. Führe sie im Gebet zum Brechen von Generationenflüchen.
2. Führe sie im Gebet all ihren Kummer, Stress und Sorgen auf den Altar Gott.
3. Lehre sie, diese Gewohnheit zu brechen. Lass sie jedes Mal, wenn sie anfangen an ihren Nägeln zu kauen, den Satz wiederholen: "Ich unterlasse es, an den Nägeln zu kauen."

NARBEN (Keloid, Verwachsungen)

Bei einer Narbe handelt es sich um derbes, meist weißliches, faserreiches Gewebe, das sich im Rahmen der Wundheilung bildet und das ursprüngliche Körpergewebe ersetzt. Keloid ist eine durch überschießendes Wachstum von Fibroblasten entstehende, gutartige Geschwulst, die sich meist nach Verletzungen der Haut bildet aber auch spontan auftreten kann. Es handelt sich um einen gestörten Heilungsprozess. Die meisten Keloide flachen im Laufe der Zeit ab und sind dann weniger zu sehen. Sie können sich entzünden, z.B. durch das Reiben an der Kleidung. Ausgedehnte Keloide können die Beweglichkeit und das Aussehen beeinträchtigen. Als Briden (Verwachsungen) bezeichnet man eine durch fibrinöse Flüssigkeit verursachte Bildung von Fibrinfäden und Narbensträngen. Sie bilden sich nach Entzündungen, Operationen oder inneren Verletzungen und rufen je nach betroffenem Gewebe verschiedene Störungen hervor. Sie können zum Anhaften von Baucheingeweiden am Bauchfell, zum teilweisen oder vollständigen Darmverschluss (Bridenileus), im Beckenbereich zu Sterilität und am Auge durch Verklebungen der Iris an der Linse zu Grauem Star führen.

Behandlung (alle Befehle im Namen von Jesus Christus)

1. Befiehl allem überschüssigen Narben- und Keloidgewebe sich aufzulösen.
2. Befiehl allen Verwachsungen sich zu lösen.
3. Befiehl allen Organen und Strukturen geheilt zu sein und richtig zu funktionieren.

NASENNEBENHÖHLENENTZÜNDUNG

Die Nasennebenhöhlen sind Hohlräume im Bereich von Stirn, Augen und Oberkiefer. Sie sind mit Schleimhäuten ausgekleidet. Eine Entzündung der Nasennebenhöhlen wird Sinusitis genannt. Ursache ist meist ein Infekt mit Viren, Bakterien oder Pilzen. Anzeichen sind Schnupfen, Kopfschmerzen und eine vermehrte Schleimbildung im Bereich der Nasennebenhöhlen. Weitere Ursachen einer Sinusitis sind:

- Verstopfung der kleinen Öffnungen zwischen Nebenhöhlen und Nase durch Allergien, schiefer Nasenscheidewand oder Nasenpolypen
- die kleinen Flimmerhaare in den Nebenhöhlen, die normalerweise den Nasenschleim hinaus befördern, funktionieren nicht richtig
- eine vermehrte Schleimproduktion

Eine Sinusitis tritt am häufigsten nach einer Erkältung oder einer allergischen Reaktion auf. Manche Menschen bekommen niemals eine Nasennebenhöhlenentzündung, andere ziemlich häufig. Man schätzt, dass mehr als 30 Mio. US-Amerikaner pro Jahr eine Nasennebenhöhlenentzündung durchmachen. Rauchen und Luftverschmutzung fördern die Entstehung, weil sie weitere Reizungen im Nasenrachenraum verursachen.

Behandlung (alle Befehle im Namen von Jesus Christus)

1. Binde die zugrundeliegende Infektion und breche jede Allergie.
2. Leg deine Hände auf das Gesicht und befiehl dem Schleim sich zu lösen, den Nasennebenhöhlen sich zu öffnen und geheilt zu sein.
3. Befiehl den Armen sich auszurichten.
4. Befiehl den Blutgefäßen sich zu öffnen.
5. Befiehl jeder Schwellung und Entzündung in diesem Gebiet zu verschwinden.
6. Führe sie, wenn nötig, im Bußgebet.

NASENPROBLEME

(siehe auch Erkältung, Allergien, Grippe und Nasennebenhöhlen)

Damit sind alle Probleme, welche die Nase betreffen gemeint, z.B. eine „laufende“ Nase. Meist wird angenommen, dass eine verstopfte Nase durch zuviel zähen Schleim blockiert ist. In der Regel werden diese Symptome jedoch durch entzündete und vergrößerte Blutgefäße der Nasenschleimhaut hervorgerufen, z.B. bei Erkältungen, Allergien, Nasennebenhöhlenentzündungen, einer Grippe oder durch übermäßigen Gebrauch von einigen Nasensprays.

Behandlung (alle Befehle im Namen von Jesus Christus)

1. Führe sie im Gebet zum Brechen von Generationenflüchen.
2. Binde die zugrundeliegende Ursache der Nasenprobleme (Allergien, Infektionen etc.).
3. Befiehl der Nase und allen umgebenden Geweben Heilung.
4. Befiehl den Nasengängen offen zu bleiben und alle überschüssige Flüssigkeit abzuleiten.
5. Befiehl ein intaktes, richtig funktionierendes Immunsystem.

NASENBEINBRUCH

Eine Nasenbeinfraktur ist ein Bruch des Nasenbeins, verursacht meist durch stumpfe Gewalteinwirkung. Die verletzte Stelle ist i.d.R. nach 2–3 Wochen nicht mehr zu sehen. Manchmal verheilen Teile oder die gesamte Nasenscheidewand jedoch schief, sodass die Nasenatmung dauerhaft behindert wird. Nasen- und Gesichts- bzw. Halsverletzungen treten oft zusammen auf, weil ein Schlag auf die Nase meist auch umgebende Bereiche betrifft.

Behandlung (alle Befehle im Namen von Jesus Christus)

1. Lege einen Finger auf die Nase.
2. Lass ihn sanft das Nasenbein hinunterlaufen.
3. Befiehl der Nase gerade zu sein, den Knochen und Knorpeln wiederhergestellt zu sein und normal zu funktionieren.
4. Bete für die Ausrichtung des Halses.
5. Treibe den Geist der Angst aus (wenn nötig).

NEURODERMITIS (atopisches bzw. endogenes Ekzem)

Als Neurodermitis wird eine Entzündung der Haut bezeichnet, die durch einen juckenden, schuppenden Ausschlag gekennzeichnet ist. Die Entzündung wird durch eine Überempfindlichkeitsrektion verursacht (ähnlich einer Allergie). Durch die ständige Hautreizung und dem damit verbundenen Kratzen bekommt die Haut eine verdickte, lederartige Beschaffenheit. Andere Einflüsse wie Feuchtigkeit, Stress oder häufige Temperaturschwankungen können diesen Zustand verschlimmern. Oft sind in der Familie weitere Fälle von Neurodermitis, Allergien, Asthma oder Heuschnupfen bekannt. Die Symptome treten häufig schon im Säuglingsalter auf, in mehr als der Hälfte der Fälle verschwinden sie aber bis zum Ende des 3. Lebensjahres. Tritt ein endogenes Ekzem bei Erwachsenen auf, handelt es sich oft um ein chronisches Geschehen.

Behandlung (alle Befehle im Namen von Jesus Christus)

1. Treibe den Geist der Neurodermitis aus.
2. Binde das Hautleiden und befiehl der Entzündung diesen Menschen zu verlassen.
3. Führe sie im Gebet zum Brechen von Generationenflüchen.
4. Befiehl den hautproduzierenden Zellen alles geschädigte Gewebe zu ersetzen.
5. Befiehl der Haut zu ihrer normalen Funktion und Beschaffenheit zurückzukehren.
6. Befiehl dem Jucken aufzuhören.

NIEREN

Dieses Kapitel umfasst Erkrankungen oder Störungen von Nieren und Nebennieren. Siehe nachfolgende Kapitel.

Behandlung (alle Befehle im Namen von Jesus Christus)

1. Befiehl ein neues Paar funktionsfähiger Nieren.
2. Befiehl den tieferliegenden Krankheitsursachen Heilung (wie Bluthochdruck, Diabetes, Infektionen oder anderen Erkrankungen).
3. Befiehl jedem Schmerz oder Missbehagen zu verschwinden.
4. Befiehl dem Becken sich auszurichten.

NEBENNIEREN

Die beiden Nebennieren befinden sich jeweils am oberen Pol der Nieren. Sie bestehen aus einem inneren und einem äußeren Anteil, die funktionell nichts miteinander zu tun haben (Mark und Rinde). Das Mark ist Teil des sympathischen Nervensystems und produziert Adrenalin und Noradrenalin, die den Blutdruck, die Herzfrequenz und die Schweißproduktion beeinflussen. Der äußere Anteil der Nebennieren, die Rinde, produziert Mineralokortikoide (die bei der Regulierung des Blutdrucks und des Wasser- und Kaliumhaushalts eine wichtige Rolle spielen), außerdem männliche Sexualhormone und verschiedene andere Hormone, die den Eiweiß-, Fett- und Kohlehydrathaushalt kontrollieren. Die Hormone von Hypothalamus und Hypophyse steuern einen Großteil der Nebennierenfunktionen. Abweichungen im Hypothalamus-Hypophysenregelkreis können zu Störungen der Nebennieren führen. Krankheiten und Infektionen der Nebennieren, sowie zu viel bzw. zu wenig Nebennierenhormone können Ursache verschiedener Gesundheitsstörungen sein. Menschen, die sich zu wenig Ruhe und Erholungsphasen gönnen, die ständig besorgt oder erhöhtem beruflichen oder privaten Stress ausgesetzt sind, haben häufig Nebennierenprobleme.

Behandlung (alle Befehle im Namen von Jesus Christus)

1. Weise jede Infektion zurück und befiehl den Nebennieren in richtiger Art und Weise zu funktionieren.
2. Befiehl den Hormonen zu normalen Werten zurückzukehren und im Gleichgewicht zu sein.
3. Leite sie im Bußgebet für ihren Stress und ihre Sorgen. Lass sie die Sorgen auf den Altar Gottes legen. Übergib Jesus Christus die Probleme.
4. Leite sie im Bußgebet, für mangelnde Erholung. Gott verlangt einen Ruhetag pro Woche (Sabbat).

CUSHING-SYNDROM (CS)

Das Cushing-Syndrom ist eine Stoffwechselstörung, die durch erhöhte Cortisonspiegel gekennzeichnet ist. 15% der Fälle werden durch einen gut- oder bösartigen Tumor der Nebennieren verursacht (dort wird Cortisol gebildet). Andere Gründe sind die regelmäßige Einnahme von Kortisonpräparaten, z.B. bei rheumatoider Arthritis oder Asthma. Auch die überschießende Produktion von ACTH kann ein CS hervorrufen (ACTH stimuliert die Cortisolproduktion in den Nebennieren). Es ist eine seltene Erkrankung, 6 von 1 Mio. Menschen entwickeln ein Cushing-Syndrom. Es kann in jedem Alter und Geschlecht auftreten, in 70% der Fälle sind jedoch erwachsene Frauen betroffen.

Behandlung (alle Befehle im Namen von Jesus Christus)

1. Befiehl dem Geist des Cushing-Syndroms diesen Menschen zu verlassen.
2. Leg die Hände auf die Nieren (ungefähr in Taillenhöhe). Befiehl den Nebennieren richtig zu funktionieren.
3. Wenn nötig, leite sie im Bußgebet.

NEBENNIERENRINDENSCHWÄCHE (M. Addison)

Morbus Addison ist eine Erkrankung, bei der die Nebennierenrinde nicht genügend Hormone produziert. Grund ist in etwa 70% der Fälle eine Autoimmunreaktion. Dabei werden vom Immunsystem Antikörper produziert, die die Nebennierenrinde angreifen und langsam zerstören. Anzeichen sind Gewichtsverlust, Muskelschwäche, Schwindel, niedriger Blutdruck, Erschöpfung und manchmal eine Dunkelfärbung der Haut (sog. „Bronzehaut"). Die Symptome treten erst auf, wenn über 90% der Nebennierenrinde zerstört sind. Es ist eine seltene Erkrankung, die in jedem Lebensalter auftreten kann. Frauen sind etwas häufiger betroffen. Evtl. spielt Vererbung eine Rolle.

Behandlung (alle Befehle im Namen von Jesus Christus)

1. Leite sie im Gebet zum Brechen von Generationenflüchen.
2. Befiehl den elektrischen Frequenzen Harmonisierung und den chemischen Substanzen im ausgeglichenen Verhältnis vorhanden zu sein.
3. Befiehl ein schöpferisches Wunder – ein Paar neuer Nebennieren.
4. Befiehl den Nebennieren normale Menge an Hormonen herzustellen.

NIERENSTEINE

Dabei befinden sich ein oder mehrere Steine im Nierenbecken bzw. im Harnleiter (der Verbindung von der Niere zur Harnblase).

Nierensteine können entstehen, wenn bestimmte Harnbestandteile in zu hoher Konzentration vorhanden sind und ausfallen. Nierensteine sind häufig, ungefähr 5% aller Menschen werden bis zu ihrem 70. Lebensjahr mindestens einmal damit zu tun haben, Männer doppelt so häufig wie Frauen. Bei Frühgeburten und wenn Familienmitglieder betroffen sind, ist das Risiko der Nierensteinbildung erhöht. Rezidive sind häufig.

Behandlung (alle Befehle im Namen von Jesus Christus)

1. Führe sie im Bußgebet zum Brechen von Generationenflüchen.
2. Befiehl den Steinen sich aufzulösen und den Körper zu verlassen.
3. Befiehl allen Schmerzen zu verschwinden.
4. Befiehl den Nieren und allen geschädigten Geweben und Organen Heilung und die Wiederherstellung ihrer normalen Funktion

NIERENVERSAGEN, NIERENINSUFFIZIENZ

Akutes Nierenversagen ist ein plötzlicher Funktionsverlust der Nieren, allerdings ist dieser Prozess i.d.R. reversibel (umkehrbar). Beim chronischen Nierenversagen kommt es zu einer allmählichen Abnahme der Nierenfunktionen (Giftstoffe auszuscheiden, Harn zu konzentrieren, Regulation der Elektrolyte). Das führt letztendlich zum terminalen, nichtumkehrbaren Nierenversagen. Ca. 2 von 1000 Menschen in den USA sind betroffen. Diabetes und Bluthochdruck sind die beiden häufigsten Ursachen und verantwortlich für ungefähr 50–60% der Fälle von chronischem Nierenversagen. Es kann zu zahlreichen ernsten Komplikationen kommen. Dialyse ist die unmittelbare Behandlung, eine Nierenverpflanzung (Transplantation) kann möglicherweise erforderlich werden.

Behandlung (alle Befehle im Namen von Jesus Christus)

1. Befiehl ein schöpferisches Wunder: ein Paar neuer Nieren.

2. Treibe den Geist des Todes aus.
3. Befiehl den elektrischen und magnetischen Frequenzen Harmonie und Ausgeglichenheit.
4. Befiehl der überschüssigen Flüssigkeit und allen Giftstoffen den Körper zu verlassen.
5. Führe sie im Gebet zum Brechen von Generationenflüchen.
6. Befiehl allen Teilen des Körpers, auf die sich die Nierenerkrankung ausgewirkt hat, geheilt zu sein und normal zu funktionieren.

O-BEINE

Durch die nach außen gebogenen Knie läuft man wie ein Cowboy.

Behandlung (alle Befehle im Namen von Jesus Christus)

1. Leite sie im Gebet zur Ausrichtung des Beckens.
2. Befiehl den Beinen sich auszurichten, gerade und gleich lang zu sein.

ÖDEME (Schwellung), LYMPHÖDEM

Bei einem Ödem kommt es durch übermäßige Flüssigkeitseinlagerung im Körpergewebe zur Vergrößerung von Haut, Organen oder anderen Körperteilen, was innerhalb kurzer Zeit zu einer deutlichen Gewichtszunahme führen kann. Ödeme können überall oder beschränkt auf bestimmte Körperteile vorkommen. Leichte Ödeme an Knöcheln oder Waden treten häufig in den warmen Sommermonaten auf, besonders nach langem Stehen oder Gehen. Generalisierte Ödeme sind meist Anzeichen einer schweren Erkrankung wie Herz- oder Nierenschwäche. Große Ödeme sind gut erkennbar, kleinere Ödeme werden dagegen leicht übersehen, insbesondere bei übergewichtigen Menschen. Bei einer Verletzung (z.B. einem verstauchten Knöchel) ist eine Schwellung eine normale Körperreaktion. Im Heilungsverlauf sollte sie sich jedoch wieder zurückbilden. Als Lymphödem wird eine ständige, lokalisierte Schwellung bezeichnet, die durch eine Störung des normalen Lymphabflusses verursacht wird. Es tritt z.B. als Folge einer Brustentfernung auf, bei der auch zahlreiche Lymphknoten unter der Achsel entfernt werden. Diese Unterbrechung der Lymphbahnen verursacht einen Rückstau der Lymphflüssigkeit und dadurch ein Anschwellen von Arm und Hand. Ein Lymphödem ist meist schwierig zu behandeln.

Behandlung (alle Befehle im Namen von Jesus Christus)

1. Befiehl jedem tieferliegenden Krankheitsgeschehen Heilung.
2. Befiehl den betroffenen Organen und Geweben geheilt zu sein und normal zu funktionieren.
3. Befiehl der überschüssigen Flüssigkeit den Körper zu verlassen.
4. Leite sie, wenn nötig, im Bußgebet.
5. Führe sie im Gebet zum Brechen von Generationenflüchen.

OHRGERÄUSCHE (siehe Tinnitus)

OSTEOPOROSE

Bei der Osteoporose nimmt die Knochendichte im Laufe der Zeit ab. Es ist die häufigste altersbedingte Knochenerkrankung. Sie entsteht, wenn der Körper nicht in der Lage ist, genug neue Knochensubstanz zu bilden oder wenn vorhandener Knochen zu stark vom Körper abgebaut wird (oder beides; die Knochen stehen im ständigen Umbau). Kalzium und Vitamin D sind zwei Substanzen, die für die normale Knochenbildung entscheidend sind. Wenn der Körper zu wenig von diesen Mineralien bekommt oder wenn er nicht genug davon aus der Nahrung aufnehmen kann, leidet die Knochenproduktion und das Knochengewebe nimmt ab. Weitere Ursachen sind abnehmende Östrogenspiegel bei Frauen nach den Wechseljahren und Testosteronmangel bei Männern, ein Überschuss an Kortison, Phosphat, Schilddrüsen- oder Nebenschilddrüsenhormonen, Bewegungsmangel und Knochenkrebs. Frauen sind 2–3x häufiger als Männer betroffen. Circa 20% der amerikanischen Frauen über 50 Jahren leiden an Osteoporose, weitere 30% an Osteopenie (einer Vorstufe), die sich unbehandelt schließlich zu einer manifesten Osteoporose entwickeln kann. Den meisten osteoporotischen Veränderungen kann man vorbeugen (durch Bewegung, Kalzium, Vitamin D u.a.).

Behandlung (alle Befehle im Namen von Jesus Christus)

1. Führe sie im Gebet zum Brechen von Generationenflüchen.
2. Treibe den Geist der Osteoporose aus.
3. Befiehl dem Körper genügend Kalzium und andere notwendige Mineralien aufzunehmen, um neue, starke Knochen bilden zu können.
4. Befiehl der Wirbelsäule und dem Kreuzbein gerade zu sein.
5. Befiehl allen Knochen stärker zu werden.
6. Führe sie, wenn nötig, im Vergebungsgebet und im Gebet zum Brechen von Wortflüchen.
7. Befiehl jedem Schmerz zu verschwinden.

PANIKATTACKEN

(siehe auch Angst, Schilddrüsenerkrankungen)

Eine Panikstörung ist gekennzeichnet durch plötzlich auftretende Gefühle starker Furcht oder Angst, ohne dass eine wirkliche Bedrohung von außen vorliegt. Diese Phasen halten wenige Minuten bis mehrere Stunden an. Die Ursachen dafür sind weitestgehend unbekannt und von Person zu Person verschieden. Es scheinen aber öfter Menschen betroffen zu sein, die eine Scheidung hinter sich haben oder in deren Familie Fälle von Panikstörungen bekannt sind. Auch Umwelt- und Lerneinflüsse spielen eine Rolle. Die Anzeichen beginnen in der Regel vor dem 25. Lebensjahr. Obwohl eine Panikstörung auch bei Kindern auftreten kann, wird sie oft erst zu einem späteren Zeitpunkt diagnostiziert. Menschen mit dieser Erkrankung werden aufgrund der Symptome häufig erst auf Krankheiten wie Herzinfarkt o.ä. untersucht, bis die Diagnose einer Panikstörung gestellt wird. Bei einer Panikstörung treten mindestens vier der folgenden Symptome auf:

- Atemnot, Erstickungsgefühl
- Schwindel oder Schwäche, Schockgefühl
- Herzstolpern, -klopfen oder -rasen
- Zittern, Schwitzen, Hitzewallungen oder Schüttelfrost
- Übelkeit, Bauchschmerzen, Kribbeln und Taubheitsgefühle
- Brustschmerzen und Unbehagen
- Angst, zu sterben
- Angst, die Kontrolle zu verlieren
- Gefühle von Unwirklichkeit, der Distanziertheit bzw. des Unbeteiligtseins

Die Betroffenen leben nach wiederholten Panikattacken oft in Angst vor einem erneuten Panikanfall („Angst vor der

Angst“) und sind ungern allein oder weit entfernt von medizinischer Hilfe. Nach den ersten Panikattacken kommt es bei den Betroffenen oft zu extremen Verhaltensänderungen – zu Hause, in der Schule oder auf der Arbeit. Menschen mit dieser Störung sind oft sehr besorgt um ihre Gesundheit, weil sie die Schwere dieser Zustände nicht einordnen können und denken, dass sie „verrückt“ werden oder einen Herzinfarkt haben. Frauen sind 2–3mal häufiger betroffen.

Behandlung (alle Befehle im Namen von Jesus Christus)

1. Wenn sie eine Panikattacke durchleben, rufe sie bei ihrem vollen christlichen Namen. Wenn du ihre Aufmerksamkeit hast sage: „Frieden, im Namen von Jesus.“
2. Versuche herauszufinden, wann diese Attacken begonnen haben und was der Auslöser war. Behandle die Ursache.
3. Führe sie, wenn nötig, im Gebet zum Brechen von Generationenflüchen bzw. im Vergebungsgebet, um diesen Zustand zu verbessern.
4. Befiehl dem Geist der Angst diesen Menschen zu verlassen.
5. Befiehl den Hormonen im Gleichgewicht vorhanden zu sein.
6. Befiehl, dass alle Vitamine und Mineralien vom Körper richtig aufgenommen werden.
7. Führe sie im Gebet, all ihren Kummer, Stress und Sorgen auf den Altar Gott.
8. Sprich den Frieden Gottes über sie.

PANKREATITIS (siehe Bauchspeicheldrüsenentzündung)

PARKINSON-KRANKHEIT, MORBUS PARKINSON

Morbus Parkinson (Synonyme: Schüttel-Lähmung, Paralysis agitans), ist eine Erkrankung, die unkontrollierbares Zittern (Tremor), Schwierigkeiten beim Laufen, der Bewegungskontrolle und -koordination hervorruft. Verursacht wird die Erkrankung durch den zunehmenden Untergang von dopaminproduzierenden Nervenzellen im Gehirn. Dopamin ist eine der Substanzen, die von Nervenzellen benutzt werden, um Impulse zu übertragen (Neurotransmitter). Durch den Zellverlust reduziert sich die Menge an Dopamin im Gehirn. Ohne Dopamin werden die Impulse der Nervenzellen an die Muskeln nicht richtig weitergeleitet und es kommt zu Störungen der Muskelkoordination und -funktion. Zusätzlich bekommen einige der Betroffenen schwere Depressionen. Man vermutet das als Folge des Dopaminmangels in Gehirngebieten, die für die Gefühle von Freude und Wohlbefinden zuständig sind. Weitere Symptome sind Antriebslosigkeit und Schwierigkeiten beim Ausführen willkürlicher Bewegungen. Obwohl ein frühzeitiger Verlust der intellektuellen Fähigkeiten ungewöhnlich ist, kann bei der schweren Form der Parkinsonkrankheit eine Abnahme des geistigen Leistungsvermögens beobachtet werden. Morbus Parkinson kann auch durch andere Störungen oder äußere Faktoren hervorgerufen sein, z.B. durch einige Medikamente, die zur Behandlung der Schizophrenie eingesetzt werden.

Behandlung (alle Befehle im Namen von Jesus Christus)

1. Führe sie im Bußgebet für Generationenflüche.
2. Treibe den Geist der Parkinsonkrankheit aus.
3. Befiehl ein neues Gehirn und neues Nervengewebe, das normal funktioniert und die richtige Menge an Dopamin herstellt.
4. Befiehl allen betroffenen Teilen des Körpers Heilung.

PFEIFFERSCHES DRÜSENFIEBER

(siehe Mononukleose)

PHLEBITIS (siehe Venenentzündung)

POLIOMYELITIS (siehe Kinderlähmung)

POLYMYOSITIS

Die Polymyositis ist eine systemische Entzündungskrankheit der Skelettmuskulatur, die durch Muskelschwäche, Gelenkschmerzen und unspezifische Entzündungszeichen gekennzeichnet ist. Die rumpfnahe Muskulatur an Hüfte und Schulter ist am häufigsten betroffen. Wenn zusätzlich die Haut beteiligt ist, spricht man von einer Dermatomyositis. Die Entstehungsursache ist unklar. Man vermutet, dass eine Autoimmunreaktion oder eine Virusinfektion der Skelettmuskulatur die Erkrankung verursacht. Menschen jeden Alters sind betroffen, Frauen doppelt so oft wie Männer. Farbige erkranken öfter. In seiner schweren Ausprägung kann die Erkrankung zu Invalidität führen, endet aber selten tödlich.

Behandlung (alle Befehle im Namen von Jesus Christus)

1. Befiehl dem Immunsystem stark zu sein und normal zu funktionieren.
2. Befiehl neue Muskeln.
3. Befiehl allen elektrischen und magnetischen Frequenzen Harmonie und Ausgeglichenheit.
4. Leite sie, wenn nötig, im Vergebungsgebet.

POST-POLIO-SYNDROM (siehe Kinderlähmung)

PROSTATA (Vergrößerung, Hyperplasie)

Die Prostata produziert die Flüssigkeit, die während der Ejakulation das Sperma transportiert. Bei der benignen Prostatahyperplasie (BPH, benigne=gutartig), kommt es zur gutartigen Prostatavergrößerung. Es ist kein Krebs und auch nicht mit einem erhöhten Risiko für Prostatakrebs verbunden!! Wenn sich die Prostata vergrößert, kann es durch den Druck auf die Harnröhre zu Problemen beim urinieren kommen. Die Wahrscheinlichkeit einer BPH steigt mit zunehmendem Alter. Sie wird nur bei wenigen Vierzigjährigen beobachtet, aber bei mehr als 90 % der Achtzigjährigen. Die genaue Entstehungsursache ist unbekannt.

Behandlung (alle Befehle im Namen von Jesus Christus)

1. Befiehl den Beinen sich auszurichten und gerade zu sein.
2. Binde die Ursache der Prostatavergrößerung.
3. Befiehl der Prostata, auf ihre normale Größe zu schrumpfen, richtig zu funktionieren und normal durchblutet zu sein.
4. Befiehl eine neue Prostata (wenn notwendig).
5. Befiehl allen Hormonen im Gleichgewicht zu sein.
6. Befiehl den Nerven, die die Prostata versorgen, richtig zu funktionieren.

PSORIASIS (siehe Schuppenflechte)

PSYCHE

DEPRESSION

Eine Depression ist durch Antriebslosigkeit, Traurigkeit, Melancholie oder Niedergeschlagenheit gekennzeichnet. Die meisten von uns haben diese Gefühle ab und an bzw. für kurze Zeit. Im

Gegensatz dazu ist eine echte, klinisch fassbare Depression eine Gefühlsstörung, die über Monate und Jahre besteht. Depressionen werden in verschiedene Schweregrade eingeteilt (mild, mäßig und schwer), die Einfluss auf die Behandlung haben. Symptome sind u.a.:

- unruhiger oder übermäßiger Schlaf
- starke Änderungen des Essverhaltens, Gewichtszu- oder -abnahme
- Energiemangel und Erschöpfung
- Gefühle von Wertlosigkeit, Selbsthass oder unangemessene Schuldgefühle
- Konzentrationsprobleme, innere Unruhe, Reizbarkeit
- Antriebslosigkeit und Rückzug von normalen Aktivitäten
- Gefühle von Hoffnungs- und Hilflosigkeit
- wiederkehrende Gedanken von Tod oder Selbstmord

Mangelnde Befriedigung an Dingen die normalerweise Freude machen, fehlende Selbstachtung oder plötzliche Wutausbrüche können ebenso Anzeichen einer Depression sein. Depressive Kinder zeigen andere Symptome als Erwachsene. Hier sollte man besonders auf Änderungen der Schulleistungen, der Schlafgewohnheiten und des Verhaltens achten. Wenn der Verdacht einer Depression bei einem Kind besteht, sollte es einem Arzt vorgestellt werden. Depressionen treten meist erstmals zwischen dem 10. und 20. Lebensjahr auf. Frauen sind häufiger betroffen. Männer scheinen seltener Hilfe in Anspruch zu nehmen, deshalb gibt es weniger dokumentierte Fälle von Depressionen bei Männern. In manchen Familien kommen Depressionen gehäuft vor. Sie können angeboren oder erlerntes Verhalten oder eine Kombination aus Beidem sein. Auch wenn eine genetische Veranlagung besteht, ist doch meist ein Negativerlebnis der Auslöser einer depressiven Episode, z.B.:

- Enttäuschung zuhause, auf der Arbeit oder in der Schule
- Kindheitserlebnisse wie Vernachlässigung oder Missbrauch
- bei Teenagern z.B. der Wechsel in eine andere Schulklasse, die Scheidung der Eltern oder die Trennung von Freunden
- Trennung oder Tod von einem Freund oder Bekannten
- ständiger Stress
- chronische Schmerzen
- Wissen, das man an einer schweren Krankheit leidet
- Vereinsamung, besonders bei Älteren

Verschiedene organische Ursachen können Depressionen verursachen oder verstärken:

- Medikamente (Beruhigungsmittel, Blutdrucksenker)
- Alkohol- oder Drogenmissbrauch
- Erkrankungen wie Krebs oder Hepatitis
- Schilddrüsenunterfunktion
- Nährstoffmangel, z.B. an Folsäure, Omega-3-Fettsäuren
- Schlafprobleme

Behandlung (alle Befehle im Namen von Jesus Christus)

1. Nimm dir genügend Zeit und liebe sie mit der Liebe des Herrn.
2. Versuche die Ursache und den Beginn der Depression herauszufinden.
3. Leite sie, wenn nötig, im Buß- oder Vergebungsgebet.
4. Befiehl den elektrischen und magnetischen Frequenzen Harmonie und Ausgeglichenheit.

5. Leg deine Hand auf das Herz des Betroffenen und befiehl dem Geist der Depression diesen Menschen zu verlassen.
6. Sprich dem für den du betest, Frieden und Freude zu.

BIPOLARE STÖRUNG (manische Depression)

Als bipolare Störung oder manische Depression wird eine Funktionsstörung des Gehirns bezeichnet, die unvorhersehbare Stimmungsschwankungen verursacht. Die Gefühle der Menschen mit manischer Depression wechseln zwischen „himmelhochjauchzend" (Manie) und „zu Tode betrübt" (Depression). Ungefähr ein Prozent der Menschen leiden daran, Frauen und Männer gleichermaßen. In der Regel tritt eine bipolare Störung erstmals zwischen dem 20.–40. Lebensjahr auf. Bei Frauen überwiegt der Anteil der depressiven Phasen, bei Männern sind die manischen Phasen länger. 20–30% der Betroffenen haben Symptome während ihres ganzen Lebens, die das Arbeitsleben stören und zwischenmenschliche Beziehungen schwierig machen können. In den manischen Phasen geht es den Betroffenen meist gut, jedoch handeln sie dann oft impulsiv und ohne zu überlegen. Dadurch können sie sich und andere in Gefahr bringen, zumal sie dann oft nicht in der Lage sind, ihr Handeln richtig einzuschätzen. Die depressiven Phasen sind gekennzeichnet von Antriebsmangel, Rückzugsverhalten, Pessimismus, Ängsten, Niedergeschlagenheit usw. Die Betroffenen leiden. Oft wird ihnen in dieser Phase das vorangegangene, übertrieben-manische Verhalten bewusst und sie schämen sich dafür. Ca. 20% der Manisch-Depressiven unternehmen einen Suizidversuch.

Behandlung (alle Befehle im Namen von Jesus Christus)

1. Führe sie im Gebet zum Brechen von Generationenflüchen.
2. Leite sie im Vergebungsgebet für die psychologischen Traumata, die sie in der Kindheit oder Jugend erlitten haben.
3. Treibe den Geist der bipolaren Störung aus.
4. Befiehl den elektrischen und magnetischen Frequenzen Harmonie und Ausgeglichenheit.

PERSÖNLICHKEITSSTÖRUNG, PARANOIDE

Als paranoide Persönlichkeitsstörung wird eine psychische Erkrankung bezeichnet, die von extremem Misstrauen gegenüber anderen Personen gekennzeichnet ist und dazu führt, alle (normalen) Handlungen anderer Menschen als feindselig zu interpretieren. Erkrankte leiden unter der ständigen Befürchtung, dass andere Menschen ihnen gegenüber ihre wahren (negativen) Absichten verheimlichen, sie von den Mitmenschen hintergangen und ausgenutzt werden. Auch Verwandte, Freunde und Ehepartner werden verdächtigt und deren Treue immer wieder in Frage gestellt. Die Betroffenen haben häufig ein negatives Selbstbild, leben in gesellschaftlicher Isolation und in Feindseligkeit mit ihrer Umwelt. Sie sind i.d.R. unfähig, ihre eigenen, negativen Gefühle gegenüber anderen Personen anzuerkennen. Die Ursache der Erkrankung ist unbekannt, aber sie scheint in Familien mit Störungen wie Schizophrenie- und Wahnerkrankungen gehäufter aufzutreten, sodass ein genetischer Einfluss vermutet wird.

Behandlung (alle Befehle im Namen von Jesus Christus)

1. Führe sie im Gebet zum Brechen von Generationenflüchen.

2. Treibe den Geist der paranoiden Persönlichkeitsstörung aus.
3. Befiehl dem Gehirn und dem Herz Frieden.
4. Befiehl allen elektrischen und magnetischen Frequenzen Harmonie und Ausgeglichenheit.
5. Führe sie im Gebet, all ihren Kummer, Stress und Sorgen auf den Altar Gottes zu legen.

PSYCHISCHE STÖRUNGEN

Psychische Störungen umfassen verschiedene gravierende Abweichungen im Denken, Fühlen und Handeln, z.B. bei Schizophrenie, Angst, starker Depression oder bipolarer Störung. Es gibt keine einheitliche Definition des Begriffs da eine Vielzahl von Merkmalen auftreten können und die Grenzen fließend sind. Ihnen gemeinsam ist oft ein ungewöhnliches Verhalten der Betroffenen, das zur Beeinträchtigung der normalen Alltagstätigkeiten bis hin zur Arbeitsunfähigkeit führt und häufig mit zeitweiligen Krankenhausaufenthalten verbunden ist. Forschungen haben ergeben, dass viele dieser Zustände durch eine Kombination aus genetischen, biologischen und psychologischen Faktoren verursacht werden. Mit der richtigen Behandlung können die Betroffenen ein nahezu normales Leben führen.

Behandlung (alle Befehle im Namen von Jesus Christus)

1. Befiehl dem Geist der psychischen Erkrankung herauszukommen.
2. Führe sie im Gebet zum Brechen von Generationenflüchen.
3. Wenn die Störung durch einen Unfall oder eine Verletzung verursacht wurde, dann befiehl neue Nerven und ein neues, fehlerlos funktionierendes Gehirn.

4. Wenn eine Störung der chemischen Botenstoffe im Gehirn vorliegt, dann befiehl die Produktion dieser Substanzen in richtiger Art und Menge.
5. Befiehl allen Prionen sich aufzulösen.
6. Befiehl den elektrischen und magnetischen Frequenzen Harmonie und Ausgeglichenheit.

PSYCHOSE

Eine Psychose ist eine schwerwiegende, durch Realitätsverlust gekennzeichnete geistige Erkrankung. Es gibt verschiedene Einteilungen. Eine Psychose tritt häufig zusammen mit Illusionen (veränderter Wahrnehmung dessen wer man ist oder was gerade geschieht) und Halluzinationen auf (Dinge sehen oder hören, die in Wirklichkeit nicht vorhanden sind). Weitere Symptome sind u.a. Wahnvorstellungen, Denk- und Bewusstseinsstörungen. Es gibt zahlreiche Ursachen für die Entstehung von Psychosen:

- Alkohol und bestimmte Drogen
- bipolare Störung, Schizophrenie, Depressionen, Epilepsie
- Hirntumoren
- M. Alzheimer und andere degenerative Hirnerkrankungen
- Durchblutungsstörungen des Gehirns (Schlaganfall oder TIA)

Behandlung (alle Befehle im Namen von Jesus Christus)

1. Treibe den Geist der Psychose aus.
2. Leite sie im Bußgebet für das Anbeten falscher Götter.
3. Befiehl den Hormonen und chemischen Botenstoffen im richtigen Verhältnis vorhanden zu sein.

4. Befiehl allen geschädigten Geweben oder Organen geheilt zu sein und richtig zu funktionieren.
5. Sprich ihnen göttlichen Frieden zu.

SCHIZOPHRENIE

Eine Schizophrenie ist eine ernste psychische Störung mit Symptomen von emotionaler Instabilität und Realitätsverlust, oft verbunden mit Denkstörungen, Wahnvorstellungen, Halluzinationen und sozialem Rückzug. Für die Betroffenen ist es schwierig, zwischen wirklichen Erfahrungen und eigenen Vorstellungen zu unterscheiden, logisch zu denken, normale gefühlsmäßige Beziehung zu Mitmenschen aufzubauen oder sich in gesellschaftlichen Situationen angemessen zu verhalten. Auch Fachleute kennen nicht die genaue Ursache dieser Störung. Genetische Faktoren scheinen eine Rolle zu spielen. Eine gute soziale Integration und eine intakte Familienstruktur scheinen den Verlauf der Erkrankung positiv zu beeinflussen und vor Rückfällen zu schützen.

Man unterscheidet nach Symptomen:

Positivsymptome (übersteigertes Erleben)
- motorische Unruhe
- Denkstörungen
- Sinnestäuschungen
- Ich-Störungen
- Wahn
- akustische Halluzinationen

Negativsymptome (reduziertes Erleben)
- Reduzierung von Mimik und Gestik
- Mangel an Emotionen
- Antriebslosigkeit
- Schlafstörungen
- Depressionen

und nach Unterarten der Schizophrenie, u.a.:

paranoid

- häufigste Form
- Wahnvorstellungen, die zu Halluzinationen führen

katatonisch

- vorwiegend psychomotorische Störungen (Haltungsstereotypien, eingeschränkte oder aber übertriebene Bewegungsaktivität u.a.)

hebephren

- beginnt in der Jugend
- Veränderungen von Stimmung, Antrieb, Denken

undifferenziert

- Fälle, in denen die Symptome keinem anderen Bild zugeordnet werden können

Typisch für die Schizophrenie ist der Beginn vor dem 45. Lebensjahr, das Anhalten der Symptome für mind. sechs Monate und durch die Symptome bedingte soziale und berufliche Probleme bis hin zum Arbeitsplatz- und Beziehungsverlust. Die Symptome treten überwiegend in Schüben auf, können aber auch permanent vorhanden sein. Ein Schub hält Wochen bis Monate an. Danach klingen die Symptome ab, um nach Monaten oder Jahren erneut aufzutreten. Nur selten bleibt es bei einem Schub. Die Suizidgefahr bei Schizophrenen ist deutlich erhöht.

Behandlung (alle Befehle im Namen von Jesus Christus)

1. Führe sie im Gebet zum Brechen von Generationenflüchen.
2. Befiehl allen chemischen Botenstoffen und Hormonen des Körpers im ausgeglichenen Verhältnis vorhanden zu sein.

3. Befiehl dem Gehirn alle eintreffenden Informationen richtig zu verarbeiten.
4. Befiehl ein neues Gehirn.
5. Leite sie, wenn nötig, im Bußgebet.

WOCHENBETT-DEPRESSION

(siehe Frauenspezifische Besonderheiten)

REFLUXKRANKHEIT

Bei der Refluxkrankheit gelangen Magenflüssigkeit und Lebensmittelreste vom Magen zurück in die Speiseröhre. Die teilweise verdauten Nahrungsreste haben durch den Kontakt mit Magensäure in der Regel einen sehr niedrigen pH-Wert. Dadurch reizen sie die Speiseröhre, können Sodbrennen, Schmerzen, anhaltenden Husten und andere Beschwerden verursachen. Die Symptome treten in der Regel wenige Minuten nach dem Essen auf. Bei manchen Menschen besteht eine Schwäche des unteren Schließmuskels der Speiseröhre. Das ist ein Band aus Muskelfasern, das den Magen von der Speiseröhre trennt. Wenn er nicht richtig schließt, kommt es zum Rückfluss von Magensäure in die Speiseröhre. Nicht selten ist zwar ein (messbarer) Reflux vorhanden, der Betroffene ist aber dennoch beschwerdefrei.

Behandlung (alle Befehle im Namen von Jesus Christus)

1. Befiehl dem unteren Schließmuskel der Speiseröhre richtig zu funktionieren.
2. Leite sie im Gebet und lass sie allen Kummer, Stress und Sorgen auf den Altar Gottes legen.
3. Führe sie im Gebet zum Brechen von Generationenflüchen.

REISEKRANKHEIT (Kinetose)

Ursache der Reisekrankheit sind zwei verschiedene Bewegungsmeldungen, die im Gehirn nicht gleichzeitig verarbeitet werden können. Ein Signal kommt aus dem Innenohr, welches das Gleichgewicht kontrolliert, das andere kommt von den Augen. Durch den Positionswechsel, der bei der Fortbewegung in einem Auto, Boot, Flugzeug o.ä. in Bezug auf die Umwelt entsteht, kollidieren diese zwei entgegengesetzten Meldungen und verursachen Übelkeit. Eine Kinetose tritt ebenso durch wahrgenommene Bewegungen auf, während man selbst unbewegt ist (z.B. bei bewegungsreichen Kinofilmen oder Computerspielen). Sie kann plötzlich auftreten oder sich langsam steigern, meist beginnend mit einem inneren Unruhegefühl bis zum Auftreten von Angstschweiß, Schwindel und Erbrechen.

Behandlung (alle Befehle im Namen von Jesus Christus)

1. Führe sie im Gebet zum Brechen von Generationenflüchen.
2. Befiehl dem Innenohr sich auf die Bewegungen einzustellen.
3. Befiehl den Signalen die von Augen und Ohren übertragen werden, Harmonisierung.
4. Befiehl jedem Schwindelgefühl zu gehen.

REIZDARMSYNDROM

Als Reizdarmsyndrom wird eine komplexe Störung des Darmtrakts bezeichnet. Symptome sind Schmerzen, Unwohlsein, eine Überempfindlichkeit des Darms gegenüber Lebensmitteln und eine Änderung der Stuhlgewohnheiten (Blähungen, Wechsel von Durchfall und Verstopfung). Eine wirklich organisch fassbare Veränderung findet sich beim Reizdarmsyndrom jedoch meist nicht. Auslösend und verstärkend wirken u.a. ballaststoffarme Ernährung, emotionaler Stress, Einnahme von Abführmitteln, anhaltender Durchfall oder eine Darmentzündung. Ein Reizdarmsyndrom kann in jedem Alter auftreten, beginnt aber oft im Jugend- oder frühen Erwachsenenalter. Frauen sind häufiger betroffen.

Behandlung (alle Befehle im Namen von Jesus Christus)

1. Befiehl jeder Darmentzündung und -reizung zu verschwinden.
2. Befiehl dem Darm wieder richtig zu funktionieren.
3. Leite sie, wenn nötig, im Bußgebet.
4. Leite sie im Gebet und lass sie allen Kummer, Stress und Sorgen auf den Altar Gottes legen.

REKTUM- BZW. ANALPROLAPS

Als Analprolaps wird die unnatürliche Vorwölbung der Analschleimhaut vor den Schließmuskel bezeichnet. Tritt der Mastdarm (Rektum) mit aus, spricht man von einem Rektumprolaps. Die rektale Schleimhaut kann einige Zentimeter hervorstehen und etwas bluten. Unwillkürlicher Stuhlabgang (Stuhlinkontinenz) ist oft das erste Symptom. Ursache ist eine Schwächung der Beckenbodenmuskulatur, hervorgerufen z.B. durch langjährige Verstopfung, Verletzungen des Schließmuskels, wiederholte vaginale Entbindungen, geburtsbedingte Verletzungen, gynäkologische Eingriffe und anatomische Fehlbildungen. Auch Infektionen und Erkrankungen des Rückenmarks können zur Entstehung beitragen. Bei Kindern sind häufig eine angeborene Bindegewebsschwäche oder anatomische Besonderheiten Ursachen für einen Prolaps. Meist sind Kinder bis zum 6. Lebensjahr und Frauen im mittleren Lebensalter betroffen.

Behandlung (alle Befehle im Namen von Jesus Christus)

1. Befiehl starke Muskeln und Bänder im Bereich des Beckenbodens und allen umgebenden Strukturen.
2. Befiehl dem Dickdarm in seine normale Position zurückzukehren und normal zu funktionieren.
3. Führe sie, wenn nötig, im Bußgebet.

RETARDIERUNG

Mit diesem Begriff werden Schäden oder Abweichungen des zentralen Nervensystems beschrieben, speziell die verzögerte Entwicklung von kognitiven und motorischen Fähigkeiten (wie sprechen oder laufen). Bei manchen Kindern besteht eine verzögerte Entwicklung von Geburt an. Sie kann sich aber auch später aufgrund von Krankheiten oder Unfällen entwickeln. Man unterscheidet verschiedene Schweregrade.

Behandlung (alle Befehle im Namen von Jesus Christus)

1. Führe sie im Gebet zum Brechen von Generationenflüchen.
2. Lege deine Hände auf den Kopf des Betroffenen.
3. Befiehl ein neues Gehirn mit normaler Intelligenz.
4. Befiehl dem Geist der Retardierung zu verschwinden.

RHEUMATISCHES FIEBER

Das rheumatische Fieber ist eine entzündliche Erkrankung, die sich 2–3 Wochen nach einer Streptokokkeninfektion entwickeln kann (meist nach einer durchgemachten Halsentzündung oder Scharlach). Herz, Gelenke, Haut und das Gehirn können betroffen sein. Während sich die Gelenkbeschwerden meist nach einigen Wochen bis Monaten zurückbilden, kann es als schwerwiegende Komplikation zu einer Herzmuskelentzündung mit bleibenden Herzschäden kommen. In den westlichen

Industrieländern tritt das rheumatische Fieber seit Anfang des 20. Jahrhunderts immer seltener auf. In den Entwicklungsländern ist es jedoch noch ein aktuelles Problem. Meist sind Kinder im Alter vom 6. bis 15. Lebensjahr betroffen. Bei 0,1–3% der unbehandelten Fälle entwickelt sich ein rheumatisches Fieber. Betroffene können mehrmals im Leben daran erkranken.

Behandlung (alle Befehle im Namen von Jesus Christus)

1. Binde die zugrunde liegende Infektion.
2. Befiehl dem Herz, den Gelenken und allen anderen betroffenen Organen und Geweben geheilt zu sein und normal zu funktionieren.
3. Führe sie, wenn nötig, im Bußgebet.

RHINITIS (siehe auch Allergien, Erkältung und Grippe)

Rhinitis ist ein Sammelbegriff für akute oder chronische Entzündungen der Nasenschleimhaut durch Infektionen, Allergien oder durch andere Ursachen. Am häufigsten tritt sie im Rahmen einer Erkältung auf. Die Nasenschleimhaut schwillt durch die Entzündung an. Symptome sind Niesen, Juckreiz, vermehrte Sekretbildung (die Nase „läuft“), brennende und gerötete Augen, Kopfschmerzen, Atem- und Schlafschwierigkeiten. Die Nasenschleimhaut produziert normalerweise wenig klaren, dünnflüssigen Schleim, der dazu dient, die über die Nase eingeatmeten Substanzen wie Staub, Pollen, Bakterien oder Viren zu binden. Bei einer Nasenschleimhautentzündung wird vermehrt zäher Schleim produziert, der z.B. bei einem bakteriellen Infekt gelbgrün verfärbt ist.

Behandlung (alle Befehle im Namen von Jesus Christus)

1. Binde die Ursache der Entzündung und befiehl ihr zu verschwinden.

2. Befiehl der Schleimhaut von Nase und Nasennebenhöhlen geheilt zu sein.
3. Befiehl eine normale Schleimproduktion.
4. Führe sie, wenn nötig, im Bußgebet, S.42,74

ROTATORENMANSCHETTE

Die Rotatorenmanschette ist eine Gruppe von 4 Muskeln und mehreren Sehnen, die der Stabilisierung des Schultergelenks dienen. Das Schultergelenk ist das beweglichste Gelenk des Menschen mit einer sehr flachen Gelenkpfanne. Ohne die Rotatorenmanschette würde das Schultergelenk ständig aus der Gelenkpfanne springen („auskugeln"). Sie hält den Arm in seiner Position, hilft der Schulter bei Dreh- und Hebebewegungen und ist damit einer der wichtigsten Teile der Schulter. Die Sehnen der Rotatorenmanschette können durch Überanstrengung, Entzündung, Abnutzung, einen Sturz oder eine andere Verletzung reißen. Die häufigsten Symptome bei einem Riss:

- Schmerzen bei bestimmten Armbewegungen
- Schmerzen, die einen hindern, auf der betroffenen Seite zu schlafen
- Knacken oder Knirschen wenn man den Arm bewegt
- eingeschränkte Beweglichkeit
- Muskel-Schwäche

Das Risiko für einen Riss der Rotatorenmanschette ist allgemein erhöht ab dem 40. Lebensjahr sowie durch Tätigkeiten und Sportarten, bei denen es zu wiederholten Armbewegungen oberhalb der Schulter kommt (Maler, Handballspieler). Ein Riss der Rotatorenmanschette oder Teilen davon erfordert in der Regel eine Operation.

Behandlung (alle Befehle im Namen von Jesus Christus)

1. Befiehl den Muskeln, Sehnen und Bändern stark zu sein und zu ihrer normalen Länge und Kraft zurückzukehren.
2. Befiehl der Rotatorenmanschette geheilt zu sein.
3. Befiehl jeder Infektion und Entzündung zu verschwinden.
4. Befiehl den Gelenken gut geschmiert zu sein.
5. Befiehl dem Knorpel wiederhergestellt zu sein.
6. Treibe, wenn nötig, den Geist der Arthritis aus.
7. Befiehl den Armen sich auszurichten und gleich lang zu sein.
8. Befiehl jedem Schmerz zu verschwinden und die Wiederherstellung der vollen Beweglichkeit.

RÜCKENPROBLEME (siehe auch Bandscheibenprobleme)

Fast 80% aller Menschen haben irgendwann im Lauf des Lebens Rückenschmerzen. Es gibt viele Gründe dafür, z.B. Muskelschwäche oder -verspannungen, Überanstrengung, Rückenverletzungen, Druck auf eine Nervenwurzel, falsche Körperhaltung, Bandscheibenprobleme oder Wirbelköperfrakturen. Oft findet sich jedoch keine eindeutige organische Ursache. Menschen, die ständig schwer heben müssen, haben ein erhöhtes Risiko chronische Rückenbeschwerden zu entwickeln (z.B. Bauarbeiter).

Benenne das Problem so genau wie möglich (z.B. "Wie heißt die ärztliche Diagnose?, was genau ist nicht in Ordnung?, sind Schmerzen vorhanden?, gab es einen Unfall oder eine Operation?").

Behandlung (alle Befehle im Namen von Jesus Christus)

1. Bei Problemen des unteren Teils des Rückens befiehl den Beinen sich auszurichten und gleich lang zu sein.

2. Bei Schmerzen in der Rückenmitte befiehl den Armen sich auszurichten und gleich lang zu sein.
3. Bei Schmerzen im oberen Teil des Rückens befiehl dem Hals und Nacken sich auszurichten.
4. Befiehl dem Becken sich in die perfekte Position zu drehen und der Wirbelsäule gerade zu sein.
5. Wende diese Anweisungen an, wo sie erforderlich sind und wiederhole Punkt 1–4 wenn nötig.
6. Befiehl den Bandscheiben, Wirbeln, Muskeln, Bändern und Sehnen sich auszurichten und Heilung im Namen von Jesus Christus. Sei so genau wie möglich.
7. Sprich diesem Rücken, falls erforderlich, neue Bandscheiben und Wirbelkörper zu.
8. Befiehl jedem Schmerz zu gehen, im Namen von Jesus.

SCHILDDRÜSENERKRANKUNGEN (siehe auch Struma)

Die Schilddrüse befindet sich links und rechts vom Hals unterhalb des Kehlkopfs. TSH, ein Hormon der Hirnanhangdrüse, regt die Produktion der Schilddrüsenhormone an. Sie regulieren den Stoffwechsel des Körpers. Schilddrüsenerkrankungen können grob eingeteilt werden in:

gutartig

- Überfunktion
- Unterfunktion
- Knoten
- zu viele Schilddrüsenhormone
- zu wenig Schilddrüsenhormone
- heiße und kalte Knoten

bösartig

- Karzinom
- kann u.a. aus kalten Knoten entstehen

Behandlung (alle Befehle im Namen von Jesus Christus)

1. Führe sie im Gebet zum Brechen von Generationenflüchen.
2. Befiehl eine neue, richtig funktionierende Schilddrüse.
3. Befiehl jeder Schwellung und Entzündung zu gehen.
4. Befiehl allen Hormonen im Gleichgewicht zu sein.
5. Binde, wenn nötig, den Ursprung von Krebs.

SCHIZOPHRENIE (siehe Psyche)

SCHLAFSTÖRUNGEN

Von einer Schlafstörung spricht man, wenn über einen Monat lang mindestens dreimal in der Woche Probleme mit dem Ein- oder Durchschlafen bestehen. Dazu zählen vorzeitiges Erwachen, übermäßiges Schlafbedürfnis oder ein ungewöhnliches Schlafverhalten. Es gibt mehr als 100 verschiedene Schlaf- und Wachstörungen. Sie lassen sich grob einteilen in:

- Probleme beim Ein- und Durchschlafen, Schlaflosigkeit
- zu frühes Erwachen am Morgen
- häufiges Aufwachen in der Nacht
- Schwierigkeiten wach zu bleiben
- ständige Müdigkeit
- Störungen des Schlafrhythmus'

Ursachen für Schlafstörungen bzw. Schlaflosigkeit sind:

- körperliche Erkrankungen (z.B. Schilddrüsenüberfunktion), Schmerzen, Depressionen, Angst oder Stress
- ein ungünstiges Schlafumfeld (zu hell, zu laut)
- übermäßiger Alkohol-, Drogen- und Koffeingebrauch
- bestimmte Medikamente
- starkes Rauchen

Alle Arten von Schlafstörungen können zu Tagesschläfrigkeit, Konzentrationsmangel und morgendlicher Abgeschlagenheit führen. Jeder hat gelegentlich eine schlaflose Nacht, die aber kein Problem für die meisten Menschen darstellt. Ungefähr 25 % der US-Amerikaner klagen über gelegentliche Schlafprobleme, anhaltende Schlaflosigkeit ist ein Problem für ungefähr 10 % von ihnen. In diesen Fällen führt der Mangel an erholsamen Schlaf zur Unfähigkeit der Betroffenen ihren täglichen Verpflichtungen nachzukommen, weil sie zu müde sind oder Mühe haben sich zu konzentrieren. Die meisten Erwachsenen bis zum 60. Lebensjahr benötigen ca. acht Stunden, danach reichen meist sechs Stunden pro Nacht. Auch wenn man mit zunehmendem Alter weniger Schlaf benötigt, haben fast die Hälfte der Menschen über sechzig Phasen von Schlaflosigkeit. Das eigene Befinden verrät einem am Besten, wie viel Schlaf benötigt wird. Wenn man mit einem erfrischten Gefühl aufwacht, bekommt man auch genügend Schlaf. Langwirksame oder große Mengen an Beruhigungsmitteln als „Heilmittel" gegen Schlaflosigkeit zu benutzen ändert nichts an den Ursachen und verschlechtert im Laufe der Zeit eher die Probleme. Sie fördern nicht den natürlichen, erholsamen Schlaf. Außerdem können diese Medikamente zu Toleranzbildung oder Abhängigkeit führen. In diesen Fällen wirkt die bisherige Menge nicht mehr, sodass man versucht, die Wirkung über eine höhere Dosis zu erreichen. Höhere Dosen erhöhen wiederum die Wahrscheinlichkeit der Abhängigkeits- oder Toleranzentwicklung und verstärken die Nebenwirkungen. Das Absetzen der Medikamente kann Entzugserscheinungen und eine verstärkte Schlaflosigkeit verursachen (Reboundphänomen). Das Gleiche gilt für Anti-Histaminika (dem Hauptbestandteil in rezeptfreien Schlafmitteln). Der Gebrauch von Anti-Histaminika über einen längeren Zeitraum kann u.a. zu reversibler (umkehrbarer) Gedächtnisschwäche führen.

Behandlung (alle Befehle im Namen von Jesus Christus)

1. Führe sie, wenn nötig, im Bußgebet.
2. Befiehl dem Schlafzentrum im Gehirn richtig zu funktionieren.
3. Führe sie im Gebet, all ihren Kummer, Stress und Sorgen auf den Altar Gottes zu legen.
4. Lass sie, wenn nötig, Buße tun für die unzureichende Erholung.

NARKOLEPSIE

Narkolepsie ist eine chronische, von starker Tagesschläfrigkeit und plötzlichem Einschlafen charakterisierte Schlafstörung. Die Betroffenen schlafen ständig ein, zu jeder Zeit, an jedem Ort, ohne vorherige Anzeichen (Schlafzwang). Weitere Merkmale sind:

Kataplexien

- teilweiser oder vollständiger Verlust der Muskelspannung bei vollem Bewusstsein, meist durch starke Emotionen ausgelöst

abnormer Schlafrhythmus

- nächtliche Schlafprofile zeigen einen zerrissenen Schlaf ohne einheitliches Muster
- der Schlaf wird oft als wenig erholsam empfunden

Schlaflähmung

- plötzliche Lähmung der Körpermuskulatur bei Schlafbeginn oder beim Aufwachen
- die Lähmung kann durch Berühren des Körpers unterbrochen werden (Kataplexien nicht)

automatisiertes Verhalten

- Tätigkeiten werden nur motorisch ausgeführt, ohne bewusste Steuerung

- der Betroffene schläft während einer Handlung ein und führt sie im Schlaf fort (Unfallgefahr!)

Die genaue Ursache dafür ist noch unbekannt. Sehr wahrscheinlich sind Zentren im Gehirn beteiligt, die für die Steuerung des Tag-Nacht-Rhythmus zuständig sind, z.B. die Epiphyse. Auch Vererbung scheint eine Rolle zu spielen. Die ersten Symptome zeigen sich meist zwischen dem 10. und 25. Lebensjahr. Männer und Frauen sowie alle Rassen sind gleich häufig betroffen. Eine Narkolepsie kann ernsthafte Probleme auf der Arbeit und im Privatleben verursachen. Schlafattacken können zu Unfällen oder ernsten Verletzungen führen, wenn sie z.B. während des Autofahrens, beim Umgang mit gefährlichen Geräten oder Feuer auftreten.

Behandlung: siehe unter „Schlafwandeln“.

SCHLAFAPNOE-SYNDROM (SAS)

Das Schlafapnoe-Syndrom (SAS) wird meist verursacht durch eine nächtliche Erschlaffung der Atemmuskulatur. Die Atemwege verengen sich, das Atmen wird erschwert und es kommt zu Atemstillständen über 10 Sekunden. Die Betroffenen leiden unter Luftnot und wachen daher immer wieder auf. Schnarchen ist ein häufiges Begleitsymptom. Menschen mit Schlafapnoe haben Schwierigkeiten, die Tiefschlafphasen zu erreichen. Ihr Schlaf ist nicht erholsam und daher sind sie tagsüber oft müde. Meist sind übergewichtige, ältere Männer betroffen. Eine Behinderung der Nasenatmung (durch Polypen, Nasenschiefstand), ein zu großer Hals oder Zunge, eine zu enge Luftröhre sowie bestimmte anatomische Formen von Gaumen und Kiefer scheinen Risikofaktoren zu sein. Auch Alkohol oder die Einnahme von Beruhigungsmitteln am Abend fördern die Entstehung eines SAS. Weil es durch die nächtlichen Atempausen wiederholt zum plötzlichen Abfall der Sauerstoffsättigung im Blut kommt, haben die Betroffenen ein erhöhtes Risiko für Gehirnschäden, einen Schlaganfall, hohen Blutdruck oder einen plötzlichen Herzstillstand. Kinder mit Schlafapnoe können überaktiv sein und als ADHS (fehl-) diagnostiziert werden. Die häufigste Ursache für kindliche Schlafapnoe sind vergrößerte Rachenmandeln.

Behandlung: siehe unter „Schlafwandeln"

SCHLAFWANDELN

Schlafwandeln tritt in der Regel während der Tiefschlafphasen auf. Am häufigsten sind Kinder zwischen dem 6. und 12. Lebensjahr betroffen. Die Episoden dauern normalerweise weniger als 30 Minuten. Sie scheinen in Verbindung mit Erschöpfung, Ängsten und Sorgen zu stehen. Schlafwandler tun mehr als einfach nur umhergehen. Sie wechseln ihre Kleidung, verrücken Möbel oder sitzen aufrecht im Bett. Wenn ein Kind an anderer Stelle aufwacht, als es eingeschlafen ist und nicht weiß, wie es dahin gekommen ist, dann hat es möglicherweise geschlafwandelt. Bei den meisten Kindern verliert sich das im Jugendalter.

Behandlung (alle Befehle im Namen von Jesus Christus)

1. Führe sie im Gebet zum Brechen von Generationenflüchen.
2. Führe sie im Gebet, all ihren Kummer, Stress und Sorgen auf den Altar Gottes zu legen.
3. Befiehl allen Hormonen im ausgewogenen Verhältnis vorhanden zu sein.
4. Befiehl den elektrischen und magnetischen Frequenzen Harmonie und Ausgeglichenheit.

5. Befiehl dem Hals sich in seine normale Position zu drehen.
6. Befiehl den verengten Atemwegen sich wieder zu öffnen.
7. Befiehl eine kräftige, richtig funktionierende Halsmuskulatur.
8. Befiehl jedem unchristlichen Geist herauszukommen und diesen Menschen zu verlassen.
9. Segne ihren Schlaf, so dass sie eine erholsame, stärkende und friedliche Nachtruhe haben.
10. Befiehl dem Schlafzentrum im Gehirn richtig zu funktionieren.

SCHNARCHEN

Beim Schnarchen treten während des Schlafens typische, laute Atemgeräusche auf. Sie sind störend und ärgerlich für den Betroffenen und für die Menschen in seiner Umgebung. Durch den Luftstrom während der Atmung beginnen die entspannten Weichteile im Hals zu vibrieren und erzeugen so die heiseren und rauen Atemgeräusche. Schnarchen kommt häufig bei Erwachsenen vor und kann Anzeichen einer tieferliegenden gesundheitlichen Störung wie chronisch verstopfter Nase, einer schiefstehenden Nasenscheidewand, Schlafapnoe oder vergrößerter Rachenmandeln sein. Andere Risikofaktoren sind Übergewicht, die abendliche Einnahme von Schlafmitteln, Alkohol, Antihistaminika und das Schlafen in Rückenlage.

Behandlung (alle Befehle im Namen von Jesus Christus)

1. Führe sie im Gebet zum Brechen von Generationenflüchen.
2. Befiehl eine kräftige, richtig funktionierende Halsmuskulatur.
3. Befiehl jeder Atemwegsbehinderung zu verschwinden.

RESTLESS-LEGS-SYNDROM (RLS)

Beim Restless-Legs-Syndrom treten Missempfindungen und unwillkürliche Bewegungen meist in den Beinen, seltener in den Armen auf. Typischerweise in Phasen, in denen die Betroffenen entspannt oder im Ruhezustand sind (beim Schlafen, Liegen oder langen Sitzen). Die Missempfindungen bessern sich, wenn die Beine durch Laufen oder Schütteln bewegt werden. Häufig kommen periodische Zuckungen der Beine oder Arme im Schlaf vor, ohne dass diese demjenigen bewusst sind. Die Symptome sind nachts stärker und verursachen dadurch eine unruhige Nacht für den Betroffenen und seinen Schlafpartner (mit daraus resultierender Müdigkeit am Tage). Ein RLS kann sich in jedem Alter entwickeln. Die genaue Entstehungsursache ist bisher unbekannt, es gibt aber Hinweise, dass hormonelle Störungen und Stoffwechselprobleme eine Rolle spielen (insbesondere Dopamin- und Eisenmangel). Stress und psychische Belastungen verstärken häufig die Symptome.

Behandlung (alle Befehle im Namen von Jesus Christus)

1. Führe sie im Gebet zum Brechen von Generationenflüchen.
2. Befiehl dem zugrunde liegenden Geist zu gehen.
3. Befiehl allen elektrischen und magnetischen Frequenzen Harmonie und Ausgeglichenheit.
4. Befiehl den Nerven richtig zu funktionieren.
5. Befiehl eine normale Durchblutung.
6. Führe sie im Gebet, all ihren Kummer, Stress und Sorgen auf den Altar Gottes zu legen.

SCHLAGANFALL (Apoplex)

Bei einem Schlaganfall kommt es zur Unterbrechung der Blutzufuhr in Teilen des Gehirns. Damit fehlen dem Gehirn

Sauerstoff und Nährstoffe, die es benötigt, um richtig zu funktionieren. Ist die Durchblutung länger als ein paar Sekunden unterbrochen, dann sterben Gehirnzellen ab. Es kann zu dauerhaften Hirnschäden kommen. Eine Unterbrechung der Durchblutung kann durch Blutgerinnsel oder (seltener) durch Einblutungen ins Gehirn verursacht sein. Ein Schlaganfall entsteht meist infolge einer Arteriosklerose (siehe dort). Überschüssiges Fett und Blutplättchen sammeln sich an den Wänden der Arterien und bilden dort Ablagerungen (sog. Plaques). Im Laufe der Zeit beginnen diese Plaques langsam eine Arterie zu verschließen. Es kommt zur Abnahme der Gehirndurchblutung bis hin zum vollständigen Verschluss, dem Schlaganfall. In anderen Fällen kann sich ein Blutgerinnsel oder Plaque lösen und ein kleineres Gefäß verschließen.

Hirnblutungen entstehen durch das Einreißen von Blutgefäßen im Gehirn, z.B. durch schwere Hirnverletzungen, einen schlecht eingestellten Bluthochdruck und durch sog. Aneurysmen (siehe dort). Folgen eines Schlaganfalls sind Schwäche und Lähmungserscheinungen auf einer Körperseite, Sprach- und Sehstörungen, Taubheit, Schwindel, Verwirrung, Verlust von Koordination und Gedächtnis u.v.m.. Ein schwerer Schlaganfall kann einen Menschen so stark behindern, dass er ständig auf fremde Hilfe angewiesen ist. Ein „leichter“ Schlaganfall ist eine vorübergehende Unterbrechung der Gehirndurchblutung (TIA). Die dabei auftretenden Symptome können von wenigen Minuten bis zu einigen Tagen andauern, verschwinden danach aber wieder vollständig. Es ist ein Hinweis, dass später eventuell ein „richtiger“ Schlaganfall auftreten kann. Risikofaktoren sind u.a. höheres Lebensalter, männliches Geschlecht, Bluthochdruck, erhöhte Cholesterinwerte, Diabetes, Übergewicht, Arteriosklerose, die Einnahme der „Pille“ sowie übermäßiger Alkohol-, Nikotin- und Drogenkonsum. Auch bei Fällen von Schlaganfällen innerhalb der

Familie ist das Risiko erhöht. In den westlichen Ländern ist der Schlaganfall eine der Haupttodesursachen und eine der häufigsten Ursachen für Behinderungen bei Erwachsenen.

Behandlung (alle Befehle im Namen von Jesus Christus)

1. Befiehl dem Todesgeist den Körper zu verlassen.
2. Befiehl jedem Gerinnsel sich aufzulösen und zu verschwinden.
3. Befiehl dem geschädigtem Gehirngewebe sowie allen anderen betroffenen Körperteilen wiederhergestellt und geheilt zu sein und normal zu funktionieren.
4. Befiehl, wenn nötig, ein neues Gehirn.
5. Befiehl der Kommunikation vom Gehirn zum Körper wiederhergestellt zu sein und normal zu funktionieren.

SCHLEIMBEUTELENTZÜNDUNG (Bursitis)

Schleimbeutel sind flüssigkeitsgefüllte Hohlräume, die meist in der Nähe der Gelenke vorkommen, wo die Muskelsehnen Knochenvorsprünge überwinden müssen. Sie verringern die Reibung der Sehnen auf dem Knochen und unterstützen so die Beweglichkeit der Gelenke. Eine Schleimbeutelentzündung kann durch chronische Überanstrengung, Verletzungen, rheumatoide Arthritis, Gicht oder Infektionen verursacht sein. Manchmal ist der Grund unklar. Meist sind Schultern, Ellbogen, Hüfte und Knie betroffen, seltener die Achillessehnen und Fußgelenke.

Behandlung (alle Befehle im Namen von Jesus Christus)

1. Treibe den Geist der Schleimbeutelentzündung aus.
2. Leite sie, wenn nötig im, Vergebungsgebet.
3. Leg die Hand auf die betroffene Stelle und befiehl allem Schmerz und jeder Entzündung diesen Menschen zu verlassen.

4. Befiehl den betroffenen Körpergeweben Heilung.
5. Befiehl eine normale Flüssigkeitsproduktion in den Schleimbeuteln für eine schmerzfreie Beweglichkeit.

SCHLEUDERTRAUMA

Als Schleudertrauma bezeichnet man eine Verletzung der Weichteile im Bereich der Halswirbelsäule, die durch Beugung und nachfolgende starke Überstreckung verursacht wird. Die Muskeln und Bänder des Halses werden dabei über ihr normales Bewegungsausmaß gedehnt. Typischerweise geschieht das bei einem Auffahrunfall. Der Sicherheitsgurt verhindert, dass die Insassen nach vorne geschleudert werden. Da aber der Kopf ungesichert ist, schlägt er weit nach vorn, dann zurück und es kommt zum Schleudertrauma. Außer durch Autounfälle kann ein Schleudertrauma durch Achterbahn- und andere Fahrten im Vergnügungspark, durch Sportverletzungen, durch Schläge oder Erschütterungen verursacht werden. Wird bei Kindern ein Schleudertrauma festgestellt, kann es sein, dass sie missbraucht wurden.

Behandlung (alle Befehle im Namen von Jesus Christus)

1. Befiehl dem Schmerz zu verschwinden.
2. Befiehl dem Hals sich auszurichten.
3. Befiehl jeder beschädigten Bandscheibe, den Wirbeln, Nerven, Bändern, Sehnen und Muskeln geheilt zu sein.
4. Befiehl, wenn nötig, dem Geist der Angst zu gehen.

SCHLUCKAUF

Ein Schluckauf ist die unfreiwillige Verkrampfung des Zwerchfells (dem flachen Muskel zwischen Lungen und Bauchraum), gefolgt vom raschen Verschluss der Stimmbänder, was ein typisches Geräusch hervorruft. Ein Schluckauf beginnt oft ohne erkennbaren Grund und endet meist nach kurzer Zeit von allein. Er kann auch länger anhalten Bei Säuglingen und Kleinkindern verhindert der Schluckauf das Übertreten von Speiseresten und Flüssigkeiten in die Lunge.

Behandlung (alle Befehle im Namen von Jesus Christus)

1. Befiehl dem Zwerchfell sich zu beruhigen.
2. Befiehl den Krämpfen aufzuhören.

SCHUPPENFLECHTE (Psoriasis)

Die Schuppenflechte ist eine bei vielen Menschen vorkommende Hauterkrankung. Sie ist durch das schubweise Auftreten verdickter, juckender, trockener und silberglänzender Haut gekennzeichnet. Vererbung scheint eine Rolle zu spielen. Sie wird zu den Autoimmunkrankheiten gezählt, bei denen das Immunsystem fälschlicherweise die eigenen Körperzellen angreift. Eine bestehende Schuppenflechte kann sich durch Verletzungen oder Reizungen verschlimmern (Schnitte, Brandwunden, Reibung, Insektenstiche). Bei Menschen mit geschwächtem Immunsystem oder bei Menschen, die an weiteren Autoimmunkrankheiten leiden, sind die Verläufe meist schwerwiegender (z.B. bei rheumatoder Arthritis). Arzneimittel, Virus- oder Bakterieninfektionen, übermäßiger Alkoholkonsum, Übergewicht, zu wenig oder zu viel Sonnenlicht (Sonnenbrand), kaltes Klima und eine häufige Reizung der Haut verschlechtern die Erkrankung. Schuppenflechten sind nicht ansteckend.

Behandlung (alle Befehle im Namen von Jesus Christus)

1. Führe sie im Gebet zum Brechen von Generationenflüchen.
2. Treibe den Geist der Schuppenflechte aus.

3. Binde die Entzündung, das Jucken und das Abschuppen der Haut.
4. Leg die Hände auf die betroffenen Stellen. Befiehl diesem Gewebe durch neue, gesunde Hautzellen ersetzt zu werden.

SCHWELLUNG (siehe Ödem)

SCHWINDEL (siehe auch Morbus Meniére)

Unter Schwindel im medizinischen Sinne versteht man eine Scheinbewegung der Umwelt oder eine scheinbare Selbstbewegung (ein Gefühl, als ob die Umgebung oder man selbst schwankt oder sich dreht). Die meisten Ursachen sind nicht schwerwiegend, enden schnell von alleine oder sind einfach zu behandeln. Allerdings können die Beschwerden so stark werden, dass die Betroffenen außer Gefecht gesetzt werden, bis der Schwindel wieder aufhört. Häufige Formen sind der Drehschwindel und der gutartige Lagerungsschwindel, wenn sich die Position abrupt ändert, z.B. beim schnellen Übergang vom Liegen zum Sitzen. Eine Unterversorgung des Gehirns mit Blut (und damit auch Sauerstoff) kann Schwindel hervorrufen. Das kann z.B. bei einem plötzlichen Blutdruckabfall oder bei Flüssigkeitsverlust durch Erbrechen, Fieber, Durchfall usw. auftreten. Schwindel ist ein häufiges Begleitsymptom bei Erkältungen, Grippe oder Allergien und wird als Nebenwirkung bei der Einnahme von Arzneimitteln beobachtet (z.B. Tabletten gegen hohen Blutdruck). Auch eine Störung des Innenohrs, dem Sitz des Gleichgewichtsorgans, kann Schwindel verursachen (siehe Morbus Meniére).

Behandlung (alle Befehle im Namen von Jesus Christus)

1. Führe sie im Gebet zum Brechen von Generationenflüchen.
2. Weise die Ursache der Gleichgewichtsstörung zurück (Infektion, Krankheit, Schlafmangel usw.).
3. Befiehl dem Hals sich auszurichten.
4. Befiehl den Knochen des Schläfenbeins sich auszurichten.
5. Befiehl den Armen sich auszurichten und gleich lang zu sein.
6. Befiehl dem Gleichgewichtsorgan im Innenohr geheilt zu sein.
7. Befiehl eine normale Menge an Innenohrflüssigkeit.
8. Befiehl allen elektrischen und magnetischen Frequezen Harmonie und Ausgeglichenheit.
9. Befiehl dem Gleichgewichtsgefühl sich zu normalisieren.

SEHNENSCHEIDEN-ENTZÜNDUNG

(Tendovaginitis)

Sehnen sind die bindegewebigen Teile des Muskels, durch die er mit dem Knochen verbunden ist. Eine Tendovaginitis ist die schmerzhafte Entzündung, Reizung und Schwellung einer Sehnenscheide. Oft besteht gleichzeitig eine Degeneration und Abnutzung der Sehne. Eine Sehnenscheidenentzündung kann durch Überanstrengung, infolge einer Verletzung oder den normalen Alterungsprozess verursacht sein, bei der die Sehnen ihre Elastizität verlieren. Sie kommt auch bei systemischen Erkrankungen wie rheumatoider Arthritis oder Diabetes vor. Am häufigsten sind die Sehnen an Hand- und Ellenbogengelenken betroffen.

Behandlung (alle Befehle im Namen von Jesus Christus)

1. Befiehl aller Entzündung, jedem Schmerz, jeder Schwellung und Reizung zu verschwinden.
2. Befiehl den Armen bzw. Beinen im betroffenen Bereich sich auszurichten und gleich lang zu sein.
3. Befiehl den Sehnen, Muskeln, Bändern und allem umgebenden Gewebe geheilt zu sein, zu ihrer normalen Länge und Stärke zurückzukommen und richtig zu funktionieren.
4. Befiehl neue Sehnen und Bänder, wenn die Beschwerden durch Abnutzung verursacht wurden.
5. Wenn nötig, leite sie im Bußgebet.

SELBSTMORD, SUIZID

Selbstmord ist die selbst herbeigeführte Beendigung des eigenen Lebens. Suizidales Verhalten ist eine absichtliche Handlung mit potenziell lebensbedrohenden Konsequenzen, z.B. das Einnehmen einer Überdosis Drogen oder das absichtliche Verursachen eines Autounfalls. Suizidales Verhalten kann bei vielen emotionalen Störungen wie Depressionen, bipolaren Störungen und Schizophrenie vorkommen. Es tritt häufig als Folge einer Situation auf, die dem Betroffenen unüberwindlich oder unerträglich erscheint. Ursachen sind z.B. gesellschaftliche Isolation, der Tod eines geliebten Menschen, traumatische Erlebnisse, eine unheilbare Krankheit, chronische Schmerzen, Alterseinsamkeit, Arbeitslosigkeit, finanzielle Probleme, Schuldgefühle, psychische Erkrankungen sowie Alkohol- oder Drogenabhängigkeit. Selbstmordversuche sollten immer ernst genommen und sofort professionelle Hilfe gesucht werden. Die Betroffenen als Aufmerksamkeitssuchende abzuweisen, kann verheerende Folgen haben. Angehörige von Menschen, die einen Selbstmord begangen oder ernsthaft versucht haben, suchen die Schuld häufig bei sich. Ein anderer Teil reagiert sehr erbost, da sie einen Selbstmord (bzw. den Versuch) als egoistisch empfinden. Menschen, die sich umbringen, denken oft fälschlicherweise, dass sie mit einem Selbstmord ihren Freunden und Verwandten einen Gefallen tun. Diese falsche Annahme leitet häufig ihr Verhalten.

Behandlung (alle Befehle im Namen von Jesus Christus)

1. Führe sie im Bußgebet.
2. Befiehl allen Hormone und chemischen Botenstoffe im Gleichgewicht vorhanden zu sein.
3. Führe sie im Vergebungsgebet und im Gebet zum Brechen von Wortflüchen.
4. Treibe den Selbstmord-Geist aus.
5. Führe sie im Gebet, all ihren Kummer, Stress und Sorgen auf den Altar Gottes zu legen.
6. Fordere sie auf, einige Male den Satz zu wiederholen: "Ich wähle das Leben".

SENSIBILITÄTSSTÖRUNGEN

Taubheit und Kribbeln sind Sensibilitätsstörungen, die meist an Armen, Händen, Beinen oder Füßen auftreten (prinzipiell überall im Körper). Es gibt verschiedene Ursachen:

- langes Sitzen oder Stehen in der gleichen Position
- Nervenverletzungen, die zu Gefühlsstörungen im jeweiligen Versorgungsgebiet führen, z.B. der sog. „Hexenschuss", ein Schmerz- und Taubheitsgefühl den Rücken hinunter bis zum Bein
- Durchblutungsstörungen, meist durch Arteriosklerose, die z.B. beim Laufen Schmerzen, Taubheit und Prickeln in den Beinen verursachen

- Druck auf die Rückennerven durch eine verschobene Bandscheibe, meist ausstrahlende Beschwerden
- ein Karpaltunnelsyndrom, das Taubheits- und Kribbelgefühle in Armen, Händen und Fingern verursacht
- Krankheiten wie Diabetes, Schilddrüsenprobleme, Multiple Sklerose, epileptische Anfälle oder Migräne
- zu hohe oder zu niedrige Spiegel von Kalzium, Kalium oder Natrium, Vitamin B12-Mangel
- Mangeldurchblutung des Gehirns (Schlaganfall, TIA)
- bestimmte Arzneimittel, Chemo- oder Strahlentherapie
- Substanzen wie Blei, Aluminium, Alkohol oder Nikotin

Behandlung (alle Befehle im Namen von Jesus Christus)

1. Befiehl, dass jeder tieferliegende Krankheitsprozess, der diese Sensibilitätsstörungen hervorgerufen hat, beendet ist.
2. Befiehl den Bandscheiben und Rückenwirbeln in ihre ursprüngliche Position zurückzukehren.
3. Befiehl jedem Druck, der auf die Nerven wirkt, sich zu lösen.
4. Befiehl den Nerven richtig zu funktionieren.
5. Befiehl den biochemischen Stoffwechselprozessen des Nervensystems sich zu normalisieren.
6. Befiehl eine gute Durchblutung im gesamten Körper.
7. Befiehl den elektrischen und magnetischen Frequenzen Harmonie und Ausgeglichenheit.
8. Befiehl jedem Taubheits- und Kribbelgefühl zu verschwinden.

SEXUELL ÜBERTRAGBARE KRANKHEITEN

(Sexual Transmitted Diseases, STD)

Sexuell übertragbare Krankheiten sind Infektionen, die beim Geschlechtsverkehr übertragen werden. Weil es dabei zu sehr engem Körperkontakt kommt, haben es die Erreger leicht, von einem Menschen auf einen anderen überzugehen. Viele Mikroorganismen breiten sich auf diesem Weg aus. Allerdings können manche Erreger (wie HIV), auch auf anderen Wegen übertragen werden, z.B. von der Mutter zum Kind während der Geburt, durch Stillen, verunreinigte Lebensmittel, Wasser, Blut, medizinische Instrumente oder infizierte Nadeln.

Behandlung (alle Befehle im Namen von Jesus Christus)

1. Führe sie, wenn nötig, im Gebet zur Lösung ungöttlicher Bindungen.
2. Breche den Ursprung der Infektion und befiehl ihr zu gehen.
3. Befiehl dem Immunsystem völlig wiederhergestellt zu sein und richtig zu funktionieren.
4. Befiehl allen betroffenen Organen Heilung.
5. Führe sie, wenn nötig, im Vergebungsgebet.
6. Führe sie im Gebet, all ihren Kummer, Stress und Sorgen auf den Altar Gottes zu legen.
7. Führe sie, wenn nötig, im Bußgebet für ungesunden Lebensstil oder falsche Ernährung.

SICHELZELLANÄMIE

Die Sichelzellanämie ist eine Erbkrankheit, bei der die Betroffenen eine spezielle Form des Hämoglobins haben, das Hämoglobin S, wodurch sich die roten Blutzellen (Erythrozyten) unter bestimmten Umständen sichelartig verformen. Diese Verformung tritt insbesondere bei Sauerstoffmangel auf, z.B. bei Flügen oder körperlicher Belastung. Sie bewirkt eine Zusammenlagerung der Erythrozyten und verursacht kleine Blutgerinnsel. Diese Gerinnsel lösen wiederholt schmerzhafte Zustände aus („Sichelzell-Schmerzkrisen"). Ungefähr 8 % der Amerikaner afrikanischer Abstammung haben dieses veränderte Hämoglobin. Nur homozygote Träger des Sichelzellgens (Anlagen von beiden Eltern vererbt), zeigen das schwere Erscheinungsbild der Krankheit, bei der das gesamte normale Hämoglobin durch Hämoglobin S ersetzt ist. In heterozygoten Trägern (Anlage nur von 1 Elternteil vererbt), ist nur etwa 1 % der Erythrozyten verändert. Diese Menschen haben normalerweise keine oder nur milde Symptome.

Behandlung (alle Befehle im Namen von Jesus Christus)

1. Führe sie im Bußgebet für Generationenflüche.
2. Treibe den Geist der Sichelzellanämie aus.
3. Befiehl den defekten Genen in ihren Normalzustand wiederhergestellt zu sein.
4. Befiehl dem Knochenmark normale Blutzellen zu produzieren und befiehl den betroffenen Organen und Geweben geheilt zu sein.

SJÖGREN-SYNDROM

Das Sjögren-Syndrom gehört zu den Autoimmunkrankheiten, bei der das Immunsystem gesundes Körpergewebe angreift. Beim Sjögren-Syndrom sind vor allem die Schleimhäute und Drüsen von Augen und Mund betroffen. Es kommt zur verminderten Produktion von Speichel und Tränenflüssigkeit und so zu einer verstärkten Lichtempfindlichkeit der Augen, Hornhauterkrankungen, Schwierigkeiten beim Schlucken und vermehrten Zahnerkrankungen. Lungen-, Nieren- und Lebergewebe sind teilweise mitbetroffen. Obwohl das Sjögren-Syndrom in jedem Alter auftreten kann, sind die meisten Erkrankten älter als 40 Jahre, 90% davon sind Frauen. Für diese Erkrankung gibt es bisher keine Heilung, aber durch entsprechende Behandlungen können die Symptome gemildert werden. Oft liegen gleichzeitig weitere Immunerkrankungen vor, z.B. ein Lupus erythematodes oder Sklerodermie.

Behandlung (alle Befehle im Namen von Jesus Christus)

1. Binde die zugrundeliegende Krankheitsursache.
2. Befiehl allen betroffenen Körpergeweben geheilt zu sein und normal zu funktionieren.
3. Befiehl dem Immunsystem und allen geschädigten Organen geheilt zu sein und richtig zu funktionieren.
4. Führe sie, wenn nötig, im Bußgebet.

SKLERODERMIE (systemische Sklerose)

Die Sklerodermie ist eine chronische Systemerkrankung, die durch vermehrte Bildung von Bindegewebe gekennzeichnet ist. Sie gehört zur Gruppe der Kollagenosen. Es kommt zur Verhärtung und Verdickung der Haut, zur Bildung von Geschwüren und Kalkeinlagerungen sowie zu Änderungen der Pigmentierung. Bei einem Teil der Erkrankten sind die Blutgefäße, Muskeln und inneren Organen mit betroffen (Herz, Lunge, Nieren und Magen-Darm-Trakt). Es treten verschiedene, unspezifische Symptome auf wie Durchblutungsstörungen, Muskel- und Gelenkschmerzen, Schluckbeschwerden oder Atemprobleme. Der Verlauf und der Schweregrad der Erkrankung können stark variieren. Da die o.g. Symptome auch bei anderen Erkrankungen vorkommen können, kann die Diagnose erst anhand einer Hautbiopsie sowie durch Nachweis bestimmter Antikörper gestellt werden. Meist sind Menschen zwischen dem 30.–50. Lebensjahr betroffen, Frauen 3–4x häufiger. Die genaue Ursache der Sklerodermie ist unbekannt. Genetische Faktoren und Autoimmunprozesse scheinen eine Rolle zu spielen.

Behandlung (alle Befehle im Namen von Jesus Christus)

1. Treibe den Geist der Sklerodermie aus.
2. Befiehl ein starkes, intaktes Immunsystem.
3. Befiehl den geschädigten Teilen von Haut und inneren Organe durch neues Gewebe ersetzt zu werden.
4. Befiehl allen elektrischen und magnetischen Frequenzen Harmonie und Ausgeglichenheit.

SKOLIOSE

Skoliose bezeichnet die seitliche Verbiegung der Wirbelsäule mit Verdrehung der einzelnen Wirbelkörper. Es gibt verschiedene Ursachen dafür:

angeboren

- meist durch Probleme der Bildung oder Verschmelzung der Wirbel mit den Rippen während der vorgeburtlichen Entwicklung

neuromuskulär

- durch unzureichende Muskelkontrolle bzw. Muskelschwäche
- durch Fehlbildungen des Rückens oder durch Poliomyelitis verursacht

juvenil

- sich im Jugendalter entwickelnde, seltenere Form
- Jungen und Mädchen gleichermaßen betroffen

unklare Ursache

- Verkrümmung einer früher geraden Wirbelsäule häufig bei Jugendlichen
- evtl. genetische Ursache
- meist Mädchen
- die Skoliose nimmt oft während der Wachstumsschübe zu

Der Verdacht einer Skoliose besteht auch dann, wenn eine Schulter höher zu stehen scheint als die andere oder es aussieht, als sei das Becken zu einer Seite gekippt.

Behandlung (alle Befehle im Namen von Jesus Christus)

1. Führe sie im Gebet zum Brechen von Generationenflüchen.
2. Treibe den Geist der Skoliose aus.
3. Befiehl der Wirbelsäule, den Rippen und dem gesamten Stützapparat in ihre perfekte Ausrichtung zurückzukehren.
4. Befiehl den Muskeln, Sehnen und Bändern stärker zu werden.
5. Befiehl den Armen und Beinen sich auszurichten und gleich lang zu sein.
6. Befiehl dem Becken sich neu auszurichten.

SPASTIK

Eine Spastik ist durch erhöhte Muskeleigenspannung und überschießende Reflexe gekennzeichnet. Ursache sind Schädigungen bestimmter Anteile von Gehirn, Rückenmark und Nervenbahnen durch einen Schlaganfall, Multiple Sklerose, Kopf- oder Rückenmarksverletzungen. Auch frühkindliche Hirnschäden, meist hervorgerufen durch Sauerstoffmangel während der Geburt, können Auslöser sein. Durch die Schädigungen am Zentralen Nervensystem fallen u.a. die dämpfenden Impulse bei der Reflexbildung weg, die Muskelkraft kann ungebremst wirken und führt zu den typischen, überschießenden, ruckartigen Bewegungen. Wenn die Sprech- und Schluckmuskulatur betroffen ist, kommt es zu Artikulations- und Schluckstörungen. Eine stark ausgeprägte, langanhaltende Spastik führt zu einer Verkürzung der Muskeln und damit zu einer fixierten Position der Gelenke.

Behandlung (alle Befehle im Namen von Jesus Christus)

1. Befiehl dem Nervensystem vollkommen wiederhergestellt und geheilt zu sein und normal zu funktionieren.
2. Befiehl, wenn nötig, ein neues Gehirn.
3. Befiehl allen Hormonen und Botenstoffen im Gehirn im Gleichgewicht zu sein.
4. Befiehl allen elektrischen und magnetischen Frequenzen Harmonie und Ausgeglichenheit.
5. Treibe den Geist der Angst aus.
6. Leite sie, wenn nötig, im Gebet für Vergebung.

SPEICHELDRÜSEN

Die Speicheldrüsen produzieren Speichel der das Essen befeuchtet, den Mund von Bakterien und Lebensmittelresten reinigt und beim Kauen und Schlucken hilft. Er enthält Enzyme, die Kohlenhydrate aufspalten, sodass der Verdauungsprozess bereits im Mund beginnt. Die Speicheldrüsen können durch Infektionen, Tumoren oder Steine entzündet sein. Mumps ist eine Entzündung der Parotis-Drüsen. Es gibt 3 Paar Speicheldrüsen:

- die größten sind die 2 Ohrspeicheldrüsen, eine an jeder Wange vor den Ohren (Glandulae parotis)
- 2 Unterkieferspeicheldrüsen im Kieferwinkel auf beiden Seiten (Glandulae submandibularis)
- 2 Unterzungenspeicheldrüsen, die unterhalb der Zunge und vor den Unterkieferspeicheldrüsen liegen (Glandulae sublingualis)

Behandlung (alle Befehle im Namen von Jesus Christus)

1. Befiehl jeder Infektion, Schwellung und jedem Stein zu verschwinden.
2. Befiehl neue Speicheldrüsen.
3. Führe sie im Gebet zum Brechen von Wortflüchen.

SPINA BIFIDA

Spina bifida bedeutet „gespaltenes Rückgrat" oder offener Rücken. Es handelt sich um eine angeborene Fehlbildung der Wirbelsäule und des Rückenmarks. Der Defekt entsteht als Folge einer Entwicklungsstörung während der Schwangerschaft. Normalerweise bilden die Wirbelkörper einen geschlossenen Ring, der das Rückenmark und die Rückenmarkshäute knöchern umschließt. Bei Kindern mit einer Spina bifida ist der Bogenschluss bei einem oder mehreren Wirbeln unvollständig, was dazu führt, dass sich Rückenmarksanteile durch den Spalt vorwölben. Sie kommt ziemlich häufig vor (etwa 1 von 1000 Neugeborenen). Die Ursache ist nicht bekannt, jedoch sind Spanier und Weiße europäischer Herkunft häufiger betroffen. Das Risiko steigt, wenn die Mutter Diabetikerin und/oder übergewichtig ist. Es gibt drei Ausprägungsgrade. Die schwerste Form wird Myelomeningozele oder „offene" Spina bifida genannt. Wegen der fehlenden Abdeckung durch die Wirbelsäule, steht das Rückenmark mit seinen Häuten vom Rücken des Neugeborenen hervor. Wenn ein Kind mit einer Spina bifida geboren wird, haben nachfolgende Kinder dieser Familie ein höheres Risiko, ebenfalls mit dieser Störung geboren zu werden. Bei einer offenen Spina bifida ist für das Neugeborene das Risiko höher, an lebensbedrohlichen Infektionen zu erkranken (z.B. Meningitis). Andere neurologische Schädigungen sind Lähmungen, Darm- und Harnblasenprobleme, Krampfanfälle oder Lernstörungen.

Behandlung (alle Befehle im Namen von Jesus Christus)

1. Führe sie im Gebet zum Brechen von Generationenflüchen.
2. Befiehl dem Rückenmark und den Wirbelkörpern sich vollkommen zu schließen.

3. Befiehl, wenn nötig, eine neue Wirbelsäule.
4. Befiehl jeder verbliebenen Operationsnarbe sich aufzulösen.
5. Befiehl dem Gehirn, allem Nervengewebe und Nervenbahnen vollkommen geheilt zu sein und normal zu funktionieren.

STEISSBEIN

Eine Steißbeinverletzung ist eine Verletzung der Knochen am unteren Ende der Wirbelsäule. Bei einer Steißbeinverletzung kommt es meistens zur Quetschung der Knochen oder Überdehnung der Bänder. Das ist ziemlich schmerzhaft und macht das Liegen unbequem. Stürze nach hinten auf eine harte Oberfläche sind die häufigste Verletzungsursache, z.B. beim Ausrutschen auf glattem Fußboden oder Eis. Steißbeinfrakturen (Brüche) sind selten.

Behandlung (alle Befehle im Namen von Jesus Christus)

1. Befiehl dem Steißbein sich in seine ursprüngliche Position auszurichten.
2. Befiehl jeder Fraktur, Quetschung oder Schwellung geheilt zu sein.
3. Befiehl jedem Schmerz zu verschwinden.

STOTTERN

Stottern ist eine Sprachstörung, die durch zögerndes, sich wiederholendes und stolperndes Sprechen gekennzeichnet ist. Kleine Kinder durchlaufen häufig eine kurze Stotterphase, die aber meist wieder verschwindet. Bei einem geringen Teil (<1%) nimmt das Stottern zu, bei der je nach Schweregrad einzelne Wortteile, ganze Wörter oder Phrasen wiederholt werden. Stottern tritt in manchen Familien gehäuft auf, aber es ist unklar, inwiefern genetische Faktoren eine Rolle spielen. Es gibt Hinweise, dass Stottern möglicherweise mit neurologischen Störungen zusammenhängt. Erstaunlicherweise haben Menschen mit dieser Sprachstörung häufig keine Schwierigkeiten beim singen oder wenn sie mit sich selber reden. Männer sind häufiger als Frauen betroffen.

Behandlung (alle Befehle im Namen von Jesus Christus)

1. Führe sie im Gebet zum Brechen von Generationenflüchen.
2. Befiehl dem Nervensystem richtig zu funktionieren.
3. Treibe den Geist der Angst aus.

STRESS

Stress kann aus jeder Situation oder Denkweise entstehen, die dazu führt, dass sich ein Mensch frustriert, verärgert oder ängstlich fühlt. Was für jemanden Stress bedeutet, ist nicht notwendigerweise auch stressig für andere Menschen. Stress ist ein normaler Teil des Lebens. Eine gewisse Menge ist positiv, weil er motivieren und helfen kann, produktiver zu sein. Zuviel Stress oder eine zu starke Reaktion auf eine Belastung ist schädlich. Dann kann er zur Einschränkung des Wohlbefindens, zur Entstehung bzw. Verstärkung von körperlichen und psychischen Erkrankungen wie Infektionen, Herzbeschwerden o.ä. führen. Ständiger, unablässiger Stress führt häufig zu Angststörungen, Depressionen und ungesunder Lebensweise wie übermäßigem Essen oder Missbrauch von Zigaretten, Alkohol oder Drogen. Die Stressursache ist nicht immer erkennbar, was die Beschwerden für die Betroffenen noch verstärkt. Emotionale Probleme, z.B. Sorgen oder Kummer, aber auch organische Ursachen wie eine Schilddrüsenüberfunktion, niedriger Blutzucker oder Herzerkrankungen können Stress hervorrufen oder verstärken.

Behandlung (alle Befehle im Namen von Jesus Christus)

1. Führe sie im Gebet, all ihren Kummer, Stress und Sorgen auf den Altar Gottes zu legen.
2. Befiehl allen chemischen Substanzen und Hormonen des Körpers in der richtigen Menge vorhanden zu sein.
3. Führe sie, wenn nötig, im Bußgebet.
4. Sprich ihnen Frieden zu.

STRUMA (siehe auch Schilddrüsenerkrankungen)

Eine gutartige Vergrößerung der Schilddrüse wird als Kropf oder Struma bezeichnet. Jod ist für die Herstellung der Schilddrüsenhormone nötig. Wenn zu wenig Jod vorhanden ist, versucht die Schilddrüse durch Vergrößerung den Mangel an Schilddrüsenhormonen auszugleichen.

Jodmangel ist die häufigste Ursache einer Strumabildung und kommt vor allem in Afrika und Zentralasien vor. In westlichen Ländern wird er durch die Jodierung von Speisesalz vermieden. Ab dem 40. Lebensjahr ist das Risiko einer Strumabildung erhöht, Frauen sind öfter betroffen. Vererbung scheint eine Rolle zu spielen. Auch einige Arzneimittel können eine Struma verursachen. Oft ist die Ursache jedoch unbekannt.

Behandlung (alle Befehle im Namen von Jesus Christus)

1. Führe sie im Gebet zum Brechen von Generationenflüchen.
2. Leg die Hände auf die Struma und befiehl ihr sich aufzulösen.
3. Befiehl den elektrischen und magnetischen Frequenzen Harmonie und Ausgeglichenheit.
4. Befiehl eine neue, richtig funktionierende Schilddrüse.

SÜCHTE, ABHÄNGIGKEITEN

Sucht ist eine körperliche und/oder psychische Abhängigkeit von Substanzen wie Alkohol, Nikotin, Drogen oder Medikamenten (Beruhigungs-, Schmerzmittel etc.), ebenso kann man süchtig nach Essen sein. Die grundlegende Ursache für Süchte ist häufig Rebellion. Die Rebellionsphase beginnt meist während oder kurz nach der Pubertät und schafft die Voraussetzungen für das Eindringen eines Suchtgeistes, der Merkmal der Rebellion ist. Dieser Suchtgeist begleitet den Menschen sein ganzes Leben bis er widerruft und bereut. Viele Menschen schaffen es von der körperlichen Abhängigkeit loszukommen, aber sie müssen solange gegen ihre Suchtgeister ankämpfen bis sie ihre Rebellion widerrufen.

Behandlung (alle Befehle im Namen von Jesus Christus)

1. Bestärke denjenigen in seinem Wunsch frei von Süchten zu sein.
2. Lass ihn seine Rebellion bereuen.
3. Lass ihn die Worte widerrufen, die er in Rebellion gesprochen hat.
4. Sprich Heilung bzw. Ersatz von beschädigten Organen zu, z.B. eine neue Leber, ein neues Gehirn etc.
5. Sprich den Frieden Gottes über denjenigen.

TAUBHEIT

Taubheit ist die teilweise oder vollständige Unfähigkeit, Geräusche oder Töne in einem oder beiden Ohren wahrzunehmen. Eine geringfügige Abnahme des Hörvermögens ab dem 20. Lebensjahr ist normal. Meist beginnt ein Hörverlust schleichend und endet nur selten in kompletter Taubheit. Bei älteren Menschen werden manchmal zu Unrecht die Alzheimer Krankheit oder andere neurologische Störungen vermutet. Dabei haben sie nur Hörschwierigkeiten. Es gibt viele Gründe für die Abnahme des Hörvermögens, die grob in zwei Kategorien eingeteilt werden können:

Schall-Leitungsstörung

- Ursache meist mechanischer Art, z.B. zu viel Flüssigkeit im Ohr
- die drei Gehörknöchelchen im Innenohr übertragen die Geräusche nicht richtig bzw. das Trommelfell schwingt nicht in Übereinstimmung mit den Tönen
- meist nur vorübergehender Hörverlust

Nervenschaden

- der Hörnerv ist geschädigt oder verletzt
- meist bleibender Hörverlust
- bei 20% der Fälle nach dem 55. Lebensjahr hängt die Taubheit mit einem Nervenschaden zusammen

Ohrinfektionen sind der häufigste Grund für zeitweilige Hörprobleme bei Kindern. Dabei kommt es zur Entzündung und Flüssigkeitsansammlung im Ohr, die symptomlos verschwinden aber auch ernsthafte Störungen verursachen können. Es gibt zahlreiche weitere Ursachen für Hörschwierigkeiten wie Intoxikationen, Tumore, Unfälle, Arzneimittel usw.

Behandlung (alle Befehle im Namen von Jesus Christus)

1. Treibe den Geist der Taubheit aus.
2. Führe die Finger vorsichtig in die Ohren des Betroffenen ein und befiehl der Taubheit zu gehen.
3. Befiehl dem Hörvermögen vollständige Wiederherstellung.
4. Befiehl den Armen sich auszurichten und gleich lang zu sein.
5. Wenn nötig, befiehl ein neues Trommelfell und neue Gehörknöchelchen.

6. Befiehl den Muskeln und Nerven sich zu entspannen und erlaube eine gute Durchblutung in diesem Gebiet.
7. Befiehl den haarfeinen Nerven im Innenohr richtig zu funktionieren.
8. Leg die Hände seitlich an den Kopf desjenigen und befiehl den Schläfenbeinen sich in die richtige Position zu drehen.
9. Teste das Hörvermögen und wiederhole die Schritte 1–8 wenn nötig.

TAUBHEITSGEFÜHLE (siehe Sensibilitätsstörungen)

TAUBSTUMMHEIT

Menschen die weder hören noch sprechen können.

Behandlung (alle Befehle im Namen von Jesus Christus)

1. Treibe den Geist der Taubstummheit aus.
2. Fahre fort mit den Anweisungen für Taubheit.
3. Führe sie im Gebet zum Brechen von Generationenflüchen.

TENNIS-ELLENBOGEN

Als Tennis-Ellenbogen oder Epicondylitis humeri werden Schmerzen an der Außenseite des Oberarms nahe dem Ellenbogen bezeichnet, die bei bestimmten, wiederkehrenden Bewegungen auftreten. Ursache ist meist eine Überbeanspruchung durch wiederholtes Verdrehen des Handgelenks oder Unterarms. Das passiert klassischerweise beim Tennisspielen (daher der Name), aber auch bei jeder Tätigkeit, die mit wiederholten Drehungen des Handgelenks und Unterarms verbunden ist (z.B. der Gebrauch eines Schraubendrehers). Es kommt zu schmerzhaften Reizungen, Entzündungen und kleinen Sehnenanrissen.

Behandlung (alle Befehle im Namen von Jesus Christus)

1. Befiehl jeder Entzündung und jedem Schmerz zu gehen.
2. Befiehl den Muskeln, Sehnen und Bändern geheilt zu sein.
3. Befiehl, dass sie ihre richtige Länge und Kraft zurückerhalten.
4. Führe sie, wenn nötig, im Bußgebet.

THROMBOPHLEBITIS (siehe Venenentzündung)

THROMBOSE, TIEFE BEINVENENTHROMBOSE (TVT)

Bei einer tiefen Beinvenenthrombose tritt ein Blutgerinnsel (Thrombus) in einer großen Vene im Innern einer Extremität auf. Hauptsächlich sind die Venen von Ober- und Unterschenkel betroffen. Das Gerinnsel behindert die Durchblutung in diesem Gebiet. Einige Thromben lösen sich und werden mit dem Blutfluss weitergetragen, bis sie in der Lunge, im Gehirn oder einem anderen Teil des Körpers steckenbleiben und dort schwere Schäden verursachen können (Schlaganfall, Lungenembolie oder Herzinfarkt). Risikofaktoren sind stundenlanges Sitzen und Liegen bei längeren Reisen oder Krankenhausaufenthalten, größere Verletzungen bzw. Operationen in letzter Zeit, besonders an Hüften, Knien und im Beckenbereich. Auch nach einer Entbindung, durch Rauchen, die Einnahme bestimmter Medikamente (Pille), Fällen von Thrombose in der Familie oder bei Gerinnungsstörungen, bei denen das Blut dickflüssiger ist, erhöht sich das Risiko für die Entstehung einer Thrombose. Meist sind Menschen über dem 60. Lebensjahr betroffen, eine Thrombose kann prinzipiell aber in jedem Alter auftreten.

Behandlung (alle Befehle im Namen von Jesus Christus)

1. Befiehl jedem Blutgerinnsel (Thrombus) sich aufzulösen.
2. Befiehl eine normale Durchblutung.
3. Befiehl allem geschädigten Gewebe Heilung und die Wiederherstellung ihrer normalen Funktionsfähigkeit.
4. Führe sie im Gebet zum Brechen von Generationenflüchen.

TINNITUS (Ohrgeräusche)

Tinnitus ist die medizinische Bezeichnung für Geräusche, bei denen es keine äußere Ursache gibt. Diese Geräusche können leise oder laut sein. Sie können sich anhören wie klingeln, blasen, dröhnen, summen, zischen oder pfeifen, wie entweichende Luft, laufendes Wasser, das Rauschen einer Muschel oder Musik. Ein Tinnitus kommt häufig vor. Meist handelt es sich um eine milde Form, die nur gelegentlich auftritt und wenige Minuten anhält. Ständige oder sich wiederholende Ohrgeräusche können anstrengend werden und sich störend auf die Konzentration und den Schlaf auswirken. Man weiß nicht genau, was zu diesen Geräuschen führt. Tinnitus kann ein Symptom von fast jedem Ohrproblem sein und wird oft durch Infektionen, Fremdkörper (z.B. Wachs von Ohropax) oder Lärm ausgelöst. Auch Alkohol, Koffein, Antibiotika, Aspirin oder andere Medikamente können Auslöser sein. Gelegentlich ist Tinnitus ein Symptom von hohem Blutdruck, einer Allergie oder Anämie und kann mit Gehörverlust einhergehen.

Behandlung (alle Befehle im Namen von Jesus Christus)

1. Führe sie im Gebet zum Brechen von Generationenflüchen.
2. Binde die Ursache und befiehl ihr zu verschwinden.
3. Befiehl die Wiederherstellung der normalen Ohrdurchblutung.

TOURETTE-SYNDROM

Das sogenannte Gilles-de-la-Tourette-Syndrom (kurz: Tourette-Syndrom), ist eine Störung, die durch verschiedene motorische und sprachliche Tics charakterisiert ist. Bei den Tics handelt es sich um plötzlich auftretende, schnelle, unwillkürliche und z.T. sehr heftige Bewegungen, die einzeln oder serienartig vorkommen. Solche Tics können sich äußern in Augenzwinkern, wiederholtem Räuspern oder Schnauben, stoßenden oder tretenden Bewegungen, Achselzucken sowie als ungewollte verbale Äußerungen, Ausrufe oder eigenartige Geräusche. Anders als meist angenommen, tritt die Verwendung von unangemessenen Wörtern oder Phrasen aber eher selten auf. Obwohl noch kein Gen identifiziert wurde, das für das Tourette-Syndrom verantwortlich ist, gibt es doch Hinweise darauf, dass es eine vererbte Störung ist. Der Beginn liegt meist vor dem 18. Lebensjahr, danach lassen die Symptome bei der Mehrzahl der Betroffenen wieder nach. Das erste Anzeichen ist meist ein Gesichts-Tic, weitere Tics können folgen. Viele Patienten berichten, dass die Tics nicht völlig unwillkürlich sind, aber dass „es sich nicht richtig anfühlt", wenn sie diese nicht machen würden. Hierin unterscheidet sich das Tourette-Syndrom von der obsessiven Zwangsstörung (siehe dort), bei der die Patienten dazu gezwungen sind, sich in einer bestimmten Art und Weise zu verhalten.

Behandlung (alle Befehle im Namen von Jesus Christus)

1. Führe sie im Gebet zum Brechen von Generationenflüchen.
2. Treibe den Geist des Tourette-Syndroms aus.
3. Befiehl allen elektrischen und magnetischen Frequenzen Harmonie und Ausgeglichenheit.
4. Führe sie, wenn nötig, im Bußgebet.

TRAUMA, TRAUMATISCHES EREIGNIS

Ein traumatisches Ereignis ist ein tiefgreifendes Erlebnis, das starke körperliche, emotionale und psychologische Verletzungen verursacht (Trauma=Wunde). Es wird u.a. wahrgenommen als eine Gefahr für die eigene Sicherheit oder für die Stabilität des eigenen Umfelds. Traumatische Ereignisse sind z.B.:

- schwere körperliche Verletzungen oder Erkrankungen
- eine Scheidung, die Trennung von den Eltern (beides oft empfunden als verlassen werden)
- der Tod von einem Freund, Familienmitglied oder Haustier
- eine Einweisung ins Krankenhaus
- ein Umzug
- Ehebruch, der Verlust von Vertrauen
- Gewalt, eine Vergewaltigung
- eine Massenkatastrophe
- Arbeitsplatzverlust, finanzielle Verschuldung
- ein Auto- oder anderer schwerer Unfall

In dem Moment, in dem das traumatische Ereignis stattfindet, kann es sein, das derjenige sich wie betäubt fühlt, unfähig zu sprechen oder zu reagieren. Später können Erinnerungen an dieses Erlebnis Gefühle von Hilflosigkeit, Angst oder Grauen hervorrufen, als ob diese Situation noch einmal durchlebt wird. Um zu versuchen, diese Gefühle zu überwinden und nach einem Trauma wieder nach vorn zu sehen, ist es hilfreich, über die Ereignisse und Gefühle zu sprechen, besonders wenn ein Kind betroffen ist.

Behandlung (alle Befehle im Namen von Jesus Christus)

1. Befiehl dem Geist der Angst und des Traumas zu verschwinden.

2. Führe sie im Gebet, all ihren Kummer, Stress und Sorgen auf den Altar Gottes zu legen.
3. Führe sie im Buß- und Vergebungsgebet.
4. Sprich ihnen Frieden zu.

TREMOR, PHYSIOLOGISCHER (Zittern)

Der physiologische Tremor ist eine nervöse Störung, bei der ein Zittern auftritt, wenn sich derjenige bewegt oder wenn er versucht sich zu bewegen. Das Zittern tritt meist an den Händen auf, kann aber auch den Kopf oder die Stimme betreffen. Es ist die häufigste Tremor-Form. Obwohl die Ursache unbekannt ist, zeigen Forschungen, dass ein Teil des Gehirns anscheinend nicht richtig funktioniert. Stress, Erschöpfung, Zorn, Angst, Arzneimittel, Koffein und Nikotin können das Zittern verstärken. Wenn der auslösende Reiz nicht mehr vorhanden ist, lässt der Tremor meist rasch nach.

Behandlung (alle Befehle im Namen von Jesus Christus)

1. Befiehl dem Gehirn richtig zu funktionieren.
2. Befiehl allen elektrischen und magnetischen Frequenzen Harmonie und Ausgeglichenheit.
3. Befiehl allen Hormonen im Gleichgewicht zu sein.
4. Führe sie, wenn nötig, im Bußgebet.
5. Führe sie im Gebet, all ihren Kummer, Stress und Sorgen auf den Altar Gottes zu legen.

TRIGEMINUSNEURALGIE, TIC DOULOUREUX

Eine Trigeminusneuralgie ist die schmerzhafte Reizung des 5. Hirnnerven (Trigeminusnerv). Weil der plötzliche, starke Schmerz oft dazu führt, dass die Betroffenen zusammenzucken, wird sie auch als „Tic douloureux“ bezeichnet (schmerzhaftes Zucken). Zwei Formen werden unterschieden:

idiopathische Form

- Auftreten meist nach dem 50. Lebensjahr
- Ursache meist unbekannt
- bei Frauen häufiger als bei Männern

symptomatische Form

- kann in jeder Altersgruppe auftreten
- Ursache meist bekannt, z.B. eine Entzündung, Schwellung oder eine Fehlbildung der Blutgefäße, die auf den Nerv drücken

Behandlung (alle Befehle im Namen von Jesus Christus)

1. Führe sie im Gebet zum Brechen von Generationenflüchen.
2. Befiehl jedem Druck, der auf dem Trigeminusnerv lastet, gelöst zu sein.
3. Befiehl jedem Nerven geheilt zu sein und normal zu funktionieren.
4. Binde die Krankheit und befiehl dem Geist der Erkrankung zu gehen.
5. Führe sie, wenn nötig, im Buß- und Vergebungsgebet.

TUMOR (Geschwulst) (siehe auch Krebs)

Der Begriff Tumor oder Geschwulst bezeichnet die übermäßige Zunahme von Gewebevolumen. Umgangssprachlich wird der Begriff mit „Krebs" gleichgesetzt, was so nicht richtig ist. Auch gutartige Schwellungen wie Ödeme (Flüssigkeitseinlagerungen) oder Adenome und Lipome (Fettgeschwulste), werden als Tumore bezeichnet. Tumore werden eingeteilt in:

gutartig

- benigne
- keine Zerstörung von intaktem Gewebe

- kein Einwachsen in benachbartes Gewebe
- keine Metastasenbildung
- gut abgrenzbar
- meist glatte, weiche Oberfläche
- langsam-wachsend, lokal begrenzt

teilweise bösartig

- semimaligne
- Zerstörung von intaktem Gewebe
- Einwachsen in benachbartes Gewebe
- keine Metastasenbildung

bösartig

- maligne, Krebs
- Zerstörung von intaktem Gewebe
- Einwachsen in benachbartes Gewebe
- Metastasenbildung
- schlecht abgrenzbar
- meist höckrige, harte Oberfläche

Grundlage der Tumorbildung scheint eine Verschiebung des Gleichgewichts zwischen Zellteilung und -tod zu sein (vermehrte Zellteilung, vermindertes Zellsterben). Auch Störungen des Immunsystems, das normalerweise überschießendes Wachstum erkennt und stoppt, können zur Entstehung von Tumoren führen. Ursachen für diese zellulären Veränderungen sind z.B. Rauchen, Übergewicht, vorwiegend sitzende Tätigkeit, übermäßiger Alkoholkonsum, Strahlung, Vererbung, zu viel Sonnenlicht, Benzol und eine Vielzahl anderer Substanzen. Auch psychische Einflüsse spielen eine Rolle.

Behandlung (alle Befehle im Namen von Jesus Christus)

1. Breche den Ursprung des Tumors und befiehl ihm, sich aufzulösen und zu verschwinden.

2. Wenn nötig, dann lasse sie Buße tun für ihre Verbitterung und Unvergebenheit.
3. Befiehl allen elektrischen und magnetischen Frequenzen Harmonie und Ausgeglichenheit.
4. Befiehl allen Prionen, diesen Menschen zu verlassen.
5. Befiehl dem Immunsystem richtig zu funktionieren.
6. Führe sie, wenn nötig, im Bußgebet für ungesunden Lebensstil und falsche Ernährung.

ÜBERBEIN (siehe Ganglion)

ÜBERGEWICHT (siehe Adipositas)

UNHEILBARE ERKRANKUNGEN

Alle Krankheiten bei denen Ärzte keine Heilungsmöglichkeit sehen.

Behandlung (alle Befehle im Namen von Jesus Christus)

1. Treibe den Geist der zugrundeliegenden Erkrankung aus.
2. Sprich Heilung und neue Organe in diesen Körper.
3. Leite sie, wenn erforderlich, im Bußgebet.
4. Leite sie im Bußgebet zum Brechen von Wortflüchen.

UNTERZUCKERUNG (Hypoglykämie)

(siehe auch Diabetes mellitus)

Wenn Glukose aus der Nahrung zu langsam aufgenommen bzw. zu schnell verbraucht wird (z.B. durch starke körperliche Anstrengung), kommt es zur Unterzuckerung. Insulin ist ein Hormon, das in der Bauchspeicheldrüse produziert wird und den Blutzucker senkt. Unterzuckerungen betreffen am häufigsten Diabetiker, die zu viel Insulin gespritzt oder zu viel andere Diabetesarzneien eingenommen haben. Der Begriff Insulinschock beschreibt eine schwere Form der Hypoglykämie, die zu Bewusstlosigkeit, epileptischen Anfällen und zum Tode führen kann (siehe auch „Diabetes mellitus“).

Behandlung (alle Befehle im Namen von Jesus Christus)

1. Führe sie im Gebet zum Brechen von Generationenflüchen.
2. Befiehl dem Geist der Unterzuckerung den Menschen zu verlassen.
3. Befiehl eine neue Bauchspeicheldrüse, die den Blutzuckerspiegel innerhalb der normalen Bereiche reguliert.

VENENENTZÜNDUNG (Phlebitis)

Eine Phlebitis ist die Entzündung oberflächlicher Venen. Sie tritt meist im Bereich der Waden auf und verursacht dort Schmerzen. Die Venen sind überwärmt und geschwollen. Häufige Ursachen sind Krampfadern, bakterielle Infekte oder Venenreizungen durch Infusionsnadeln o.ä.. Eine Phlebitis kann als gefürchtete Komplikation zu einer tiefen Thrombose führen (siehe dort). Allerdings kann eine Phlebitis auch als Folge einer Thrombose auftreten (Thrombophlebitis).

Behandlung (alle Befehle im Namen von Jesus Christus)

1. Befiehl dem Blutgerinnsel (Thrombus), sich aufzulösen.
2. Befiehl jeder Infektion und Entzündung zu verschwinden.
3. Befiehl eine ungestörte Durchblutung.
4. Führe sie im Gebet zum Brechen von Generationenflüchen.

VERSTAUCHUNG UND MUSKELDEHNUNG

Beim Sport oder anderen körperlichen Anstrengungen kann es durch Überstreckung, abrupten Richtungswechsel, plötzliches Abstoppen, ungeschicktes Landen oder einen Zusammenstoß zur Gelenkverstauchung und Muskelüberdehnung kommen. Anzeichen sind plötzliche starke Schmerzen und das Anschwellen des betroffenen Gelenks bzw. Muskels. Eine Muskelüberdehnung nennt man Muskelzerrung. Im Gegensatz zum Muskelfaserriss liegt noch kein Gewebeschaden vor. Die Waden, die Oberschenkel und der Rücken sind häufig betroffen. Verstauchungen treten auf, wenn Gelenke durch Verdrehen oder Umknicken über ihr normales Bewegungsausmaß gedehnt werden. Dadurch kommt es zu Schäden an der Gelenkkapsel, den umgebenden Bändern, Muskeln und Blutgefäßen. Symptome sind Schwellungen, Schmerzen, Blutergüsse und Bewegungseinschränkungen im jeweiligen Gelenk. Fuß-, Hand- und Kniegelenke sind am häufigsten betroffen. Da die Symptome denen eines Bruchs ähneln, ist oft eine Röntgenaufnahme nötig, um zwischen Knochenbruch und Verstauchung unterscheiden zu können.

Behandlung (alle Befehle im Namen von Jesus Christus)

1. Befiehl allen Sehnen, Muskeln und Bändern gestärkt und wiederhergestellt zu sein.
2. Befiehl den Armen und Beinen sich auszurichten und gleich lang zu sein.
3. Befiehl jedem Schmerz und jeder Entzündung zu verschwinden.

VERSTOPFUNG, OBSTIPATION

Wenn jemand Probleme bei der Darmentleerung (schmerzhaft bzw. erschwert trotz Pressen) und/oder weniger als dreimal pro Woche Stuhlgang hat, dann wird das als Verstopfung bezeichnet. Bei Säuglingen, die nur Muttermilch erhalten, kann es sein, dass bis zu 7 Tage lang kein Stuhlgang auftritt. Ansonsten ist das aber eher ungewöhnlich. Verstopfung wird meist durch ballaststoffarme Kost, unzureichende Flüssigkeitsaufnahme und/oder Mangel an sportlicher Betätigung verursacht. Auch Stress, langes Sitzen, einige Darmerkrankungen (z.B. das Reizdarmsyndrom, M.Crohn), eine Schwangerschaft, verschiedene Medikamente sowie psychische Probleme und bestimmte neurologische Erkrankungen können zu Verstopfungen führen.

Behandlung (alle Befehle im Namen von Jesus Christus)

1. Befiehl dem Dickdarm normal zu funktionieren.
2. Leite sie, wenn nötig, im Bußgebet.
3. Leite sie, wenn nötig, im Bußgebet für falsche Ernährung.
4. Leite sie im Gebet und lass sie allen Kummer, Stress und Sorgen auf den Altar Gottes legen.

VERTIGO (siehe Schwindel und Morbus Meniére)

VERWACHSUNGEN (siehe Narben)

WARZEN

Warzen sind kleine, ansteckende Hautwucherungen, die durch verschiedene Viren hervorgerufen werden. Es sind gutartige Hautveränderungen, die schmerzen oder jucken und besonders im Gesicht entstellend wirken können. Es gibt verschiedene Arten:

- vulgäre Warzen – vorwiegend an den Händen
- Flachwarzen – meist im Gesicht oder an der Stirn
- Genitalwarzen – vorwiegend Genital- und Schambereich, an Schenkeln, im Vaginal- und Analkanal

- Plantarwarzen – an den Fußsohlen
- sub- und periunguale Warzen – unter und um Finger- und Zehennägel herum

Die gewöhnlichen (vulgären) Warzen verursachen meist keine Beschwerden, außer wenn sie sich an Stellen befinden, die verstärkter Reibung ausgesetzt sind. Warzen an den Füßen dagegen können äußerst schmerzhaft sein und Schwierigkeiten beim Laufen verursachen.

Behandlung (alle Befehle im Namen von Jesus Christus)

1. Befiehl den Warzen auszutrocknen und abzufallen.
2. Führe sie, wenn nötig, im Bußgebet.

X-BEINE

Bei X-Beinen tritt eine Abweichung der Beinachse auf. Die Unterschenkel und Knöchel zeigen nach außen, während sich die Knie fast berühren. Bei den meisten 2 bis 3-jährgen Kindern ist eine leichte X-Bein-Haltung Teil der normalen Wachstumsentwicklung. Ab dem 5. oder 6. Lebensjahr beginnen sich die Unterschenkel zu strecken und gerade zu werden. Bis zur Pubertät ist dieser Prozess normalerweise abgeschlossen.

Behandlung (alle Befehle im Namen von Jesus Christus)

1. Befiehl den Beckenknochen sich nach außen zu drehen.
2. Befiehl dem Becken sich auszurichten.
3. Befiehl den Beinen sich auszurichten und gleich lang zu sein.
4. Befiehl den Beinen und Knien gerade zu sein.
5. Führe sie im Gebet zum Brechen von Generationenflüchen.

ZAHN- UND KIEFERPROBLEME

KARIES

Zahnschmerzen sind häufig Folge von Karies oder einer Zahnfleischentzündung. Karies entsteht i.d.R. durch mangelhafte Mundpflege, obwohl die Veranlagung für „schlechte Zähne“ teilweise vererbt wird. Manchmal werden Schmerzen, die von den Zähnen ausgehen, an anderen Stellen des Körpers wahrgenommen, als an den Zähnen selber, da die Zähne in Verbindung zu den inneren Organen stehen und Zahnprobleme sich dort auswirken können.

Behandlung (alle Befehle im Namen von Jesus Christus)

1. Binde die Karies und befiehl allem Schmerz zu verschwinden.
2. Leg die Hände auf den betroffenen Bereich und befiehl den Zähnen geheilt und wiederhergestellt zu sein.
3. Befiehl neue Zähne.

KIEFER, GEBROCHENER ODER VERRENKTER KIEFER

Der Kiefer ist aus seiner ursprünglichen Position verschoben.

Behandlung (alle Befehle im Namen von Jesus Christus)

1. Befiehl dem Kiefergelenk und seinen Knorpeln, Bändern, Sehnen und Geweben geheilt zu sein und richtig zu funktionieren.
2. Wenn das Kiefergelenk ausgerenkt ist, befiehl ihm, in seine Gelenkpfanne zurückzugehen und dort zu bleiben.
3. Führe sie im Bußgebet zum Brechen von Wortflüchen.
4. Leite sie im Gebet zur Ausrichtung von Hals und Wirbelsäule.

KIEFERGELENKE

Die Kiefergelenke verbinden den Unterkiefer mit den restlichen Gesichtsknochen. Probleme, die durch Störungen im Bereich der Kiefergelenke auftreten können, sind knallende oder knackende Geräusche wenn der Mund bewegt wird, die Unfähigkeit, den Mund vollständig zu öffnen oder zu schließen, Schmerzen u.v.m. Einige Symptome werden durch anhaltenden körperlichen oder psychischen Stress ausgelöst. Er führt dazu, dass man die Zähne zusammenbeißt oder die Zähne aufeinander mahlen, sowohl tagsüber als auch nachts beim schlafen. Dadurch lastet ein ständiger Druck auf dem Kiefergelenk und den umgebenden anatomischen Strukturen (Zähnen, Gelenkpfannen, Muskeln, Bändern, Blutgefäßen und Nerven).

Behandlung (alle Befehle im Namen von Jesus Christus)

1. Führe sie im Gebet zum Brechen von Generationenflüchen.
2. Befiehl dem Kiefer in seine richtige Position zurückzukehren und allem Schmerz zu verschwinden.
3. Befiehl den Knorpeln, Bändern und Weichteilen geheilt zu sein und sich wieder nach ihrem ursprünglichen Plan auszurichten.
4. Führe sie im Bußgebet zum Brechen von Wortflüchen.

ZÄHNEKNIRSCHEN (siehe auch Kiefergelenke)

Zähneknirschen tritt überwiegend nachts während des Schlafens auf. Kinder sind genauso wie Erwachsene betroffen. Einige von ihnen beißen auch tagsüber ihre Zähne unbewusst zusammen, wenn sie sich ängstlich oder unter Druck fühlen. Das kann zu Kieferproblemen, Kopfschmerzen, Schäden an den Zähnen und anderen Gesundheitsstörungen führen. Psychische Faktoren sind u.a. innere Anspannung,

Angst, Stress, unterdrückter Ärger, Frust und Aggressivität, Konkurrenzkampf oder ein überaktiver Persönlichkeitstyp. Bei einigen Kindern tritt diese Störung vorübergehend während der normalen Wachstumsphase auf. Zähneknirschen kommt häufig bei Kindern mit zerebraler Lähmung oder schwerer geistiger Behinderung vor. Es kann Begleiterscheinung von Erkrankungen wie Chorea Huntington oder der Parkinsonkrankheit sein.

Behandlung (alle Befehle im Namen von Jesus Christus)

1. Befiehl den Armen sich auszurichten und gleich lang zu sein.
2. Befiehl den betroffenen Nerven sich zu entspannen.
3. Leite sie, wenn nötig, im Vergebungsgebet.
4. Führe sie im Gebet, all ihren Kummer, Stress und Sorgen auf den Altar Gottes zu legen.

ZAHNFEHLSTELLUNGEN, ÜBER- UND UNTERBISS

Weit auseinander stehende oder krumme Zähne können eine vorübergehende Erscheinung während der normalen Entwicklung sein (ohne Krankheitswert), aber auch als Dauerzustand aufgrund von Erkrankungen oder einem unnatürlichen Wachstum von Ober- oder Unterkiefer auftreten. Der Überbiss ist eine Zahnfehlstellung, bei der die oberen, vorderen Zähne bei geschlossenem Kiefer zu weit über die unteren Zähne hinausragen. Beim seltener auftretenden Unterbiss ist die untere Zahnreihe gegenüber der oberen vorgelagert. Beides kann durch eine angeborene Fehlstellung des Kiefers aber auch durch Daumenlutschen während der Kindheit verursacht sein.

Behandlung (alle Befehle im Namen von Jesus Christus)

1. Führe sie im Gebet zum Brechen von Generationenflüchen.

2. Lege deine Hände auf Ober- und Unterkiefer und befiehl ihnen, sich so auszurichten, dass sie den Zähnen genug Platz lassen.
3. Befiehl den Zähnen, sich richtig anzuordnen.

ZAHNFLEISCHENTZÜNDUNG

(Parodontitis, Parodontose)

Zahnfleischentzündungen sind hauptsächlich auf mangelnde Mundpflege und falsches Zähneputzen zurückzuführen. Durch mechanische Reizung und Zahnbeläge kommt es zur Entzündung, zu Blutungen und im Laufe der Zeit zur Zahnsteinbildung. Letztendlich kann daraus eine Zahnwurzelentzündung entstehen, die sich auf den Kieferknochen und die umgebenden Weichteile ausbreitet. Die Zähne lockern sich und fallen schließlich aus. Weil die Plaques Bakterien enthalten, kann sich Eiter bilden und die Beschwerden verstärken (Abszess). Parodontose ist die Hauptursache für Zahnverlust bei Erwachsenen. In der Kindheit noch selten vorkommend, steigt die Häufigkeit mit zunehmendem Lebensalter.

Behandlung (alle Befehle im Namen von Jesus Christus)

1. Weise die Infektion zurück.
2. Leg die Hände auf die Kieferknochen.
3. Befiehl dem Zahnfleisch geheilt und allen Zellen und Geweben wiederhergestellt zu sein.
4. Befiehl dem gesamten Rachenraum und den Zähnen geheilt zu sein und richtig zu funktionieren.
5. Wenn nötig, leite denjenigen im Bußgebet für unzureichende Zahnpflege.
6. Leite die Person im Gebet zum Brechen von Wortflüchen.

ZAHNSCHMERZEN

Zahnschmerzen entstehen in einem Zahn oder in dessen Umgebung. Sie sind i.d.R. Folge von Karies oder einer Infektion in diesem Bereich. Karies entsteht meist durch mangelnde Zahnpflege, teilweise ist die Anlage für „schlechte Zähne" aber vererbt.

Behandlung (alle Befehle im Namen von Jesus Christus)

1. Binde die Karies und befiehl dem Schmerz zu gehen.
2. Leg die Hände auf den betroffenen Kieferbereich und befiehl den Zähnen wiederhergestellt zu sein.
3. Befiehl ggf. ein kreatives Wunder – die Herstellung neuer Zähne.

ZECKENSTICHERKRANKUNGEN UND CO-INFEKTIONEN (Borreliose, FSME)

Zecken sind stecknadelkopfgroße Spinnentiere mit 8 Beinen, die zur Gruppe der Milben gehören. Sie sind Parasiten, da sie sich vom Blut anderer Lebewesen ernähren. Weltweit sind ca. 900 verschiedene Zeckenarten bekannt. In Europa kommt der „gemeine Holzbock" (Ixodes ricinus), am häufigsten vor. Er ist bei Temperaturen >8°C am aktivsten, also von März bis Oktober. Man findet ihn häufig im Gras, im Unterholz und an Sträuchern bis ca. 1,5m Höhe. Von dort erfolgt die Übertragung auf den Wirt. Ein Zeckenstich ist an sich harmlos, es sei denn, die Zecke ist mit Erregern infiziert. Zu den von Zecken übertragenen Erkrankungen zählen in Europa vor allem die Borreliose und die Frühsommer-Meningoenzephalitis (FSME), selten die Ehrlichiose, die Babesiose oder das Q-Fieber (weltweit werden ca. 50 Erkrankungen durch Zecken übertragen). In Europa sind 5–35% der Zecken mit Borrelien befallen, es gibt deutliche regionale Unterschiede. Allerdings kommt es nach einem Zeckenstich bei nur 1–5% zu einer Infektion und wiederum nur ein Teil davon erkrankt tatsächlich an einer Borreliose. Sie verläuft in mehreren Stadien. Eine kreisrunde Hautrötung (Erythema migrans), Kopfschmerzen und Fieber treten häufig zu Beginn auf (Stadium 1). Wenn sich die Infektion ausbreitet (Stadium 2), kommt es innerhalb von Wochen zum Befall von Organen, Gelenken und Muskeln. Eine Beteiligung des Nervensystems kann von Nervenschmerzen und -lähmungen bis hin zur lebensbedrohlichen Gehirn(haut)-entzündung führen. Nach Monaten bis Jahren kann es zur Chronifizierung mit weiteren Gelenk- und Nervenbeteiligungen kommen (Stadium 3). Eine Borreliose festzustellen ist oft schwierig, da die Symptome sehr vielfältig sind, stark variieren und z.T. auch fehlen. Auch Laboruntersuchungen geben keine hundertprozentige Sicherheit. Die Frühsommer-Meningo-enzephalitis (FSME) ist eine weitere, durch Zecken übertragene Erkrankung. Auch hier gibt es deutliche regionale Häufigkeitsunterschiede. In Deutschland sind ca. 1–5% der Zecken mit dem FSME-Virus infiziert. Der überwiegende Teil der Fälle verläuft unbemerkt, bei ca. 20% treten grippeähnliche Symptome auf. Die typische kreisrunde Hautrötung wie bei der Borreliose findet man hier allerdings nicht. Nur bei etwa 5% kommt es innerhalb von 1–2 Wochen nach den ersten Symptomen und einem fieberfreiem Intervall zur „echten" FSME-Erkrankung, die das zentrale Nervensystem betrifft und bleibende neurologische Schäden hinterlassen kann. Vereinzelt kommt es zu Todesfällen.

Behandlung (alle Befehle im Namen von Jesus Christus)

1. Binde die Ursache der Erkrankung und befiehl ihr diesen Menschen zu verlassen.
2. Befiehl allen Prionen sich aufzulösen.
3. Befiehl, wenn nötig, neues Blut und neue Organe.

ZEREBRALPARESE, INFANTILE

Der Begriff infantile Zerebralparese umfasst verschiedene Bewegungsstörungen, die durch Schädigungen des Nervensystems und der Muskulatur hervorgerufen werden. Häufige Symptome sind spastische Lähmungen, unkontrollierte Bewegungsabläufe und Gleichgewichtsstörungen. Ursache ist eine Hirnschädigung während der Schwangerschaft oder in den ersten Lebensjahren. Ursprünglich nahm man an, dass eine Zerebralparese vor allem während der Entbindung durch Sauerstoffmangel entsteht (z.B. bei Nabelschnurumschlingung). In Studien mit 45`000 Neugeborenen hat sich jedoch gezeigt, dass eine unzureichende Sauerstoffversorgung während der Geburt eine eher seltene Ursache ist, denn auch Toxine, Infektionen, Stoffwechselstörungen und Hirnverletzungen können verantwortlich für die Entstehung einer Zerebralparese sein. Frühgeborene haben ein geringfügig erhöhtes Erkrankungsrisiko.

Behandlung (alle Befehle im Namen von Jesus Christus)

1. Treibe den Geist der Zerebralparese aus.
2. Sprich dem Betroffenen ein neues Gehirn zu.
3. Befiehl eine normale Kommunikation zwischen dem Gehirn und den anderen Körperteilen.
4. Befiehl den Muskeln, Sehnen und Nerven richtig zu funktionieren.
5. Führe sie im Gebet zum Brechen von Generationenflüchen.

ZIGARETTEN / RAUCHEN (siehe Süchte)

ZITTERN (siehe Tremor)

ZWANGSSTÖRUNG, OBSESSIVE

Die obsessive Zwangsstörung ist eine Angsterkrankung, die durch zwanghafte Denk- und Verhaltensmuster gekennzeichnet ist. Zwangsgedanken sind sich aufdrängende, unerwünschte Denkweisen, Befürchtungen oder Impulse, die auch den Betroffenen selbst zumindest zeitweilig als sinnlos oder quälend erscheinen, aber dennoch umgesetzt werden müssen. Zwangshandlungen bezeichnen den inneren starken Drang, wiederholt bestimmte Verhaltensmuster in exakt derselben Weise, nach bestimmten, sorgfältig zu beachtenden Regeln auszuführen (Stereotypien). Oft wissen die Betroffenen, dass ihr Verhalten übertrieben und unvernünftig ist. Sie versuchen z.T. dagegen anzukämpfen, allerdings ist die Angst meist so stark, dass sie dem Zwang nachgeben. Danach fühlen sie sich i.d.R. kurzzeitig besser, bis der Kreislauf von neuem beginnt. Zwangsgedanken beinhalten u.a.:

- übertriebene Ängste vor Verunreinigung durch Kontakt zu Menschen oder häufig benutzten Gegenständen wie Türklinken oder Geldmünzen
- quälende Zweifel, dass man evtl. die Heizung, den Herd oder andere elektrische Geräte versehentlich nicht ausgeschaltet hat
- starke Ängste davor evtl. schwere Fehler zu begehen
- ständig wiederkehrende Gedanken, dass man nicht genug getan hat um etwas Schreckliches zu verhindern
- ungewollte, sinnlose Gedanken an schädliche, gewaltsame oder sexuelle Dinge
- ein beständiges Gefühl, dass Dinge z.B. exakt gerade angeordnet sein müssen
- Angst davor, unnötige Gegenstände wegzuwerfen (alte Sachen, Eintrittskarten, Nahrungsmittel o.ä.).

Beispiele von Zwangshandlungen sind u.a.:

- ständiges sich waschen, duschen oder mit desinfizierenden Mitteln reinigen (Reinlichkeitszwang)
- häufiges Überprüfen von Schlössern, Lichtern, elektrischen Anschlussdosen etc. (Kontrollzwang)
- dauerndes Wiederholen von bestimmten Tätigkeiten, z.B. das ständige Gehen durch eine Tür
- übermäßiges beten um sicherzugehen, dass man keine inakzeptable oder unsittliche Tat begangen hat
- immer wieder die Bestätigung von anderen suchen
- ständig Dinge anders anordnen, neu arrangieren
- bestimmte Wörter oder Phrasen wiederholen, um unerwünschte, oft als sündhaft empfundene Gedanken zu neutralisieren

Das Vorhandensein eines dieser Symptome reicht aus, um die Diagnose zu stellen. Die genaue Ursache ist unbekannt, aber einige Risikofaktoren spielen eine Rolle. Man geht davon aus, dass Veränderungen im Verhältnis der chemischen Botenstoffe im Gehirn, insbesondere des Serotoninspiegels und andere Veränderungen des Gehirns zu dieser Störung beitragen. Der Verlust oder Tod von Bezugspersonen, Beziehungsprobleme, Arbeitsplatzwechsel oder –verlust, finanzielle Schwierigkeiten oder andere Belastungen können zu diesen Symptomen führen oder sie verstärken. Infektionen wie z.B. eine Streptokokkenangina, werden als Auslöser einer Zwangsstörung bei Kindern vermutet. Meist sind mehrere Familienmitglieder betroffen.

Behandlung (alle Befehle im Namen von Jesus Christus)

1. Führe sie im Gebet zum Brechen von Generationenflüchen.
2. Treibe den Geist der obsessiven Zwangsstörung aus.

3. Führe sie, wenn nötig, im Buß- und Vergebungsgebet.
4. Befiehl allen Prionen sich aufzulösen und diesen Menschen zu verlassen.
5. Befiehl den elektrischen und magnetischen Frequenzen Harmonie und Ausgeglichenheit.
6. Führe sie im Gebet, all ihren Kummer, Stress und Sorgen auf den Altar Gottes zu legen.
7. Sprich ihnen Frieden zu.

ZYSTISCHE FIBROSE (siehe Mukoviszidose)

Index

A

Abhängigkeiten 272
Adipositas 95
AIDS/HIV 96
Akne 97
Albträume 98
Allergien 99
Alopezie 167
Alzheimer Krankheit 100
Analprolaps 240
Anämie 101
Aneurysma 102
Angst 102
Anorexia nervosa 103
Apoplex 252
Arme und Hände 104
Armlängenausgleich 65
Arteriosklerose/Arterienverkalkung .. 105
Arthritis 106
Arthritis, rheumatoide 107
Arthrose 108
Atemwegserkrankungen 109
  Asthma bronchiale 109
  Bronchitis 110
  Brustfellentzündung 110
  Lungenemphysem 113
  Lungenentzündung 113
  Lungenerkrankung,
  chron. obstruktiv (COLD, COPD) 112
  Lungenerkrankungen 111
  Lungenödem 114
  Pleuritis 110
Aufmerksamkeitsdefizit-Syndrom 115
Augen
  Astigmatismus 116
  Blindheit 117
  Glaskörpertrübung 118
  Glaukom 119
  Grauer Star 118
  Grüner Star 119
  Kurzsichtigkeit 120
  Makuladegeneration 120
  Retinitis Pigmentosa 121
  Schielen 123
  Sehschwäche 122
  Trockene Augen 124
  Weitsichtigkeit 125
Autismus 126

B

Bänderverletzungen 126
Bandscheibenprobleme 127
Bauchspeicheldrüsenentzündung 128
Beckenkorrektur 63
Beine, ungleich lange 129
Beinlängenausgleich 61
Beinvenenthrombose 275
Belastungsstörung, posttraumatische 130
Bettnässen 131
Blutdruckprobleme 132
Borreliose 291
Bronchitis 110
Brustwirbelsäule 64
Bulimie 133
Bursitis 254

C

Candida albicans 134
Cholesterin, erhöhte Werte 134
Chorea Huntington 135

D

Depression 157, 229
Dermatitis 136

Diabetes mellitus 136
Dickdarm-Entzündung 137
Divertikel, Divertikulitis 138
Down-Syndrom 139, 206
Durchfall (Diarrhoe) 140
Dyslexie 199
Dysmenorrhoe 152

E

Ehe-Probleme 140
Ekzem, atopisches bzw. endogenes ... 217
Elektr. und magnet. Frequenzen 89
Enzephalitis 141
Epilepsie, Krampfanfälle 141
Epstein-Barr-Infektion 206
Erkältung 144
Ertrinken 145
Esssucht 146

F

Fazialisparese 146
Fibromyalgie-Syndrom (FMS) 147
Fissur, rektale 148
Frauenspezifische Besonderheiten 148
  Endometriose 149
  Entbindung, Geburt 149
  Gebärmutter-Vorfall 150
  Mastopathie, fibrozystische 151
  Menstruation, schmerzhafte 152
  Myome 153
  Prämenstruelles Syndrom (PMS) ... 154
  Unfruchtbarkeit 154
  Wechseljahre 156
  Wochenbettdepression 157
FSME 157
Füße 157
  Entenfüße 158
  Hallux valgus 159
  Hammerzehen 160
  Hühneraugen und Hornhaut 161
  Sichelfuß 158
  Spitzfuß 159

G

Gallensteine 161
Ganglion 162
Gebet
  bei Kritik und Verurteilung anderer . 85
  Bußgebet 48
  für Vergebung 83
  um meine Sünden zu bekennen 43
  um Sorgen auf den Altar zu legen ... 49
  um Ungehorsam zu bekennen 45
  um Unglauben zu bekennen 43
  zum Brechen von Generationenflüchen 86
  zum Brechen von Wortflüchen 85
  zur Auflösung von Prionen 92
  zur Ausrichtung der Brustwirbelsäule 64
  zur Ausrichtung des Beckens 63
  zur Ausrichtung von Hals und Wirbelsäule 67
  zur Korrektur der Armlängen 66
  zur Korrektur der Beinlängen 62
  zur Lebensübergabe 84
  zur Lösung ungöttlicher Bindungen . 86
  zur Normalisierung des Säuren- und Basenhaushalts 93
  zur Normalisierung elektrischer und magnetischer Frequenzen 91
  zur Wiederherstellung der Beziehung mit Gott 41
  zur Wiederherstellung des Immunsystems 90
Gehirnschädigungen 163
Geschwulst 165
Geschwür, Ulcus 163
Gesichtslähmung 146
Gicht 165
Glaskörpertrübung 118
Gleichgewichtsstörungen 165
Grippe, Influenza 165
Guillain-Barrè-Syndrom (GBS) 166
Gürtelrose 166

H

Haarausfall 167
Halsschmerzen 168
Hämorrhoiden 169
Hände 170
Harnwegsinfekt 170
Hefepilzinfektion 134
Hefepilz-Infektionen 170
Hepatitis C 170
Hernien 171
Herpes 173
Herpes simplex Virus 1 173
Herpes simplex Virus 2 173
Herpes Zoster 174
Herzerkrankungen
  Angina pectoris 176
  Herzfehler, angeborene 176
  Herzinfarkt 176
  Herzinsuffizienz 178
  Herzklappenfehler 177
  Herzrhythmusstörungen 178
Heuschnupfen 179
Hirnanhangdrüse 179
HIV-Infektion 96
Homosexualität 181
Hyperaktivitäts-Syndrom 115
Hyperlipidämie 181
Hypertonie, arterielle 181
Hypoglykämie 181

J

Immunsystem 181
Infektionen 183
Inkontinenz 183
  Harninkontinenz 183
  Stuhlinkontinenz 184
Ischias-Beschwerden 185

K

Karpaltunnel-Syndrom 186
Kehlkopfentzündung 187
Keloid 187
Kinderlähmung 188
Kniescheibe 189
knochenbruch, Fraktur 190
Kolitis 191
Koma 191
Kopfschmerzen 191
  Cluster-Kopfschmerz 192
  Migräne 193
  Spannungs-Kopfschmerz 194
Krampfadern 195
Krebs 196
  Brustkrebs 197
  Dickdarmkrebs, Kolorektalkrebs 198
  Leukämie 200

L

Lähmung 199
Laryngitis 187
Lateralsklerose 199
Leseschwäche 199
Lippen-Kiefer-Gaumenspalte 201
Lou-Gehrig-Krankheit 202
Lupus Erythematodes, systemischer . 202
Lymphödem 203

M

Magenprobleme 203
Magersucht 103
Mandelentzündung 203
Missbrauch 204
Mittelohrentzündung 205
Mongoloismus 206
Mononukleose 206
Morbus Addison 207
Morbus Crohn 207
Morbus Meniére 207
Morbus Parkinson 208
Mukoviszidose 208
Multiple Sklerose 209
Muskeldehnung 210

Muskeldystrophie ... 210
Myasthenia gravis ... 211

N

Nackenkorrektur ... 66
Nackenschmerzen ... 212
Nägelkauen ... 213
Narben ... 213
Nase ... 214
  Nasenbeinbruch ... 216
  Nasennebenhöhlenentzündung ... 214
  Nasenprobleme ... 215
Neurodermitis ... 217
Nieren ... 217
  Cushing-Syndrom ... 219
  Nebennieren ... 218
  Nebennierenrindenschwäche ... 220
  Niereninsuffizienz ... 221
  Nierensteine ... 220
  Nierenversagen ... 221

O

O-Beine ... 222
Ödeme ... 222
Ohrgeräusche ... 223
Osteoporose ... 223

P

Panikattacken ... 225
Pankreatitis ... 128
Parkinson-Krankheit ... 227
Patella ... 189
Pfeiffersches Drüsenfieber ... 206
Phlebitis ... 228
Pilzinfektion ... 134
Poliomyelitis ... 188, 228
Polymyositis ... 228
Post-Polio-Syndrom ... 188, 228
Prionen ... 91
Prostata ... 229
Psoriasis ... 229
Psyche ... 229
  Bipolare Störung ... 232
  Depression ... 229
  Persönlichkeitsstörung, paranoide 233
  Psychische Störungen ... 234
  Psychose ... 235
  Schizophrenie ... 236

R

Rauchen ... 293
Refluxkrankheit ... 238
Reisekrankheit ... 239
Reizdarmsyndrom ... 239
Rektum- bzw. Analprolaps ... 240
Retardierung ... 241
Rheumatisches Fieber ... 241
Rhinitis ... 242
Rotatorenmanschette ... 243
Rückenprobleme ... 244

S

Säuren- und Basenhaushalt (pH-Wert) 92
Schilddrüsenerkrankungen ... 245
Schlafstörungen ... 246
  Narkolepsie ... 248
  Restless-Legs-Syndrom ... 252
  Schlafapnoe-Syndrom ... 249
  Schlafwandeln ... 250
  Schnarchen ... 251
Schlaganfall ... 252
Schleimbeutelentzündung ... 254
Schleudertrauma ... 255
Schluckauf ... 255
Schuppenflechte ... 256
Schwellung ... 257
Schwindel ... 207, 257
Sehnenscheiden-Entzündung ... 258
Selbstmord ... 259
Sensibilitätsstörungen ... 260
Sexuell übertragbare Krankheiten ... 262

Sichelzellanämie ... 262
Sjögren-Syndrom ... 263
Sklerodermie ... 264
Skoliose ... 265
Spastik ... 266
Speicheldrüsen ... 267
Spina bifida ... 268
Steissbein ... 269
Stottern ... 269
Stress ... 270
Struma ... 271
Süchte ... 272

T

Taubheit ... 272
Taubheitsgefühle ... 274
Taubstummheit ... 274
Tennis-Ellenbogen ... 274
Thrombophlebitis ... 275
Thrombose ... 275
Tinnitus ... 276
Tourette-Syndrom ... 277
Trauma, traumatisches Ereignis ... 278
Tremor, physiologischer ... 279
Trigeminusneuralgie ... 279

U

Überbein ... 282
Übergewicht ... 95, 282
Unheilbare Erkrankungen ... 282
Unterzuckerung ... 282

V

Varizen ... 195
Venenentzündung ... 283
Verstauchung und Muskeldehnung ... 284
Verstopfung, Obstipation ... 284
Vertigo ... 285
Verwachsungen ... 285

W

Warzen ... 285

X

X-Beine ... 286

Z

Zahn- und Kieferprobleme ... 287
- Karies ... 287
- Kiefer, gebrochen o. verrenkt ... 287
- Kiefergelenke ... 288
- Zähneknirschen ... 288
- Zahnfehlstellungen ... 289
- Zahnfleischentzündung ... 290
- Zahnschmerzen ... 291

Zeckenstichkrankungen ... 291
Zerebralparese, infantile ... 293
Zigaretten ... 293
Zittern ... 293
Zwangsstörung, obsessive ... 294
Zystische Fibrose ... 296

Joan Hunter

Es ist schwierig, Joan Hunter mit wenigen Worten zu beschreiben. Wie kann man all die Zeichen und Wunder, die während ihrer Heilungsdienste geschehen, auf einem Blatt Papier zusammenfassen? Unmöglich….

Joan Hunter ist seit über 30 Jahren im Heilungsdienst tätig. Gemeinsam mit ihren Eltern Charles und Frances Hunter half sie Tausenden Menschen gesund zu werden. Sie bereist die ganze Welt, um Kranken die Hände aufzulegen und zu erleben wie sie genesen.

Sie lebt in Kingwood, Texas (USA), ist mit Kelley Murrell verheiratet, hat vier erwachsene Töchter, vier Stiefsöhne und bereits 2 Enkel. Bis 1999 war sie insgesamt 18 Jahre lang Co-Pastorin einer Kirche in Dallas (USA). Auch dadurch verfügt sie über umfangreiche Erfahrungen im Dienst für den Herrn.

Gott hat Joan in jedem Bereich ihres Lebens geheilt. Sie ermutigt andere Menschen, dass auch sie den Kranken die Hände auflegen um zu erleben, wie sie gesunden. Die göttliche Heilungskraft ist nicht einigen wenigen Menschen vorbehalten, sondern sie steht allen zur Verfügung die glauben. Joan ermutigt uns, die Träume und Visionen nicht aufzugeben und den Plan zu erfüllen, den Gott für jeden von uns hat.

JOAN HUNTER

Kraft zum Heilen

Es gibt in der Medizin viele Behandlungsmethoden, aber nur selten wird wahre Heilung erreicht. Viele Menschen sind auf der Suche nach Hilfe. Oft haben sie Angst, erfahrene Heilung wieder verlieren zu können. Dieses Buch enthält eine kraftvolle, biblische Botschaft zum Thema Heilung. Gott will Jeden heilen. Sein Plan ist großartig, Seine Kraft unbegrenzt und Er wird uns unterstützen, wenn wir Seine Offenbarungen annehmen und glauben. Sünde gibt dem Teufel die Erlaubnis, uns mit Krankheiten anzugreifen. Gott will, dass wir vor Ihn in Demut und Buße treten, um Heilung zu empfangen. Erfahre mithilfe dieses Buches die Kraft der Vergebung. Verstehe, warum kirchliche Widerstände gegenüber dem Heilungsdienst bestehen. Erfahre die Liebe, Kraft und Salbung Gottes. Durchbrich den Kreislauf zwischen Abhängigkeit und Befreiung. Nimm die Autorität und Salbung an, die jedem Gläubigen zusteht. Erlaube Gott, dir die Krankheitsursache zu offenbaren. Lerne, wie man Flüche bricht. Du bist dazu befähigt, weil Gott dich dazu berufen hat. Gott schaut nicht auf deine Fähigkeiten, aber auf deine Verfügbarkeit. Gott glaubt an Wunder. Du auch?

ISBN: 978-3-981131-19-2
304 Seiten